约翰-科尔曼博士

阴谋家的等级制度

300人委员会的历史

OMNIA VERITAS®

约翰-科尔曼

约翰-科尔曼（John Coleman）是一名英国作家，也是秘密情报局的前成员。科尔曼对罗马**俱**乐部、乔治-西尼基金会、福布斯全球2000强、宗教间和平座谈会、塔维斯托克研究所、黑人贵族和其他与新世界秩序主题接近的组织进行了各种分析。

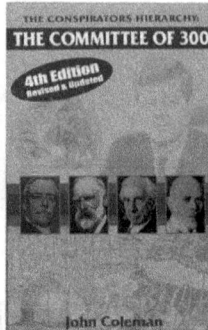

阴谋家的等级制度
300人委员会的历史

THE CONSPIRATORS HIERARCHY
The Committee of 300

译自英文，由Omnia Veritas有限公司出版。

© Omnia Veritas Ltd - 2022

OMNIA VERITAS®

www.omnia-veritas.com

序言

在我作为专业情报人员的职业生涯中，我有很多机会接触到高度机密的文件，但在我作为西非安哥拉的政治学外勤人员服务期间，我接触到了一系列异常明确的绝密机密文件。我所看到的一切使我充满了愤怒和怨恨，并使我走上了一条没有偏离的道路，即发现是什么力量控制和指挥着英国和美国政府。

我很清楚所有已被确认的秘密社团，如皇家国际事务研究所（RIIA）、对外关系委员会（CFR）、比尔德伯格家族、三边委员会、犹太复国主义者、共济会、布尔什维克主义、玫瑰十字会以及这些秘密社团的所有分支。作为一名情报人员，甚至在此之前作为伦敦大英博物馆的一名年轻学生，我对所有这些社会以及我想象中美国人熟悉的其他一些社会都有切身体会。但是，当我1969年到达美国时，我发现像耶路撒冷圣约翰会、罗马俱乐部、德国马歇尔基金、西尼基金会、圆桌会议、费边主义者、威尼斯黑色贵族、蒙特佩兰协会、地狱之火俱乐部和其他许多名字在这里要么完全不为人知，要么它们的真正功能，如果有的话，充其量也只是不为人知。

1969-1970年，我在一系列的专著和磁带中着手补救这种情况。令我惊讶的是，我很快发现许多人愿意引用这些名字，好像他们在整个写作生涯中都认识他们，但他们对有关主题没有丝毫了解，不愿意透露他们新获得的信息来源。我安慰自己说，模仿是最真诚的奉承方式。

我继续我的调查，继续面临严重的风险，我和我的妻子受到攻击，经济损失，持续的骚扰，威胁和诽谤，所有这些都是精心制作和策划的计划的一部分，以诋毁我，由政府特工和嵌入所谓的基督教右派，"身份运动"和右翼"爱国"团体的线人运作。这些特务一直在运作，而且仍然在运作，在直言不讳、强烈而无畏地反对犹太教的幌子下，他们希望我们相信他们的主要敌人。这些代理信息员是由一群同性恋者指挥和控制的，这些人在美国各地受到政治和宗教保守派的高度重视和尊重。

他们的诽谤、谎言和仇恨计划，对我的作品进行造谣，甚至将其归于其他作家，继续有增无减，但并没有产生预期的效果。我将继续我的工作，直到我最终撕下了掌管英国和美国的整个秘密平行政府的面具。

约翰-科尔曼博士，1991年11月。

概述和一些具体案例

当然，我们很多人都知道，管理我们政府的人并不是*真正*控制国内和国外政治和经济问题的人。这导致我们中的许多人在另类媒体中寻求真相，那些像我一样调查但并不总是发现美国病得如此严重的原因的通讯作者。"寻找就会找到"的禁令在这个群体中并不总是如此。我们发现，人们大多在一种黑暗的迷雾中前行，不关心也不屑于知道他们的国家将走向何方，坚定地相信国家将永远在他们身边。这是最大的一群人被操纵*的*反应方式，他们的态度正中秘密政府的下怀。

我们经常听到"他们"在做这个、那个或其他事情。"他们"从字面上看似乎可以逃脱谋杀。"他们"提高税收，把我们的儿子和女儿送到对我们国家没有好处的战争中去牺牲。"他们"似乎超出了我们的能力范围，看不见，令人沮丧，而且在适合对他们采取行动的时候也是模糊不清。似乎没有人能够清楚地确定"他们"是谁。这种情况已经持续了几十年。在本书的过程中，我们将确定这些神秘的"他们"，然后由人民来纠正这种情况。

1981年4月30日，我写了一篇专著，揭示了罗马俱乐部的存在，指出它是300人委员会的一个颠覆性组织。 这个网站是在美国第一次提到这两个组织。我警告读者不要被愚弄，认为这篇文章很牵强，并将我的文章与巴伐利亚政府在幻觉派秘密计划落入其手中时发出的警告相提并论。稍后会有更多关于罗马俱乐部和300人委员会在美国事务中的作用。

1981年那篇文章中的许多预言后来都实现了，比如不知名的费利佩-冈萨雷斯成为西班牙总理，密特朗在法国重新上台。吉斯卡尔-德斯坦和赫尔穆特-施密特的倒台；瑞典贵族和300人委员会成员奥洛夫-帕尔梅（此后被神秘谋杀）的重新上台；里根总统任期的逆转；以及在300人委员会的后工业零增长目标下，我们的钢铁、汽车和住房行业的破坏。

帕尔梅的重要性在于罗马俱乐部利用他向苏联提供美国海关禁止清单上的技术，以及帕尔梅的全球通信网络被用来照亮假伊朗人质危机。同时穿梭于华盛顿和德黑兰之间，试图破坏美国的主权完整，并将这场虚假的危机置于300人委员会的机构--荷兰海牙的世界法院的背景下。

这个反对上帝和人类的公开阴谋，包括在战争、瘟疫和大屠杀结束后，奴役留在这个地球上的大多数人类，并没有完全隐藏好。在情报界，人们被告知，隐藏东西的最好方法是把它放在显眼的地方。例如，当德国想在1938年隐藏其新的梅塞施密特战斗机时，该飞机在巴黎航展上展出。当特务和间谍在空心树干或墙砖后面收集信息时，他们所寻找的信息却在众目睽睽之下。

高级别的秘密平行政府并不是在阴暗的地下室和秘密的地下室中运作。它在白宫、国会、唐宁街10号和议会大厦等处明目张胆地运作。这就像那些奇怪的、据说是恐怖的"怪物"电影，怪物出现时五官扭曲，头发很长，牙齿甚至更长，咆哮着大步走来。这是一种干扰，真正的怪物穿着商务套装（和领带），坐着豪华轿车在国会山上班。

这些人就在众目睽睽之下。这些人是一个世界政府--新世界秩序的仆人。就像强奸犯停下来向受害者友好地散步一样，他并没有表现出他是个怪物。如果他这样做，他的受害者就会吓得尖叫着跑开。各级政府的情况也是如此。布什总统似乎并不是阴暗的平行政府的忠实仆人，但不要搞错了，他是一个与恐怖电影中描绘的怪物一样的怪物。

停下来想一想，布什总统是如何下令残酷地屠杀15万伊拉克军队的，他们乘坐的是挂着白旗的军车车队，根据日内瓦公约的脱离接触和协议撤军规则返回伊拉克。想象一下，当伊拉克军队尽管挥舞着白旗，却被美国飞机砍倒时，他们会有多惊恐。在前线的另一个地方，12000名伊拉克士兵被活埋在他们占领的战壕里。这难道不是真正意义上的"巨无霸"吗？布什总统从哪里得到的命令，以这种巨大的方式行事？他从皇家国际事务研究所（RIIA）收到了这些文件，该研究所从300人委员会（也被称为"奥林匹亚人"）那里得到了授权。

正如我们将看到的，即使是"奥林匹亚人"也没有否认。他们经常上演堪比巴黎航展的表演，甚至在阴谋论爱好者花时间在错误的地方和错误的方向上徒劳地寻找。请注意女王伊丽莎白二世是如何着手参加英国议会的开幕式的。在那里，众目睽睽之下，是300人委员会的负责人。你是否参加过美国总统的宣誓就职仪式？在那里，众目睽睽之下，是300人委员会的另一名成员。这个问题是一个认知问题。

谁是为全能的300人委员会服务的阴谋家？最知情的公民知道有一个阴谋，它有各种名称，如光明会、共济会、圆桌会或米尔纳集团。对他们来说，CFR和三边机构代表了他们不喜欢的国内和外交政策的大部分内容。有些人甚至知道，圆桌会议通过英国驻华盛顿大使对美国事务有很大的影响。问题是，很难获得有关隐秘之手的隐形政府成员的叛国活动的具体信息。

我引用先知何西阿（4:6）的深刻声明，这句话见于基督教圣经。

"我的人民因缺乏知识而被*毁灭*"。

有些人可能已经听过我关于外援丑闻的演讲，我在演讲中指出了几个阴谋组织，其中有很多。他们的最终目标是推翻美国宪法，将这个被上帝选为HIS的国家与一个没有上帝的 "新世界秩序中的一个世界 "政府合并，使世界回到比黑暗时代更糟糕的状况。

让我们来谈谈具体的案例，谈谈意大利的共产化和非工业化的企图。很久以前，300人委员会下令，将有一个更小的--小得多的--更好的世界，也就是*他们*认为的更好的世界。消耗有限自然资源的无数 "无用的吃货 "将被淘汰（杀死）。工业进步促进了人口增长。因此，《创世纪》中关于繁殖和征服地球的诫命将被颠覆。

它是为了攻击基督教，缓慢但肯定地瓦解工业民族国家，消灭被300人委员会指定为 "剩余人口 "的数亿人，并消灭任何敢于反对委员会实现上述目标的全球规划的领导人。

委员会的两个首要目标是意大利和巴基斯坦。已故的意大利总理阿尔多-莫罗是反对本国 "零增长 "和削减人口的领导人之一，从而引起了罗马俱乐部的愤怒，该俱乐部由 "奥林匹克 "负责执行其在该领域的政策。在1982年11月10日的罗马法庭上，莫罗的一位密友作证说，这位前总理在担任美国国务卿期间，曾受到皇家国际事务研究所（RIIA）一名特工的威胁，他也是300人委员会的成员。下文将讨论这位被证人认定为基辛格的人的飞黄腾达。

人们会记得，莫罗总理在1978年被红色旅绑架，然后被残忍地枪杀。正是在对红色旅成员的审判中，他们中的一些人作证说，他们知道美国高级官员参与了杀害莫罗的阴谋。当他威胁莫罗时，基辛格显然没有遵循美国的外交政策，而是按照罗马俱乐部（300人委员会的外交政策部门）的指示行事。在公开法庭上宣布这一重磅消息的证人是莫罗的亲密伙伴戈拉多-盖尔佐尼。

他的爆炸性证词于1982年11月10日在意大利电视台和电台播出，并在几家意大利报纸上发表，但这一重要信息在美国被压制。著名的自由和知情权的堡垒--《华盛顿邮报》和《纽约时报》并不认为刊登格尔佐尼的一句证词有什么重要意义。

这个消息也没有被新闻机构或电视台所采纳。1978年春天，意大利著名政治家阿尔多-莫罗（Aldo Moro）在光天化日之下被绑架，他的所有保镖被冷血地屠杀，这一事实难道不被认为是有新闻价值的，尽管基辛格被指控是这些罪行的同谋？还是因为基辛格的参与而保持沉默？

在我1982年对这一令人发指的罪行的揭露中，我证明了基督教民主党的忠诚成员阿尔多-莫罗是被P2共济会控制的刺客杀害的（见大卫-亚洛普的书《以上帝的名义》），目的是使意大利符合罗马俱乐部的命令，使国家去工业化并大幅减少人口。莫罗通过充分就业和工业及政治和平来稳定意大利的计划将加强天主教对共产主义的反对，并使中东的不稳定--一个压倒一切的目标--变得更加困难。

从上文可以看出，阴谋家们的计划是多么的提前。他们不从五年计划的角度来考虑问题。我们必须回到魏斯豪特关于早期天主教会的声明，才能理解阿尔多-莫罗被谋杀的含义。莫罗的死为破坏意大利稳定的计划消除了障碍，而且正如我们现在所知，使中东的阴谋计划在14年后的海湾战争中得以实施。

意大利被300人委员会选为测试目标。意大利对阴谋家的计划很重要，因为它是离中东最近的欧洲国家，与中东的经济和政治相连。这里也是魏索普特下令摧毁的天主教会的所在地，也是欧洲一些最强大的前黑人贵族寡头家族的所在地。如果意大利因莫罗之死而被削弱，它将在中东地区产生影响，从而削弱美国在该地区的影响力。意大利之所以重要，还有一个原因：它是毒品从伊朗和黎巴嫩进入欧洲的门户，我们将在适当的时候再谈这个问题。

自1968年罗马俱乐部成立以来，各种团体在社会主义的名义下联合起来，使几个意大利政府倒台。这些组织包括威尼斯和热那亚的黑色贵族组织、P2共济会和红色旅，它们都有*相同的*目标。处理红色旅/阿尔多-莫罗案件的罗马警方调查人员发现了几个与这个恐怖组织密切合作的意大利高调家庭的名字。警方还发现证据表明，在至少十几起案件中，这些有权有势的知名家庭允许其住宅和/或财产被用作红色旅小组的安全庇护所。

美国"贵族"正在为摧毁意大利共和国尽自己的一份力量，理查德-加德纳甚至在他正式担任卡特总统驻罗马大使时就做出了显著的贡献。当时，加德纳是在罗马俱乐部的主要成员和北约的关键人物贝蒂诺-克拉西的直接控制下运作。克拉克西是阴谋家们试图摧毁意大利共和国的最前线。正如我们将看到的那样，克拉克西几乎成功地毁掉了意大利，作为阴谋家阶层的领袖，他成功地将离婚和堕胎推向了意大利议会，导致了有史以来对天主教会以及因此对意大利民族道德的最深刻和破坏性的宗教和社会变革。

罗纳德-里根总统当选后，1980年12月，在罗马俱乐部和社会主义国际的主持下，在华盛顿特区举行了一次重要会议。这两个组织都直接对300人委员会负责。主要议程是制定方法，以抵消里根总统的影响。通过了一项集体计划，事后看来，完全可以看出，阴谋家们同意遵循的计划是成功的。

为了了解这一阴谋的规模和普遍性，在此应该列出300人委员会为征服和控制世界而制定的目标。300人委员会至少有40个已知的"分支"，我们将把它们全部列出，并说明其职能。一旦研究了这一点，就很容易理解一个中央阴谋机构如何能够如此成功地运作，以及为什么地球上没有任何力量能够抵御他们对基于个人自由的文明、进步世界的基础的攻击，特别是美国宪法所宣布的攻击。

由于格尔佐尼的宣誓证词，意大利和欧洲，但不是美国，了解到基辛格是阿尔多-莫罗死亡的幕后推手。这个悲惨的案例表明，300人委员会有能力将其意志强加给*任何*政府，没有例外。从他作为世界上最强大的秘密社团成员的地位来看--我说的不是共济会--基辛格不仅让莫罗感到害怕，而且还执行了他的威胁，要"消灭"莫罗，如果他不放弃给意大利带来经济和工业进步的计划。1982年6月和7月，阿尔多-莫罗的妻子在公开法庭上作证说，她丈夫被暗杀的原因是她所谓的"一位美国高级政治人物"对他的生命进行了严重威胁。埃莉诺拉-莫罗夫人重复了据称是基辛格在盖尔佐尼的宣誓证词中使用的确切措辞："要么停止你的政治路线，要么你将付出沉重的代价"。在法官的召唤下，Guerzoni被问及他是否能认出Moro女士所说的那个人。Guerzoni回答说是亨利-基辛格，正如他之前所建议的那样。

Guerzoni继续向法庭解释说，基辛格是在意大利领导人正式访问美国期间在莫罗的酒店房间里发出威胁的。莫罗当时是北约成员国意大利的总理和外交部长，他是一个身居高位的人，不应该受到黑手党式的压力和威胁。莫罗在美国访问时由意大利总统以官方身份陪同。基辛格当时和现在都是为（英国）皇家国际事务研究所服务的重要代理人，是罗马俱乐部和（美国）对外关系委员会的成员。

基辛格通过在中东、朝鲜和越南的三场战争在破坏美国稳定方面的作用是众所周知的，他在海湾战争中的作用也是如此，在这场战争中，美国军队充当了300人委员会的雇佣兵，将科威特重新置于其控制之下，同时也是为了给伊拉克树立榜样，使其他小国不会受到诱惑，将自己的命运掌握在自己手中。

基辛格还威胁主权国家巴基斯坦的已故总统阿里-布托。布托的 "罪行 "是他支持为他的国家制造核武器。作为一个穆斯林国家，巴基斯坦感受到了以色列在中东地区的持续侵略所带来的威胁。布托于1979年被外交关系委员会驻该国代表齐亚-哈克将军司法暗杀。

在他计划的上台过程中，乌尔-哈克鼓励一群狂热的暴徒放火烧毁美国驻伊斯兰堡大使馆，显然是为了向美国联邦调查局表明他是它的人，并获得更多的外国援助，而且，后来得知他是为了暗杀理查德-赫尔姆斯。几年后，乌尔-哈克因干预在阿富汗肆虐的战争而付出了生命的代价。他的C-130大力士飞机在起飞后不久被ELF（低频电）爆炸击中，导致飞机在地上打转。

罗马俱乐部根据300人委员会的命令，为消灭乌尔-哈克将军采取行动，毫无顾忌地牺牲了一些人的生命。

飞机上有美国军事人员，包括由赫伯-瓦索姆准将领导的美国陆军国防情报局的一个小组。土耳其情报部门曾警告ul Haq将军不要乘坐飞机，因为他是空中轰炸的目标。考虑到这一点，乌尔-哈克把美国队带在身边，作为 "保险单"，他这样告诉他的内部顾问。在我1989年出版的《天空中的恐怖》一书中，我对所发生的事情作了如下描述。

> "在ul Haq C-130飞机从巴基斯坦的一个军事基地起飞前不久，
> 有人在存放C-130飞机的机库附近看到一辆外形可疑的卡车。
> 控制塔提醒了基地的保安，但当采取行动时，C-130已经起飞，
> 卡车也不见了。几分钟后，飞机开始回旋，直到撞上地面，
> 并在一个火球中爆炸。C-130飞机的这种行为没有任何解释，
> 这种飞机的性能非常可靠，巴基斯坦-美国联合调查委员会没
> 有发现飞行员错误或机械或结构故障。循环是被E.L.F.火力击
> 中的飞机的一个公认的商标"。

西方知道，苏联之所以能够开发出先进的高频设备，要归功于在
库尔恰托夫原子能研究所密集相对论电子束部门工作的苏联科学
家的工作。其中两位专家是Y.A. Vinograov和A.A. Rukhadze。两
位科学家都在专门从事电子和X射线激光器研究的Lededev物理研
究所工作。

收到这一信息后，我从其他渠道寻求证实，发现在英国，《*国际
电子杂志*》发表的文件似乎证实了我得到的关于选择击落乌尔-哈
克将军的C-130飞机的方法的信息。

此外，这一信息已被我的两个情报来源证实。我从一篇关于这些
主题的苏联科学论文中得到了一些有用的信息，该论文在英国出
版，标题为 "苏联无线电电子和通信系统"。在我看来，哈克将军
是被暗杀的，这是毫无疑问的。在C-130机库附近看到的那辆卡
车无疑装载着苏联武装部队拥有的那种移动式ELF装置。

根据布托在狱中被偷运出国的书面证词，基辛格严重威胁了他。

> "如果你继续执行你的建国政策，我将给你一个可怕的榜样。

布托招致了基辛格和罗马俱乐部的愤怒，因为他呼吁开展核电计
划，使巴基斯坦成为一个现代化的工业化国家，而300人委员会
认为这直接违反了基辛格对巴基斯坦政府的命令。基辛格威胁布
托的做法不是美国的官方政策，而是现代幻影派的政策。

重要的是要理解为什么核电在全世界被如此憎恨，以及为什么由
罗马俱乐部创建并在财政上支持的假 "环保主义 "运动被要求向核
电开战。随着核电产生廉价和丰富的电力，第三世界国家将逐渐
独立于美国的外援，并开始维护其主权。核能是使第三世界国家
摆脱落后状态的关键，300人委员会已下令维持这种状态。

减少外援意味着欧盟对一个国家自然资源的控制减少。

正是这种让发展中国家掌握自己命运的想法，与罗马俱乐部及其300人委员会的领导人格格不入。 我们看到美国反对核电的做法被成功地用来阻止工业发展，以符合俱乐部的 "后工业零增长 "计划。

对美国对外援助的依赖实际上使外国处于（美国）对外关系委员会的控制之下。受援国的人民得到的钱很少，这些钱通常落入政府领导人的口袋里，他们允许国家的自然原材料资源被国际货币基金组织野蛮地剥夺掉。津巴布韦（原罗得西亚）的穆加贝是一个很好的例子，说明原材料资源，在这种情况下是高质量的铬矿，如何被外国援助所控制。300人委员会的高级成员安格斯-奥格尔维代表他的堂兄伊丽莎白二世女王经营的巨型企业LONRHO，现在完全控制了这一宝贵的资源，而该国人民却在贫困和苦难中越陷越深，尽管美国提供了超过3亿美元的援助。LONRHO现在垄断了罗得西亚的铬矿，想收什么价就收什么价，而在史密斯政府时期，这是不允许的。在穆加贝政权上台之前，合理的价格水平已经维持了25年。虽然在伊恩-史密斯14年的统治期间存在问题，但自从他离开后，失业率翻了两番，津巴布韦处于长期混乱和破产的状态。穆加贝从美国获得了足够的外国援助（每年约3亿美元），使他能够在法国里维埃拉的圣让-费拉角和蒙特卡洛建造三家酒店，而他的公民却在疾病、失业和营养不良中挣扎，更不用说不允许抱怨的铁腕独裁统治了。与史密斯政府相比，它从未要求或接受过美国的一分钱援助。所以很明显，外援是对津巴布韦这样的国家，乃至所有非洲国家实施控制的有力手段。

它还使美国公民处于非自愿的奴役状态，因此不太能够以任何有意义的方式反对政府。当大卫-洛克菲勒的对外援助法案于1946年签署成为法律时，他知道自己在做什么。从那时起，在公众发现它是什么之后，它已经成为最令人讨厌的法律之一：一个由我们人民支付的政府管理的敲诈勒索。

阴谋家们如何才能维持他们对世界的控制，特别是对美国和英国的控制？最常问的问题之一是。

> "一个单一的实体如何能知道在任何时候发生了什么，如何进行控制？".

本书将试图回答这些和其他问题。掌握阴谋家成功的现实的唯一方法是提及和讨论秘密社团、幌子组织、政府机构、银行、保险公司、国际公司、石油工业和数十万个实体和基金会，它们的领导人是300人委员会的成员--这是*管理世界的*最高控制机构，*至少在一百年前就已经这样了*。

既然已经有几十本关于（美国）对外关系委员会（CFR）和三边委员会的书了，我们就直接说说罗马俱乐部和德国马歇尔基金。当我向美国介绍这些组织时，很少有人听说过它们，甚至没有。我的第一本书《罗马俱乐部》于1983年出版，几乎没有引起任何关注。许多非专业人士认为，罗马俱乐部与天主教会有关，德国马歇尔基指的是马歇尔计划。

这正是委员会选择*这些名字的*原因，以*混淆视听*，转移人们对正在发生的事情的注意力。并不是说美国政府不知道，但因为它是阴谋的一部分，所以它帮助掩盖了信息，而不是让人们知道真相。在我的书出版几年后，一些作家把它看作是以前未开发的信息财富，并开始写作和谈论它，好像他们一直都知道它。

他们得到的启示是，罗马俱乐部及其以德国马歇尔基金为名的金融家是两个高度组织化的阴谋机构，在北大西洋公约组织（NATO）的幌子下运作，罗马俱乐部的大多数管理人员都来自NATO。罗马俱乐部制定了北约声称的所有政策，并通过300人委员会成员卡林顿勋爵的活动，成功地将北约按照传统的左/右两党制划分为两个政治派别。

罗马俱乐部是欧盟及其前军事联盟最重要的权力集团之一。罗马俱乐部仍然是300人委员会最重要的外交政策部门之一，另一个是比尔德伯格。它是在1968年由原摩根索集团的核心成员组成的，基于已故奥雷利奥·佩切伊（Aurellio Peccei）的电话呼吁，为加速建立一个世界政府的计划而采取新的紧急行动--现在称为新世界秩序，尽管我更喜欢这个旧名称。这当然是比 "新世界秩序 "更好的工作描述。"新世界秩序 "有些令人困惑，因为之前有几个 "新世界秩序"，但没有一个世界政府。

来自美国、法国、瑞典、英国、瑞士和日本的最具颠覆性的 "未来规划者 "可以听到佩奇的呼吁。在1968-1972年期间，罗马俱乐部成为一个由新科学家、全球主义者、未来规划者和各方面的国际主义者组成的凝聚力实体。正如一位代表所说，'我们已经成为约瑟夫的五彩大衣'。Peccei的 "*人的素质* "构成了北约政治部门所采用的理论基础。

下面的文字摘自Peccei博士的书。

"自基督教世界的第一个千年期来临以来，大量的人真正处于悬念之中，因为一些未知的东西即将到来，可能完全改变他们的集体命运……人类不知道如何成为一个真正的现代人……人类发明了恶龙的故事，但如果有恶龙，那就是人类自己……我们这里有人类的悖论。他被自己非凡的能力和成就所困，就像在流沙中一样--他越是使用自己的权力，就越是需要它。

"我们必须不厌其烦地重复，把目前整个人类系统的深刻病理状态和不适应等同于任何周期性的危机或过往情况是多么愚蠢。自从人类打开了新技术的潘多拉魔盒，就遭受了人类无节制的扩散、增长狂热、能源危机、实际或潜在的资源短缺、环境恶化、核疯狂和一系列相关的困扰"。

这个方案与后来从同一个罗马俱乐部产生的虚假的"环保主义"运动所采用的方案相同，都是为了减缓和扭转工业发展。

概括地说，罗马俱乐部预期的反计划将涵盖美国"后工业化"思想的发明和传播，加上反文化运动的传播，如毒品、摇滚、性、享乐主义、撒旦主义、巫术和"环保主义"。塔维斯托克研究所、斯坦福研究所和社会关系研究所，事实上整个社会精神病学应用研究组织都有代表参加罗马俱乐部的董事会，或者担任顾问，并在北约试图通过"水瓶座阴谋"的过程中发挥了主导作用。

新世界秩序这一名称被认为是1991年海湾战争的结果，而一个世界政府则被认为有几个世纪的历史。世界新秩序*并不新鲜*，它以这样或那样的形式存在和发展已经有*很长一段时间了*(耶利米书11:9。以西结书22:25。启示录12:7-9。)，但它被视为未来的发展，事实并非如此；世界新秩序植根于过去并延续于现在。这就是为什么我在上面说，"一个世界政府"这个词是，或者说应该是，优于任何其他的词。奥雷利奥-佩切伊（Aurellio Peccei）曾告诉他的密友亚历山大-海格（Alexander Haig），他觉得自己是"亚当-韦索普特转世"。Peccei在组织和控制今天的光照会方面有很多魏索普特的杰出能力，这表现在Peccei对北约的控制和在全球范围内制定其政策。

佩切伊先生在担任乔瓦尼-阿涅利的菲亚特汽车公司的首席执行官时，领导大西洋研究所的经济委员会长达30年。阿涅利来自意大利一个古老的同名黑人贵族家庭，是大西洋研究所300人委员会中最重要的成员之一。

它在苏联的发展项目中发挥了主导作用。罗马俱乐部是一个阴谋性的幌子组织，是英美金融家和欧洲前黑人贵族家族，特别是伦敦、威尼斯和热那亚的所谓 "贵族 "之间的联盟。他们成功控制世界的关键是他们有能力创造和管理疯狂的经济衰退和最终的萧条。300人委员会认为全球范围内的社会抽搐，然后是萧条，是为即将发生的更大事件做准备的技术，因为他们管理世界各地群众的主要方法将使他们在未来成为 "福利 "的受益者。

该委员会似乎以波兰贵族费利克斯 - 捷尔任斯基（Felix Dzerzhinsky）的哲学为基础，做出了许多关于人类的重要决定，他认为人类比牲畜略微优越。他是英国情报官员悉尼 - 赖利（赖利实际上是捷尔任斯基在布尔什维克革命形成时期的控制人）的密友，他经常在狂饮中向赖利倾诉。当然，捷尔任斯基是掌管红色恐怖机器的野兽。有一次，他在两个人喝酒的时候告诉莱利，说

> "人并不重要。看看你让他挨饿会发生什么。他开始吃他死去的同伴以维持生命。人*只对自己的*生存感兴趣。这是最重要的。所有这些斯宾诺莎的东西都是胡说八道。"

罗马俱乐部有自己的私人情报机构，也 "借用 "了大卫 - 洛克菲勒的国际刑警组织。所有美国情报机构都与它密切合作，克格勃和摩萨德也是如此。唯一保持在其范围之外的机构是东德情报部门STASI。罗马俱乐部也有自己的高度组织化的政治和经济机构。正是他们告诉里根总统雇用保罗 - 沃尔克，300人委员会的另一个关键成员。

沃尔克仍然是联邦储备委员会的主席，尽管候选人里根承诺在当选后将其撤职。罗马俱乐部在古巴导弹危机中发挥了关键作用后，试图向肯尼迪总统推销其 "危机管理 "计划（联邦应急管理局的前身）。几位塔维斯托克的科学家去找总统解释这意味着什么，但总统拒绝了他们的建议。在肯尼迪被暗杀的同一年，塔维斯托克回到华盛顿与美国国家航空航天局交谈。这一次的讨论是成功的。塔维斯托克被美国宇航局授予合同，以评估其未来太空计划对美国公众舆论的影响。

该合同被授予斯坦福研究所和兰德公司。塔维斯托克在这两个机构制作的许多材料从未见过天日，至今仍被封存。我联系的几个

参议院监督委员会和小组委员会表示，他们 "从未听说过"，不知道我在哪里可以找到我想要的东西。这就是300人委员会的权力和威望。

1966年，我的情报部门同事建议我去找阿纳托尔-拉帕波特博士，他写了一篇论文，政府应该对其感兴趣。这是一份旨在停止美国国家航空航天局太空计划的文件，拉帕波特说该计划已经失去了作用。拉帕波特非常高兴地给了我一份他的文件的副本，该文件没有详细说明，基本上说美国航空航天局的太空计划应该被取消。NASA有太多的科学家，他们对美国有不好的影响，因为他们总是准备在学校和大学讲授火箭的工作原理，从构造到推进。根据拉帕波特的说法，这将产生一代成年人，他们将决定成为空间科学家，但却发现自己是 "多余的"，因为到2000年没有人需要他们的服务。

拉帕波特关于美国国家航空航天局的报告刚刚由罗马俱乐部提交给北约，300人委员会就要求采取行动。负责对美国国家航空航天局采取紧急行动的北约-罗马俱乐部官员是哈兰德-克利夫兰、约瑟夫-斯莱特、克莱伯恩-K.佩尔、沃尔特-J-利维、乔治-麦基、威廉-沃茨、罗伯特-斯特劳斯-胡佩（美国驻北约大使）和唐纳德-莱什。1967年5月，北大西洋议会的科学和技术委员会和外交政策研究所组织了一次会议。会议题为 "跨大西洋失衡与合作会议"，在法国多维尔伊丽莎白女王的宫殿式庄园举行。

多维尔会议的根本目的和意图是要阻止美国的技术和工业进步。这次会议产生了两本书，其中一本在此提及，即布热津斯基的《技术电子时代》。另一篇是由会议主席奥雷利奥-佩切伊撰写的，题为《前方的鸿沟》。Peccel基本上同意布热津斯基的观点，但他补充说，在一个没有全球政府监管的未来世界里，将会出现混乱。在这方面，佩切伊坚持认为，必须向苏联提供 "与北约的衔接"，这种衔接的结果是在新世界秩序中与美国建立平等的伙伴关系。这两个国家负责未来的 "全球危机管理和规划"。罗马俱乐部的第一个 "全球规划合同 "被授予麻省理工学院（MIT），这是300人委员会的主要研究机构之一。 Jay Forrestor 和 Dennis Meadows被安排负责该项目。

他们报告的内容是什么？这与马尔萨斯和冯-哈耶克所宣扬的并无根本区别，即缺乏自然资源的老问题。福雷斯托-米道斯报告是一个完全的欺诈行为。它没有说的是，人类被证明的发明天才很可

能会规避 "短缺"。聚变能源是300人委员会的死敌，可以应用于自然资源的创造。例如，一个核聚变火炬可以从一平方公里的普通岩石中生产足够的铝，以满足我们四年的需求。

Peccei从不厌倦宣扬反对民族国家和它们对人类进步的破坏性。他呼吁 "集体责任"。民族主义是人类的癌症，这是佩奇几次重要演讲的主题。他的密友埃尔文-拉兹洛（Ervin Lazlo）在1977年出版了一本类似的书《人类的目标》，这是罗马俱乐部的一项里程碑式的研究。整个立场文件是对工业扩张和城市增长的尖锐攻击。在这些年里，基辛格作为指定的联络人，一直代表RIIA与莫斯科保持密切联系。全球建模的文件经常与基辛格在克里姆林宫的朋友分享。

就第三世界而言，罗马俱乐部的哈兰德-克利夫兰（Harland Cleveland）编写了一份报告，这是愤世嫉俗的最高境界。当时，克利夫兰是美国驻北约大使。从本质上讲，该文件说，将由第三世界国家自己决定哪些人口应该被消灭。正如Peccei后来写道（根据克利夫兰的报告）。

> "被三个主要国家和集团相互冲突的政策破坏，在这里和那里粗略地修补，现有的国际经济秩序明显地在接缝处瓦解......需要诉诸于分流的前景--决定谁要被拯救--确实非常严峻。但是，如果不幸的是，事情发展到这一步，作出这种决定的权利不能只留给少数国家，因为这将使它们对世界上饥饿的人的生活拥有不祥的权力。"

委员会的政策是故意让非洲国家饿死，撒哈拉以南的国家就是证明。这是最糟糕的玩世不恭，因为300人委员会已经把生死攸关的决定权交给了自己，佩奇也知道这一点。他在《增长的极限》一书中已经指出了这一点。Peccei完全拒绝工业和农业进步，而是要求将世界置于一个单一的协调理事会之下，即罗马俱乐部及其北约机构，组成一个单一的世界政府。

自然资源应在全球规划的支持下进行分配。民族国家可以接受罗马俱乐部的主导地位，或者按丛林法则生存，为生存而战。在他们的第一个 "试验案例 "中，梅多斯和福雷斯特代表RIIA策划了1973年的阿以战争，以便向世界表明，石油等自然资源今后将由全球规划者控制，当然，这就是300人委员会。

塔维斯托克研究所召集了一次与佩奇的磋商，麦克乔治-邦迪、霍默-珀尔马特和亚历山大-金博士应邀参加。从伦敦出发，佩奇前往白宫，会见了总统及其内阁，然后前往国务院，会见了国务卿、国务院情报部门和国务院政策规划委员会。因此，从一开始，美国政府就完全了解300人委员会对这个国家的计划。这应该能回答这个经常被问到的问题。

> "为什么我们的政府会允许罗马俱乐部在美国进行颠覆性的运作？"

沃尔克的经济和货币政策反映了财政大臣和300人委员会成员杰弗里-豪爵士的政策，并说明了英国如何从1812年战争后控制美国，并通过300人委员会的政策继续对其进行控制。

这个秘密精英团体的目标是什么，它是光明主义（摩利亚的征服之风）、狄俄尼索斯教、伊希斯教、卡塔里教、博戈米尔教的继承人？这个精英团体也自称是*奥林匹亚人*（他们真的认为自己在权力和地位上与传说中的奥林匹亚诸神相等，他们像路西法他们的神一样，把自己置于我们的真神之上），绝对相信他们被赋予实施以下内容的神圣权利。

1) **一个世界政府**--新的世界秩序，在他们的领导下有一个统一的教会和货币体系。很少有人知道，"一个世界"政府在20世纪20年代/30年代开始建立其"教会"，因为它意识到人类固有的宗教信仰需要一个出口，所以创建了一个"教会"，将这种信仰引向它想要的方向。

2) 彻底**摧毁了**所有的民族身份和民族自豪感。

3) **破坏宗教**，特别是基督教，只有一个例外，就是上面提到的他们自己创造的宗教。

4) 通过精神控制和布热津斯基所说的'技术电子'来**控制**每个人，这将创造出看起来像人的机器人和一个恐怖系统，使费利克斯-泽津斯基的红色恐怖看起来像小孩子的游戏。

5) 在他们所谓的"后工业零增长社会"中，**所有工业化**和核电生产的**结束**。计算机和服务行业被豁免。剩余的美国产业将被出口到墨西哥等国家，那里有大量的奴隶劳工。在工业破坏之后，失业者要么对鸦片、海洛因或可卡因上瘾，要么成为我们现在所知的全球2000年淘汰过程中的统计数据。

6) 毒品和色情制品的**合法化**。

7) 按照波尔布特政权在柬埔寨的试行做法，**对**主要城市进行人口疏散。值得注意的是，波尔布特的种族灭绝计划是由罗马俱乐部的一个研究基金会在美国这里制定的。同样有趣的是，该委员会目前正在寻求恢复波尔布特在柬埔寨的屠夫地位。

8) **压制**所有的科学发展，除非是委员会认为有益的发展。用于和平目的的核能尤其成为目标。聚变实验，目前被委员会及其新闻界的狮子狗们鄙视和嘲笑，尤其令人痛恨。核聚变火炬的发展将打破委员会关于 "有限自然资源 "的概念。一个正确使用的核聚变火炬可以从最普通的物质中创造出无限的、未开发的自然资源。核聚变火炬的用途不胜枚举，它将以公众尚未理解的方式造福人类。

9) 通过先进国家的有限**战争**，以及第三世界国家的饥荒和疾病，导致到2000年有30亿人死亡，他们称之为 "无用的吃货"。300人委员会要求赛勒斯-万斯写一篇关于如何最好地实现这种种族灭绝的论文。该文件以 "全球2000年报告 "为标题，由卡特总统代表美国政府接受并批准采取行动，并由当时的国务卿埃德温-马斯基接受。根据《全球2000年报告》，到2050年，美国的人口将减少1亿人。

10) **削弱**国家的道德风尚，通过制造大规模失业来打击工人阶级的士气。由于罗马俱乐部推出的后工业零增长政策导致工作机会减少，士气低落和灰心的工人将转向酒精和毒品。国家的年轻人将通过摇滚音乐和毒品被鼓励反叛现状，从而破坏并最终摧毁家庭单位。在这方面，300人委员会要求塔维斯托克研究所就如何实现这一目标编制一份详细的计划。塔维斯托克委托斯坦福研究机构在威利斯-哈蒙教授的指导下开展这项工作。这部作品后来被称为"水瓶座的阴谋"。

11) 通过*制造*一个又一个危机，然后'管理'这些危机，**防止**各地人民决定自己的命运。这将使民众迷失方向，士气低落，以至于面对太多的选择，会产生大规模的冷漠情绪。就美国而言，已经有了一个危机管理机构。它是联邦紧急事务管理署（FEMA），我在1980年首次披露。我们将边走边谈联邦紧急事务管理局。

12) **引入**新的邪教，并继续加强那些已经发挥作用的邪教，其中包括摇滚'音乐'黑帮，如米克-贾格尔的'滚石'，这是一个深受欧洲黑人绅士喜爱的黑帮乐队，以及所有由塔维斯托克创造的'摇滚'乐队，从'披头士'开始。继续发展由英国东印度公司仆人达比发起的基督教原教旨主义崇拜，将通过 "上帝的选民 "*的神话*来认同犹太人，并向他们错误地认为是促进基督教的宗教事业捐赠非常大的资金，以此来加强以色列的犹太复国主义国家。

13) **游说**宗教邪教的传播，如穆斯林兄弟会、穆斯林原教旨主义、锡克教，并进行吉姆-琼斯和 "山姆之子 "式的谋杀实验。应该指出的是，已故的阿亚图拉-霍梅尼是英国军事情报局第六处（通常称为军情六处）的创造者，我在1985年的《*伊朗到底发生了什么*》一书中曾报道过这一点。

14) **将** "宗教解放 "的思想**输出到世界各地**，以破坏所有现有的宗教，特别是基督教。这始于 "耶稣会解放神学"，该神学推翻了尼加拉瓜的索摩查家族政权，现在正在摧毁萨尔瓦多（该国已陷入25年的 "内战"）、哥斯达黎加和洪都拉斯。从事所谓解放神学的一个非常活跃的实体是以共产主义为导向的玛丽-诺尔教团。这就是为什么媒体对几年前在萨尔瓦多发生的四名所谓玛丽-诺尔修女的谋杀案给予了极大关注的原因。这四名修女是共产主义颠覆分子，她们的活动被萨尔瓦多政府广泛记录在案。美国新闻和媒体拒绝给萨尔瓦多政府掌握的大量文件以任何空间或报道，这些文件证明了玛丽-诺尔传教士在该国的所作所为。玛丽-诺尔在许多国家服务，并在将共产主义引入罗得西亚、莫桑比克、安哥拉和南非方面发挥了作用。

15) **导致**世界经济的全面崩溃，并造成全面的政治混乱。

16) **掌控**美国所有的外交和国内政策。

17) 对联合国、国际货币基金组织（IMF）、国际清算银行（BIS）、国际刑事法院等超国家机构给予最充分的支持，并在可能的情况下，通过逐步取消地方机构或将其置于联合国的保护之下，减少其影响。

18) **渗透**和**颠覆**所有政府，并在政府内部开展工作，破坏他们所代表的国家的主权完整。

19) **组织**一个全球性的**恐怖**机构，只要发生恐怖活动就与恐怖分子谈判。人们会记得，是贝蒂诺-克拉克西说服意大利和美国政府与绑架莫罗总理和多兹尔将军的红色旅进行谈判。顺便说一句，多兹尔将军已被命令不得谈论发生在他身上的事情。如果他打破沉默，他无疑会被变成基辛格对待阿尔多-莫罗、阿里-布托和齐亚-哈克将军的"可怕的例子"。

20) **控制**美国的教育，意图和目的是完全和彻底地摧毁它。我在1969年首次列举的这些目标，大部分已经实现，或者正在实现的过程中。300人委员会特别感兴趣的是其经济政策的核心，该政策主要基于马尔萨斯的学说，马尔萨斯是英国牧师的儿子，被英国东印度公司推到了风口浪尖，300人委员会就是以东印度公司为蓝本。

马尔萨斯认为，人类的进步与地球支持一定数量人口的自然能力有关，超过这个数量，地球上的有限资源就会迅速耗尽。一旦这些自然资源被消耗掉，就不可能再去替代它们。这就是为什么，正如马尔萨斯所指出的，有必要将人口限制在自然资源不断减少的范围内。不言而喻，精英们不会受到越来越多的"无用的吃货"的威胁，因此有必要进行剔除。正如我已经说过的，按照"全球2000年报告"所倡导的方法，今天正在进行"剔除"工作。

委员会的所有经济计划都处于马尔萨斯和弗雷德里克-冯-哈耶克（罗马俱乐部赞助的另一位悲观主义经济学家）的十字路口。冯-哈耶克是奥地利人，长期受大卫-洛克菲勒的控制，冯-哈耶克的理论在美国得到了相当广泛的接受。冯-哈耶克认为，美国的经济平台应该建立在（a）城市黑市（b）使用血汗工厂劳工的香港式小工业（c）旅游贸易（d）自由企业区，在那里投机者可以不受阻碍地运作，毒品贸易可以蓬勃发展（e）结束所有工业活动和（f）关闭所有核电站。

冯-哈耶克的想法与罗马俱乐部的想法完全吻合，这也许解释了为什么他在这个国家的右翼圈子里得到了很好的宣传。冯-哈耶克的知识遗产正在传给一位新的、更年轻的经济学家乔弗里-萨克斯，他被派往波兰，接过冯-哈耶克的火炬。

人们会记得，罗马俱乐部组织了波兰的经济危机，导致了该国的政治不稳定。可以说，同样的经济规划将强加给俄罗斯，但如果出现广泛的反对，旧的价格支持系统将迅速恢复。

300人委员会命令罗马俱乐部利用波兰的民族主义作为摧毁天主

教会的工具，为俄国军队重新占领该国铺平道路。"团结 "运动是300人委员会成员兹比格涅夫-布热津斯基的创造，他选择了 "联盟 "的名称，并选择了其领导人和组织者。团结组织不是一个 "工会 "运动，尽管格但斯克造船厂的工人被用来发起这个运动，而是一个高级别的政治组织，它的建立是为了给一个世界政府的到来带来被迫的改变。

团结工会的大多数领导人都是来自敖德萨的布尔什维克犹太人的后代，并不以憎恨共产主义而闻名。这有助于理解美国新闻媒体所提供的广泛报道。萨克斯教授将这一过程向前推进了一步，确保最近从苏联的统治下解放出来的波兰在经济上受到奴役。波兰现在将成为美国的经济奴隶。所发生的一切是，主人已经改变了。

布热津斯基是一本书的作者，每一个对这个国家的未来感兴趣的美国人都应该阅读这本书。题为《技术电子时代》，是由罗马俱乐部委托编写的。该书公开宣布了未来用于控制美国的方式和方法。它还宣布了克隆和 "机器人"，即行为像人，看起来像人，但不是人。布热津斯基代表300人委员会发言说，美国正在进入 "一个不同于以往的时代；我们正在进入一个技术电子时代，很容易成为一个独裁国家"。我在1981年广泛报道了 "技术电子时代"，并在我的新闻通讯中多次提到它。

布热津斯基接着说，我们的社会 "现在正处于一场基于娱乐、体育奇观（电视对体育赛事的报道）的信息革命中，这为越来越没有目标的大众提供了一种鸦片。布热津斯基是另一个先知和预言家吗？他能看到未来吗？答案是否定的；他在书中所写的内容只是从交给罗马俱乐部执行的300人委员会的计划中抄袭而来。在1991年，我们已经有了一大批没有目标的公民，这难道不是事实吗？我们可以说，3000万失业者和400万无家可归者构成了一个 "无目的的群众"，或者至少是一个核心。

除了列宁和马克思认为必要的 "大众鸦片"--宗教之外，我们现在还有大众体育、无节制的性欲、摇滚乐和全新一代的吸毒儿童的鸦片。随意的性行为和流行的毒品使用已经被创造出来，以分散人们对周围发生的事情的注意力。在《技术电子时代》中，布热津斯基谈到 "群众 "时，好像人是没有生命的物体--这可能是300人委员会对我们的看法。 他不断提到需要控制我们这个 "群众"。

在某些时候，他泄漏了秘密。

"与此同时，对个人进行社会和政治控制的能力将大大增加。很快就可以对每个公民进行几乎永久的控制，并保持最新的档案，其中甚至包括每个公民的健康和个人行为的最个人化细节，以及更多的通常数据。这些文件将可被当局立即检索到。权力将向控制信息的人倾斜。我们目前的机构将被危机前的管理机构所取代，其任务是提前确定可能发生的社会危机，并制定方案来应对这些危机（这描述了联邦紧急事务管理局的结构，该机构的出现要晚得多）。

"这将鼓励在未来的几十年里，走向一个技术性的时代，一个DICTATURE的趋势，为我们所知的政治程序留下更少的空间。最后，展望本世纪末，生物精神控制和基因干预人类的可能性，包括像人类一样工作、像人类一样思考的生物，可能会导致一些棘手的问题。

布热津斯基不是以私人身份写作，而是以卡特的国家安全顾问、罗马俱乐部的重要成员、300人委员会的成员、CFR的成员和波兰黑人老贵族的身份写作。他的书解释了美国如何必须放弃其工业基础并进入他所说的 "一个独特的新历史时代"。

"美国的独特之处在于它愿意对未来进行试验，无论是流行艺术还是迷幻药。今天，美国是创造性的社会，其他国家自觉或不自觉地都是模仿者。"

他应该说的是，美国是300人委员会政策的试验场，这些政策直接导致旧秩序的解体和进入一个世界政府--新世界秩序。

技术电子时代》中的一个章节解释了新技术将如何带来激烈的对抗，使社会和国际和平变得紧张。奇怪的是，我们已经受到了监视的强烈压力。古巴的卢尔德是一个正在发生这种情况的地方。另一个是位于比利时布鲁塞尔的北约总部，那里有一台被称为 "666 "的巨型计算机，可以储存布热津斯基提到的所有类型的数据，而且还可以扩大收集几个国家内数十亿人的数据，但鉴于《全球2000年报告》的种族灭绝性，可能永远不需要使用。

在美国，数据检索将很简单，社会保险或驾驶执照号码可以简单地加到666号上，以提供布热津斯基和他在300人委员会的同事所宣布的监视记录。该委员会已经在1981年警告各国政府，包括苏联政府，"除非300人委员会完全控制新世界秩序的准备工作，否则将会出现混乱。

"将通过我们的委员会以及全球规划和危机管理来进行控制。"

我在1981年收到这一事实信息的几个月后报告了这一信息。我当时报道的另一件事是，俄罗斯被邀请加入单一世界政府的筹备工作。

当我在1981年写下这些东西时，阴谋家的世界计划已经处于高级准备状态。回顾过去十年，我们可以看到委员会的计划进展得多么迅速。如果1981年提供的信息是令人震惊的，那么今天就更应该如此，因为我们正在接近我们所知道的美国消亡的最后阶段。有了无限的资金，有了几百个智囊团和5000个社会工程师，有了媒体的商品化和大多数政府的控制，我们可以看到，我们正在策划一个巨大的问题，在这个时候，*任何*国家*都*无法反对。

正如我多次说过的那样，我们被误导，认为我所说的问题源于莫斯科。我们已经被洗脑，相信共产主义是我们美国人面临的最大危险。*情况根本不是这样*。*最大*的危险来自于我们中间的大批叛徒。我们的宪法告诫我们要提防我们边界内的敌人。这些敌人是300人委员会的仆人，他们在我们的政府结构中担任*高级职位*[1]。美国是我们必须开始战斗的地方，以扭转有可能吞噬我们的潮流，我们必须在那里会见并击败这些内部阴谋家。

作为美国国务院埃利奥特-艾布拉姆斯（Elliot Abrams）制定的整体计划的一部分，罗马俱乐部还在萨尔瓦多25年战争的产生中发挥了直接作用。正是300人委员会成员、社会主义国际领导人和西德前总理维利-勃兰特资助了萨尔瓦多游击队的 "最后攻势"，幸运的是，该攻势没有成功。萨尔瓦多被委员会选中，使中美洲成为新的三十年战争的区域，这项任务被分配给基辛格在 "安第斯计划 "这个无害的标题下执行。

作为阴谋家如何跨越国界运作的一个例子，威利-勃兰特计划的 "最后攻势 "行动源于对费利佩-冈萨雷斯的访问，后者当时正准备成为西班牙未来的总理，这是罗马俱乐部注定的角色。除了我自

---

[1] "最后，我的弟兄们，你们要*靠着主和他的大能*，*坚强起来*。穿上神的全副军装，就*可以抵挡魔鬼的诡计*。因为我们不是与属血气的争战，乃是与掌权的争战，与掌权的争战，与这世界黑暗的官长争战，与*高处属灵的恶势力争战"。*- 大数人保罗，以弗所书6：10-12。

己和几个前情报部门的同事，在冈萨雷斯在古巴出现之前，似乎没有人听说过他。冈萨雷斯是罗马俱乐部在萨尔瓦多的代办，也是佛朗哥将军去世后在西班牙被提升为政治权力的第一位社会主义者。

冈萨雷斯当时正在去华盛顿参加1980年12月举行的罗马俱乐部社会主义 "争取里根 "会议的路上。出席冈萨雷斯-卡斯特罗会议的是左翼游击队员吉列尔莫-翁戈，他是政策研究所（IPS）的负责人，该研究所是华盛顿300人委员会最知名的左翼智库。Ungo由一名IPS成员领导，他在从华盛顿到哈瓦那会见卡斯特罗的路上死于一次神秘的飞机失事。

正如我们大多数人所知，政治光谱的左翼和右翼是由同一批人控制的，这有助于解释昂戈是萨尔瓦多右翼领导人、已故的拿破仑-杜阿尔特的长期朋友。正是在古巴会议之后，萨尔瓦多游击队的 "最后攻势 "才得以实施。

南美和美国的两极化是300人委员会交给基辛格的一项特殊任务。福克兰群岛战争（又称福克兰战争）和随后的阿根廷政府被推翻，随之而来的是经济混乱和政治动荡，这是由基辛格事务所与300人委员会的高级成员卡林顿勋爵协同策划的。

300人委员会在美国的主要资产之一，位于科罗拉多州的阿斯彭研究所，也帮助策划了阿根廷的事件，就像在伊朗国王倒台的情况下一样。拉丁美洲对美国很重要，不仅因为我们与那里的国家签订了许多相互防御条约，而且还因为它有可能为美国出口技术、重型工业设备提供一个巨大的市场，这将激励我们许多摇摇欲坠的企业，并提供成千上万的新工作。必须不惜一切代价防止这种情况，即使这意味着30年的战争。

300人委员会没有从积极的角度看待这一巨大的潜力，而是将其视为对美国后工业化、零增长计划的危险威胁，并立即采取措施，以阿根廷为例，警告其他拉丁美洲国家忘记他们可能有的任何促进民族主义、独立和主权完整的想法。这就是为什么如此多的拉丁美洲国家将毒品作为其唯一的生存手段，这很可能是阴谋家们最初的意图。

美国人普遍看不起墨西哥，这恰恰是委员会*希望*美国人民看待墨西哥的态度。我们需要做的是改变我们对墨西哥和整个南美的看法。墨西哥是各种美国产品的一个潜在的巨大市场，这可能意味着为美国人和墨西哥人提供成千上万的就业机会。将我们的产业 "移到边境以南"，并向加工厂支付奴隶式工资，这对两个国家都没有好处。除了 "奥运选手"，它对任何人都没有好处。

墨西哥曾经从阿根廷获得大部分核技术，但福克兰群岛战争结束了这种情况。1986年，罗马俱乐部颁布法令，停止向发展中国家出口核技术。有了核电站生产丰富而廉价的电力，墨西哥将成为 "拉丁美洲的德国"。这对阴谋家来说将是一场灾难，他们在1991年停止了所有核技术的出口，除了对以色列的出口。

300人委员会为墨西哥设想的是一个封建农民阶级，这种状况使墨西哥石油的管理和掠夺变得容易。一个稳定和繁荣的墨西哥只能是美国的资产。这正是阴谋家们想要阻止的，这也是他们几十年来对墨西哥进行暗示、诽谤和直接经济战的原因。在前总统洛佩斯-波蒂略上台并将银行国有化之前，墨西哥每天因华尔街银行和经纪公司的300人委员会的代表组织和策划的资本外逃而损失2亿美元。

只要我们美国有政治家而不是政客掌权，我们就能一起行动，打败 "一个世界政府 "和 "新世界秩序 "将墨西哥降至无能的计划。如果我们能够击败罗马俱乐部对墨西哥的计划，这将是对300人委员会的一个冲击，这个冲击将使他们需要很长时间才能恢复。光明党的继承人对美国的威胁和对墨西哥的威胁一样大。通过寻求与墨西哥爱国运动的共同点，我们美国人可以创造一个强大的力量来对付。但这种行动需要领导力，而我们比任何其他领域的努力都更缺乏领导力。

300人委员会通过其许多附属机构，成功地使里根的总统任期无效。以下是传统基金会的斯图尔特-巴特勒对此的看法："右派认为他们在1980年赢了，但事实上他们输了。巴特勒指的是，当右派意识到里根政府的所有重要职位都由传统基金会任命的费边社会主义者担任时，他们发现自己处于这样的局面。巴特勒接着说，Heritage将利用右翼思想将激进的左翼原则强加给美国，这也是美国主要的费边主义者、Heritage最重要的人物彼得-维克斯-霍尔爵士在选举年公开讨论的激进思想。

彼得-维克斯-霍尔爵士仍然是活跃的费边主义者，尽管他经营着一个保守的 "智囊团"。作为英国寡头军火制造商维克斯家族的成员，他拥有地位和权力。维克斯家族在第一次世界大战期间为双方提供了装备，并在希特勒上台期间再次提供装备。维克斯的官方封面是加利福尼亚大学的城市和区域发展研究所。他是英国工党领袖、300人委员会成员安东尼-韦奇伍德-本恩的长期知己。

维克斯和本恩都被嵌入塔维斯托克人际关系研究所，这是世界上最重要的洗脑机构。维克斯在演讲中很好地利用了他的塔维斯托克训练。请考虑以下例子。

> "有两个美洲。一个是e基于重工业的19世纪的社会。另一个是新兴的后工业社会，在某些情况下建立在旧美国的碎片上。正是这两个世界之间的危机，将产生未来十年的经济和社会灾难。这两个世界是根本对立的，它们不能共存。归根结底，后工业化世界必须粉碎和抹杀另一个世界"。

请记住，这篇演讲是在1981年发表的，我们可以从我们的经济和工业状况中看到彼得爵士的预测是多么准确。当有关人士问我1991年的经济衰退会持续多久时，我让他们参考彼得爵士的说法，并加上我自己的看法，即经济衰退要到1995/1996年才会结束，即使那时出现的也不会是我们在1960和1970年代认识的美国。美国*已经被*摧毁。

> "我的人民因缺乏[我的]知识而被毁灭"。- 神，何西阿4:6。

彼得爵士的讲话发表后不久，我就在我的通讯中报道了他的讲话。这是多么有预见性啊，但很容易预测到300人委员会及其执行部门罗马俱乐部已经为美国写下的未来。彼得爵士委婉地说了什么？翻译成日常用语，他是说，旧的美国生活方式，我们基于宪法的真正的共和制政府形式，将被新世界秩序击垮。我们所知道的美国将不得不离开，否则将被炸成碎片。

正如我所说，300人委员会的成员经常使自己非常引人注目。彼得爵士也不例外。为了表明自己的观点，彼得爵士在演讲结束时说。

> "我非常乐意与传统基金会和类似团体合作。真正的费边人正期待着新右派来推动他们的一些更激进的想法。十多年来，英国公众一直受到关于他们如何处于工业衰退的持续宣传。这都是事实，但这种宣传的最终效果是打击了民众的士气。(与塔维斯托克的新科科学家的预测完全一致)。

> "这就是美国经济恶化时将发生的情况。这个过程（士气低落）对于人们接受艰难的选择是必要的。如果没有对未来的规划，

> 或者如果特殊利益集团阻碍进展，将会出现目前难以想象的社会混乱。美国城市的前景是暗淡的。有可能在内部城市做一些事情，但从根本上说，城市会萎缩，制造业基础会下降。这将产生社会震荡。"

彼得爵士是一个通灵者，一个声名显赫的魔术师，还是仅仅是一个运气很好的江湖算命先生呢？答案是 "以上都不是"。彼得爵士所做的是阅读300人委员会--罗马俱乐部关于美国作为一个前工业巨人缓慢死亡的计划。考虑到彼得爵士十年来的预测，难道还有什么疑问吗？"300人委员会 "关于美国工业化国家灭亡的计划已经成为既成事实。

彼得爵士的预测不是非常准确吗？事实上，他们一直在这样做，几乎到了最后一个字。值得注意的是，彼得-维克斯爵士（彼得-维克斯-霍尔爵士的岳父）曾参与斯坦福大学的研究论文《变化中的人的形象》，寄给里根政府的3000页咨询材料大部分来自于此。此外，作为军情六处的高级英国情报官员，彼得-维克斯爵士能够向Heritage提供大量的预先信息。

作为300人委员会和北约的成员，当北约要求罗马俱乐部制定一个将完全改变美国想要的方向的社会方案时，彼得-维克斯爵士也在场。罗马俱乐部在塔维斯托克的领导下，委托斯坦福研究所（SRI）制定这样一个方案，不仅为美国，也为大西洋联盟的每个国家和经合组织国家。

正是彼得爵士的门生斯图尔特-巴特勒给了里根总统3000页的 "建议"，其中大概包含了国会议员、300人委员会有影响力的安东尼-韦奇伍德-本恩的一些观点。 本恩告诉1980年12月8日在华盛顿开会的社会主义国际成员。

> "如果你试点里根加剧信贷紧缩，你可以在沃尔克信贷紧缩下茁壮成长。"

巴特勒的建议被遵循并应用于里根政府，在里根的经济政策下，信用社和银行业加速崩溃，就是证明。虽然本恩称其为'引导'，但他真正的意思是，里根必须被洗脑。有趣的是，冯-哈耶克--他是传统组织的创始成员--利用他的学生米尔顿-弗里德曼主持罗马俱乐部的计划，利用里根的总统任期加速钢铁业的崩溃，然后是汽车和住房行业的崩溃，从而使美国去工业化。

在这方面，法国黑人贵族成员艾蒂安-达维农（Etienne D'Avignon）

作为300人委员会的成员，被赋予了使这个国家的钢铁工业崩溃的任务。已经失业十年的数十万钢铁工人和造船厂工人不太可能听说过达维农。我在1981年4月的《经济评论》中对达维尼翁计划作了全面阐述。一个来自伊朗的神秘人，原来是阿亚图拉-霍梅尼的特使巴尼-萨德尔，于当年12月10日在华盛顿特区参加了罗马俱乐部的致命会议。

特别是1980年12月10日在会议上的一次讲话，引起了我的注意，主要是因为它来自弗朗索瓦-密特朗，一个被法国当权派斥为过时的人。但我的情报来源之前就告诉我，密特朗正在恢复，掸去灰尘，重新掌权，所以他的话对我来说很有分量。

> "工业资本主义发展是自由的反面：我们必须结束它。二十^e 和二十一^e 世纪的经济体系将使用机器来取代人，首先是在核能领域，这已经产生了可怕的结果"。

密特朗重返爱丽舍宫是社会主义的一次伟大胜利。它证明了300人委员会有足够的力量来预测事件并使其发生，通过武力，或通过任何手段，表明它可以粉碎任何反对派，即使像密特朗的情况一样，在几天前被巴黎的一个有影响力的团体完全拒绝。

参加1980年12月华盛顿会议的另一位具有 "观察员身份 "的代表是约翰-格雷厄姆，也被称为 "欧文-苏尔"，是反诽谤联盟（ADL）调查委员会的负责人。ADL是一个成熟的英国情报行动，由英国情报部门的三个分支，即军情六处和联合情报局管理。苏尔的大量技巧是在伦敦东区的下水道里获得的。苏尔仍然是超级机密的SIS的成员，一个詹姆斯-邦德式的精英行动单位。任何人都不要低估ADL的力量，也不要低估它漫长的影响力。

苏尔与霍尔和其他费边主义者紧密合作。他在英国牛津大学罗斯金劳工学院就读时被指定为对英国情报部门有用的人，正是这个共产主义教育中心给了我们米尔纳、罗德斯、伯吉斯、麦克林和金-菲尔比。牛津和剑桥大学长期以来一直是精英子弟的天下，那些父母属于英国上流社会的 "精英"。在牛津大学学习期间，苏尔加入了青年社会主义联盟，并在不久之后被英国特勤局征用。

苏尔被派往美国，在那里他发现自己受到该国最阴险的左派之一沃尔特-李普曼的保护和赞助。李普曼创立并领导了工业民主联盟和民主社会学生会，这两个左派组织旨在使产业工人与他所谓的 "资本主义阶级 "和老板们产生矛盾。李普曼的这两个项目都是全美300人委员会机构的组成部分，李普曼是该委员会的一个非常重要的成员。

苏尔与司法部关系密切，可以获得他所针对的任何人的联邦调查局的资料。司法部奉命给苏尔提供他想要的任何东西，只要他想要。Suall的大部分活动包括 "关注右翼团体和个人"。ADL对国务院的大门是敞开的，并且很好地利用了国务院令人印象深刻的情报机构。

国务院有一层右翼特工，他们冒充 "无畏的反犹太主义斗士"。这批告密者中有四个领导人，其中三个是谨慎的犹太同性恋者。这群间谍已经活跃了20年。他们出版恶毒的反犹太 "报纸"，销售各种反犹太书籍。其中一个主要运营商在路易斯安那州工作。该小组的一名成员是基督教右派圈子里的一名流行作家。该团体和其中的个人都受到ADL的保护。苏尔一直深入参与ABSCAM的工作，并经常被执法部门要求协助他们的调查和卧底行动。

苏尔的任务是 "观察里根"，就传统基金会为新当选总统制定的道路而言，如果里根看起来要偏离或在任何时候移除他的障眼法，他就会开几枪警告。苏尔帮助摆脱了任何麻烦的右翼顾问，这些顾问在里根政府的就业不受遗产的约束。里根的劳工部长雷-多诺万就是这种情况，由于ADL的 "肮脏砖块 "部门[2]，他最终被免职。詹姆斯-贝克三世是传统基金会3000人推荐名单中的一员，他是将苏尔关于多诺万的仇恨信息传递给总统的中间人。

另一个重要的阴谋家是菲利普-艾吉（Philip Agee），即所谓的中情局 "叛逃者"。虽然他不是委员会的成员，但他是委员会负责墨西哥事务的官员，并接受（英国）皇家国际事务研究所（RIIA）和（美国）外交关系委员会的指导。为了记录在案，在美国发生的任何事情都没有得到RIIA的批准。这是丘吉尔和罗斯福在1938年首次公开达成的一项持续和永久的协议（在此之前有许多这样的秘密协议），根据该协议，美国情报部门有义务与英国情报部门分享绝密信息。

这是两国间所谓 "特殊关系 "的基础，丘吉尔和哈利法克斯勋爵吹嘘说，这种关系在各方面都很 "特殊"。

---

[2] "扭曲的打击"，**译者注**

这种'关系'对美国为英国利益并代表英国利益发动对伊拉克的海湾战争负有责任,特别是英国石油公司,这是300人委员会中最重要的公司之一,伊丽莎白女王的直系亲属在其中拥有重大利益。

自1938年以来,除了通过这个特殊的联合指挥结构,没有任何情报活动。菲利普-艾吉从圣母大学毕业后就加入了中央情报局,在那里他被纳入了耶稣会共济会的圈子。艾吉第一次引起我的注意是在1968年,他是墨西哥城大学骚乱背后的情报人员。墨西哥学生骚乱的一个最重要的方面是,它们与纽约、波恩、布拉格和西柏林的学生骚乱同时发生。

由于国际刑警组织的协调专长和特别情报网络是其不可分割的一部分,对于委员会来说,引发精心策划的全球行动,从学生骚乱到罢免所谓的主权国家领导人,并不像最初看起来那样困难。这都是 "奥运选手 "日常工作的一部分。在墨西哥,阿吉与波多黎各的恐怖组织结盟。在此期间,他成为古巴独裁者菲德尔-卡斯特罗的信任知己。

不应假定,当艾吉进行这些行动时,他是作为一个 "无赖 "特工进行的。相反,在这些任务中,他一直在为中情局工作。当卡斯特罗的DGI(古巴情报局)设法 "策反 "他时,问题来了。艾吉继续作为中央情报局的成员工作,直到他的双重身份被发现。这是苏联在西方最大的监听站,位于古巴的卢尔德。卢尔德由3000名苏联监测和信号解密专家组成,能够同时监测成千上万的电子信号。一位国会议员和他的情妇之间的许多私人电话谈话在卢尔德被捡到,并被好好利用。

尽管我们在1991年的今天被告知 "共产主义已经死亡",但美国没有采取任何措施来阻止在我们家门口进行的大规模间谍活动。顺便说一下,卢尔德有能力接收最微弱的 "暴风雨 "信号,这是传真机或电动打字机发出的那种信号,当被破译时,将给出正在打字或传真的内容。卢尔德仍然是美国 "心脏上的一把匕首"。绝对没有理由维持其存在。如果美国和苏联真的彼此和平相处,为什么继续需要如此大规模的间谍行动?简单的事实是,克格勃并没有像我们所认为的那样减少其工作人员,而是在1990年和1991年大规模地招募人员。

伯纳德-列文在美国可能不是一个家喻户晓的名字。与颓废的流行歌星或好莱坞最新的寒酸 "发现 "不同,学术界很少(如果有的话)

进入公众视野。在数百名在罗马俱乐部控制下工作的美国学者中，莱文值得特别一提，如果只是因为以下原因：他在破坏伊朗、菲律宾、南非、尼加拉瓜和韩国中的作用。伊朗国王的倒台是根据伯纳德-列文和理查德-福尔克设计的计划执行的，并由罗伯特-安德森的阿斯彭研究所监督。

莱文是《时间透视与士气》的作者，这是罗马俱乐部关于如何打破国家和领导人个人士气的出版物。以下是该文件的摘录。

> "通过恐怖策略来瓦解士气的主要技巧之一正是这种战术：让对方对自己的处境和可以期待的事情一无所知。此外，如果严厉的纪律措施和良好待遇的承诺之间经常摇摆不定，以及传播相互矛盾的消息，使情况的结构不明确，个人可能不再知道某个特定的计划将导致他或她走向或远离目标。在这种情况下，即使是有明确目标并愿意承担风险的人，也会因为对自己应该做什么的严重内心冲突而陷入瘫痪"。

罗马俱乐部的这个项目适用于国家和个人，特别是这些国家的政府领导人。在美国，我们不必认为 "哦，这里是美国，这些事情不会发生在这里"。让我向你保证，它们确实发生在美国，也许比任何其他国家都多。

莱文-罗马俱乐部的计划是为了打击我们所有人的士气，所以最后我们会觉得我们必须遵循为我们计划的东西。我们将像绵羊一样听从罗马俱乐部的命令。任何突然出现的 "拯救 "国家的表面上强大的领导人，都必须以最大的怀疑来看待。请记住，霍梅尼是由英国特工部门培养多年的，特别是在他在巴黎逗留期间，然后突然作为伊朗的拯救者出现。鲍里斯-叶利钦也来自军情六处-情报局。

罗马俱乐部相信它已经成功完成了 "软化 "美国的任务。在对这个国家的人民进行了45年的战争之后，谁会怀疑它确实完成了它的任务？看看你的周围，看看我们已经变得多么士气低落。毒品、色情、摇滚 "音乐"、自由性行为、完全被破坏的家庭单位、女同性恋、同性恋，以及最后，数以百万计的无辜婴儿被他们自己的母亲可怕地杀害。是否有比大规模堕胎更卑劣的罪行？

当美国在精神和道德上破产时，当我们的工业基础被摧毁，3000万人失业时，当我们的大城市成为各种可以想象的犯罪的骇人听闻的粪坑时，当杀人率几乎是任何其他国家的三倍时，当我们有

400万无家可归者和政府腐败猖獗时，谁能反驳美国正在成为一个准备从内部崩溃的国家这一事实。400万人无家可归，政府腐败达到了猖獗的程度，谁能说美国正在成为一个准备从内部崩溃的国家，只能落入黑暗时代新的一世界政府的怀抱？

罗马俱乐部成功地分裂了基督教会；它成功地建立了一支有魅力的原教旨主义者和福音派的军队，他们将为犹太复国主义以色列国而战。在种族灭绝的海湾战争期间，我收到了几十封信件，问我怎么能反对 "针对伊拉克的正义的基督教战争"。我怎么会怀疑基督教原教旨主义者对（300人委员会）伊拉克战争的支持是不符合圣经的呢--毕竟，在枪战开始前，葛培理不是和布什总统一起祈祷吗？圣经》不是提到了 "战争和战争的谣言 "吗？

这些信件让我们了解到塔维斯托克研究所的工作*成效*。基督教原教旨主义者将成为以色列国背后的强大力量，这与预言完全一致。这些好人没有意识到他们被罗马俱乐部严重误导，他们的意见和信仰*不是*他们自己的*，而是由遍布美国的300个 "智囊团 "中的数百个委员会为他们*创造的，这是*多么可悲。换句话说，像美国人口的其他部分一样，基督教原教旨主义者和福音派已经被完全洗脑了。

作为一个国家，我们准备接受美利坚合众国和美国的生活方式的消亡，这曾经被世界所羡慕。不要以为这只是发生了--老的 "时间变化 "综合症。时间并没有改变什么，改变的是人。将300人委员会和罗马俱乐部视为欧洲机构是一个错误。罗马俱乐部在美国有很大的影响力和权力，并在华盛顿特区有自己的分部。

参议员克莱伯恩-佩尔是其领导人，其成员之一是弗兰克-M-波特，众议院能源小组委员会的前工作人员主任。波特，众议院能源小组委员会的前工作人员主任。不难理解罗马俱乐部如何保持对美国能源政策的控制，以及反对核电的 "绿色 "力量来自何处。也许俱乐部最大的成就是它在核电问题上对国会的控制，这起到了阻止美国作为一个强大的工业国家进入21 世纪的作用。罗马俱乐部反核政策的影响可以用沉寂的高炉、废弃的火车站、生锈的钢厂、长期关闭的船厂以及散落在美国各地的宝贵的技术劳动力来衡量，这些劳动力再也无法被召集起来。

罗马俱乐部在美国的其他成员有国会研究服务处的沃尔特-A-哈恩、安-谢瑟姆和道格拉斯-罗斯，他们都是高级经济学家。国会研究服务部的哈恩，安-谢瑟姆和道格拉斯-罗斯，都是高级经济学家。用他自己的话说，罗斯的任务是 "将罗马俱乐部的观点转化为立法，以帮助国家摆脱富足的假象"。安-谢瑟姆是一个名为 "国会未来清算所 "的组织的主管。

她的任务是对可能易受占星术和新时代胡言乱语影响的国会议员进行分析。有一次，她的班上有100多名国会议员。每天都会举行会议，根据她的 "神秘感知 "做出各种占星学 "预测"。除国会议员外，参加他的会议的其他知名人士包括迈克尔-沃尔什、桑顿-布拉德肖--300人委员会的重要成员--以及全州保险公司的副总裁戴维-斯特赖特。300人委员会中一些最著名的成员也是北约的成员，我们应该记住这个事实。这些300人委员会的成员往往身兼数职。罗马北约俱乐部的成员包括美国前驻北约大使哈兰德-克利夫兰、阿斯彭研究所所长约瑟夫-斯莱特、美国国家安全局前工作人员唐纳德-莱什、乔治-麦基和克莱伯恩-佩尔等，仅此而已。

重要的是，我们要记住这些名字，如果你愿意的话，我们要把这些名字列出来，这样当他们的名字出现在电视节目和新闻服务中时，我们就能记住他们是谁，他们代表着什么。按照情报工作的方式，该委员会的领导人经常出现在电视上，通常以最无辜的面目出现。我们应该知道，他们所做的一切都不是无辜的。

300人委员会在美国的肌肉和神经中安插了它的代理人，在美国政府中，在国会中，在总统周围的咨询职位上，作为大使和国务卿。罗马俱乐部不时地组织各种会议，尽管这些会议的名称并不显眼，但却被划分为行动委员会，每个委员会都被分配了具体的任务和准确的目标日期，必须在此日期前完成任务。如果不做其他事情，300人委员会按照一个非常具体的时间表工作。1969年，300人委员会以 "罗马俱乐部协会 "的名义在美国召开了第一次罗马俱乐部会议："罗马俱乐部协会"。下一次会议于1970年举行，名称为 "河谷宗教研究中心"，由托马斯-伯尼领导。此后，从1971年起，在德克萨斯州休斯敦举行了林地会议。此后，每年都会在林地举行定期会议。也是在1971年，在后来，米切尔能源和发展公司为罗马俱乐部举行了能源战略会议：反复出现的主题。限制了美国的增长。最重要的是，第一届世界未来大会于1980年7月举行，有4000名社会工程师和智囊团成员参加，他们都是在罗马俱乐部旗下运作的各种机构的成员或分支机构。

第一届世界未来大会得到了白宫的祝福，白宫根据第一届世界大会的论坛记录，组织了自己的会议。它被称为 "白宫80年代委员会"，并正式推荐罗马俱乐部的政策 "作为美国未来政策的指南"，甚至说美国经济正在从工业化阶段崛起。这呼应了彼得-维克斯-霍尔爵士和兹比布尼夫-布热津斯基的主题，并进一步证明了300人委员会对美国国内和国外事务的控制。

正如我在1981年所说，我们在政治上、社会上和经济上都被迫继续锁定在罗马俱乐部的计划中。一切都对我们不利。如果我们要生存，我们必须打破300人委员会对我们政府的束缚。自卡尔文-柯立芝竞选白宫以来，在每一次选举中，300人委员会都能将其代理人安排在政府的关键岗位上，因此谁能得到白宫的工作并不重要。例如，自富兰克林-D-罗斯福时代以来，每一位竞选总统的候选人都是由对外关系委员会根据RIIA的指示挑选出来的，有人喜欢说是 "亲自挑选"。

特别是在1980年的选举中，美国最高职位的每个候选人都是由CFR指导的。因此，对阴谋家来说，谁赢得总统竞选并不重要。由于传统基金会和CFR等特洛伊木马的存在，新政府的所有关键政策职位都由外交关系委员会的候选人担任，而在此之前，自1960年代以来，由北约罗马俱乐部的人担任，从而确保关键的政策决定带有罗马俱乐部和CFR不可磨灭的印记，作为300人委员会的执行机构。

1984年和1988年的选举遵循了这种长期形成的模式。国务卿乔治-舒尔茨是300人委员会对国务卿的完美选择。舒尔茨一直是亨利-基辛格（Henry Kissinger）的信徒，他是CFR的负责人。此外，他在贝希特尔公司（Bechtel）的职位是300人委员会的一个具有全球规模的关键公司，这使他能够接触到那些可能对他的基辛格关系产生怀疑的国家。卡特政府加快了任命支持阴谋的人员担任重要职务的进程。在卡特当选前，他的首席竞选策略师汉密尔顿-乔丹说，如果赛勒斯-万斯或布热津斯基被任命为卡特内阁成员，他，乔丹，将辞职。他们做到了。乔丹*并没有辞职*。

卡特选择了保罗-沃尔克（事实上，大卫-洛克菲勒告诉他要任命沃尔克），按照罗马俱乐部制定的计划，引发了美国经济的崩溃。我们面临着致力于建立一个世界政府的强大力量。我们已经进行了45年的破坏性战争，但人们并不觉得这是一场灾难。我们正在被洗脑，有条不紊地、系统地洗脑，却从未意识到这一点。塔维斯托克研究所已经为这种情况的发生提供了系统，然后将其行动付诸实施。

保卫自己的唯一方法是揭露阴谋家和他们的多个前沿组织。我们需要有经验的人，能够制定战略来捍卫我们无价的遗产，一旦失去，就会成为一种回忆。我们需要学习阴谋家使用的方法，了解它们并采取对策。只有一个紧急方案才能阻止正在吞噬我们国家的腐败。

有些人可能觉得很难接受全球阴谋的想法，因为有这么多作家在经济上受益。还有人怀疑，在全球范围内，这项活动能否成功协调。他们看到我们政府庞大的官僚机构，然后说，"我们怎么能相信个人能比政府做得更多呢？"这忽视了政府是阴谋的一部分这一事实。他们想要的是确凿的证据，而这是很难得到的。

其他人说，"那又怎样。我关心什么阴谋，我甚至懒得去投票。"这正是美国普通民众被定性为反应的方式。我们的人民已经变得绝望和迷茫，这是45年来对我们发动的（心理）战争的结果。伯纳德-莱文的书中解释了如何做到这一点，但有多少人会费心去读一本学者的非虚构书？ 或者读完整本书？）我们的反应正是我们被定性为行动。士气低落和迷失方向的人们会更快地欢迎一个突然出现的伟人，他承诺解决所有问题，确保社会秩序良好，人们全职工作，家庭纠纷最少。他们的独裁者，因为他就是这样的人，将受到张开双臂的欢迎。

知道谁是敌人是一个重要的必要条件。没有人能够与一个身份不明的敌人作战并取得胜利。这本书可以作为军事领域的手册使用。研究其内容并记住所有的名字。我在本章中经常提到剖析技术。你将在下一章看到对 "剖析 "的全面解释。对剖析科学最深刻的见解之一是，它可以相对容易地对个人、党派团体、政治实体等进行下线。一旦我们了解到这是多么容易做到的事，阴谋就不再是我们所能理解的了。然后，肯尼迪总统的暗杀和里根总统的未遂暗杀就变得容易理解和破译。

行使控制权的机构

剖析法是1922年由皇家国际事务研究所（RIIA）下令开发的一项技术。英国军队技术人员约翰-罗林斯（John Rawlings Reese）少校奉命在苏塞克斯大学下属的塔维斯托克人际关系研究所（Tavistock Institute for Human Relations）建立世界上最大的洗脑设施。这个研究所成为英国心理战局的核心。1970年，当我第一次把里斯和塔维斯托克这两个名字介绍到美国时，人们对此兴趣不大。但多年来，随着我对塔维斯托克及其在阴谋中的重要作用披露得越来越多，模仿我的早期研究变得很流行。

英国心理战局在其80,000名英军小白鼠身上广泛使用了里斯的工作，这些小白鼠是被俘房的士兵，他们接受了多种形式的测试。正是塔维斯托克设计的方法将美国带入了第二次世界大战，并在库尔特-卢因博士的领导下，创建了OSS，即中央情报局的前身。卢文成为战略轰炸调查的主任，这是一项皇家空军的计划，旨在集中轰炸德国工人的住房，而不去管军事目标，如军需工厂。因为这些军工厂，在双方都是由国际银行家拥有的，他们不希望看到自己的资产被摧毁。

后来，战争结束后，北约命令苏塞克斯大学建立一个非常特殊的洗脑中心，成为英国心理战局的一部分，但其研究现在是针对民用而不是军事应用。我们将在有关毒品的章节中再次讨论这个超级秘密单位，它被称为科学政策研究所（SPRI）。

对民工住房进行饱和轰炸的想法是为了打击德国工人的士气。这不是为了影响对德国军事机器的战争努力。卢因和他的精算师团队得出了一个目标数字，即如果65%的德国工人住宅被皇家空军的夜间轰炸摧毁，平民的士气将崩溃。实际的文件是由 *保德信保险公司* 编写的。

皇家空军在 "轰炸机 "哈里斯的指挥下，实施了莱温的计划，最终对德累斯顿进行了恐怖轰炸，超过125,000人被杀，其中主要是老人、妇女和儿童。轰炸机 "哈里斯对德国平民的恐怖袭击的真相直到第二次世界大战结束时仍是一个被严密保护的秘密。

塔维斯托克提供了大部分详细的方案,这些方案导致了海军情报局(ONI)的成立,这是美国第一个情报部门,其规模和范围令中情局相形见绌。美国政府向塔维斯托克公司授予了价值数十亿美元的合同,塔维斯托克公司的战略规划师提供了五角大楼用于我们国防机构的大部分内容,即使在今天也是如此。这是300人委员会对美国和我们大多数机构的控制的又一个例子。塔维斯托克在美国经营着30多家研究机构,我们将在书末的表格中列出所有这些机构的名称。

这些美国塔维斯托克式的机构在许多情况下已经成为巨大的怪物,渗透到我们政府机构的各个方面,并控制了所有的政策决定。亚历山大-金是北约的创始成员,是300人委员会的宠儿,也是罗马俱乐部的重要成员,是我们生活方式的主要破坏者之一。金博士受罗马俱乐部的委托,通过与某些立法者和法官密切合作,控制了全国教师协会,从而摧毁了美国的教育。如果人们还不知道300人委员会的影响有多普遍,那么这本书应该能消除任何疑虑。

联邦应急管理局(FEMA)是罗马俱乐部的产物,对宾夕法尼亚州哈里斯堡的三里岛核电站进行了测试。被歇斯底里的媒体称为"事故",这*不是*一个事故,而是为联邦紧急事务管理局*故意设计*的危机测试。一个额外的好处是媒体制造的恐惧和歇斯底里,导致人们逃离该地区,而事实上他们从未遇到过危险。这被联邦紧急事务管理局认为是成功的,为反核力量赢得了许多分数。TMI成为所谓 "环保主义者 "的集结点,这个团体由阿斯彭研究所代表罗马俱乐部高度资助和控制。媒体报道由CBS电视台的威廉-佩利免费提供,他是前英国特工。

联邦紧急事务管理局是第二次世界大战战略轰炸研究的自然继承者。塔维斯托克阴谋家所称的危机管理的理论家库尔特-卢因(Kurt Lewin)博士深入参与了这个过程。在Lewin和Tavistock之间有一条不间断的链条,跨越了三十七年的时间。卢因将战略轰炸研究纳入联邦紧急事务管理局,只做了一些必要的小调整,其中一个变化是目标不再是德国,而是美国。

第二次世界大战结束45年后,仍然是塔维斯托克手握扳机,枪口对准美国。已故的玛格丽特-米德(Margaret Mead)在塔维斯托克（Tavistock）的主持下对德国和日本人口进行了深入研究，以了解他们对空中轰炸的压力有何反应。欧文-亚努斯是这个项目的副教授，他的导师是约翰-罗林斯-里斯博士，他被提升为英国军队的准将。测试结果已提交给联邦紧急事务管理局。欧文-杰纳斯的报告对制定联邦紧急事务管理局的政策有很大作用。亚努斯在他后来写的一本名为《空战与压力》的书中使用了这句话。在三里岛 "危机 "中，联邦紧急事务管理局完全遵循了他书中的观点。亚努斯有一个非常简单的想法：模拟一连串的危机，按照卢因的恐怖战术操纵民众，他们就会做出完全正确的事情。

在进行这项工作时，卢因发现了一些新的东西，即利用媒体通过电视宣传核战争的恐怖，就可以实现大规模的社会控制。他发现，女性杂志在描述核战争的恐怖方面非常有效。在雅努斯进行的一次审判中，阿肯色州参议员戴尔-邦普斯的妻子贝蒂-邦普斯为《麦考利》杂志 "写 "了关于这个问题的文章。

这篇文章出现在1983年1月的*McCalls杂志上*。事实上，邦普斯夫人没有写这篇文章，这篇文章是由塔维斯托克的一群作家为她创作的，而这正是他们的专长。这是一个完全基于虚假信息的不真实、非事实、暗示和猜测的集合。邦普斯的文章是塔维斯托克擅长的那种心理操纵的典型。读过《麦考利》的女士们没有一个会不被核战争的恐怖/惊吓故事所打动。

300人委员会有一个庞大的官僚机构，由数百个智囊团和前沿组织组成，代表了私营部门和政府领导人的全部内容。我将尽可能多地说出我的名字，首先是德国马歇尔基金。它的成员，记住他们也是北约和罗马俱乐部的成员，有大通曼哈顿银行的大卫-洛克菲勒，著名的制造商汉诺威信托和金融公司的加布里埃尔-黑格，福特基金会的米尔顿-卡茨，社会主义国际的领导人、克格勃特工和300人委员会成员威利-勃兰特，联合汽车工人执行委员会主席欧文-布鲁斯通，罗马俱乐部的美国主席拉塞尔-特兰。罗马俱乐部和菲利普亲王的世界野生动物基金的美国主席Russell Train、CBS节目制作人Elizabeth Midgely、Russell Sage基金会的主任B. R. Gifford、Aspen研究所的Guido Goldman、已故300人委员会的无任所成员Averell Harriman、卡内基捐赠基金的Thomas L. Hughes、Dennis Meadows和MIT "世界动力 "的Jay Forrestor。

300人委员会虽然已经存在了150多年，但在1897年左右才形成现在的形式。它仍然倾向于通过其他前沿机构，如皇家国际事务研究所来发布命令。当决定由一个超级机构来控制欧洲事务时，RIIA成立了塔维斯托克研究所，该研究所本身也创建了北约。五年来，北约由德国马歇尔基金资助。比尔德伯格组织是委员会的一个外交政策部门，其最重要的成员也许是约瑟夫-雷廷格，据说他是该组织的创始人和组织者，其年度会议几十年来一直是阴谋论猎手的最爱。

雷廷格是一位训练有素的耶稣会教士，也是一位拥有33个度的共济会员。涉嫌谋杀丈夫以获得对《华盛顿邮报》控制权的凯瑟琳-梅耶-格雷厄姆夫人是罗马俱乐部的另一位重要成员，纽约人寿保险公司的保罗-G-霍夫曼也是如此，该公司是美国最大的保险公司之一，也是与英国女王伊丽莎白的直系亲属直接联系的主要公司之一。试图消灭战后德国的约翰-J-麦克罗伊，以及詹姆斯-A.卡内基公司的帕金斯，也是比尔特伯格组织和罗马俱乐部的创始成员。

多么强大的明星阵容啊!然而奇怪的是，直到最近，真正的情报机构之外很少有人听说过这个组织。这些重要人物和他们所代表的企业、电视台、报纸、保险公司和银行所掌握的权力，至少相当于两个欧洲国家的权力和威望，而这只是300人委员会对交叉网络的巨大兴趣和它所控制的界面的冰山一角。

上述名单中没有提到理查德-加德纳。虽然他是300人委员会的首批成员之一，但他被派往罗马执行特殊任务。加德纳嫁入威尼斯最古老的黑人贵族家庭之一，使威尼斯贵族与白宫有直接联系。已故的阿维尔-哈里曼是该委员会与克里姆林宫和白宫的另一个直接联系，哈里曼去世后，基辛格继承了这个职位。

罗马俱乐部的确是300人委员会的一个强大机构。虽然表面上是在处理美国事务，但该组织是300人委员会其他机构的保护伞，其美国成员经常发现自己在日本和德国处理"问题"。由上述委员会管理的前沿组织包括，但不限于，以下这些。

工业民主联盟。官员：Michael Novak, Jeane Kirkpatrick, Eugene Rostow, IRWIN SUALL, Lane Kirkland, Albert Schenker.

目标：通过对工会进行洗脑，使其提出不可能的要求，扰乱和解除工人和雇主之间的正常劳动关系，特别是在钢铁、汽车和住房行业。

自由之家。官员们。利奥-丘恩和卡尔-格什曼。

目的：在美国蓝领工人中传播社会主义的虚假信息，散布不满和不满意的情绪。现在这些目标已基本实现，格什曼被劳伦斯-伊格尔伯格招募到CEDC，这是一个新成立的组织，目的是防止一个统一的德国将其贸易扩展到多瑙河流域。

民主多数派委员会。官员：Ben Wattenburg, Jeane Kirkpatrick, Elmo Zumwa和Midge Dector。

目标：在受过教育的社会主义阶级和少数民族群体之间建立联系，以建立一个坚实的选民集团，在选举中可以指望他们投票给左翼候选人。这确实是一次从头到尾的费边主义行动。

外交政策研究所。官员：Robert Strausz Hupe。

目标：破坏并最终结束美国国家航空航天局的太空计划。

美国社会民主党官员：贝亚德-拉斯廷、莱恩-柯克兰、杰伊-洛夫斯通、卡尔-格什曼、霍华德-塞缪尔、西德尼-胡克。

其目的是传播激进的社会主义，特别是在少数民族群体中，并在社会主义国家的类似组织之间建立联系。几十年来，洛夫斯通一直是美国总统在苏联事务上的主要顾问，并与莫斯科有着密切的直接联系。

劳动关系研究所。官员：Harland Cleveland, Willis Harmon.目标：改变美国的思维方式。

公民联盟。官员：Barry Commoner。

其目的是对各政府机构提起"共同原因"诉讼，特别是在国防领域。

反战者联盟。领导人：诺姆-乔姆斯基和大卫-麦克雷诺兹。

目标：在左翼团体、学生和好莱坞"名人"中组织对越南战争的抵抗。

民主社会主义研究所的民主社会主义组织委员会。官员：Frank Zeider, Arthur Redier和David McReynolds。

目的：在欧盟、美国和欧洲范围内交流左派社会主义思想和活动的中心。

反诽谤联盟的调查部门。

官员：IRWIN SUALL，又名John Graham。

目标：联邦调查局和英国特勤局开展联合行动，在极右团体及其领导人变得过于庞大和有影响力之前，将其孤立并使其丧失能力。

国际机械师协会。

目标：社会主义国际的工人阵线和有组织的工人鼓动的焦点，使工人和雇主两极化。

合并的服装工人。

官员：Murray Findley, IRWIN SUALL和Jacob Scheinkman。

目标：像机械师工会一样，使服装部门的工人社会化和两极化。

INSTITUT A.菲利普-伦道夫（Philip Randolph）。官员：Bayard Rustin。

目的：提供一个协调具有共同目标的组织的手段，例如在学生和工人中传播社会主义思想。

剑桥政策研究所。官员：Gar Apelrovitz。

目标：发展在政策研究所所做的工作。1969年2月，由国际社会主义者加-阿佩罗维茨（Gar Apelrovitz）创立，他曾是参议员盖洛德-纳尔逊的助手。阿佩尔罗维茨为罗马俱乐部撰写了有争议的《原子弹》一书，其工作由德国马歇尔基金资助。他专注于研究和行动项目，其既定目标是从根本上改变美国社会，即为下一个单一世界政府创建一个费边美国。

北大西洋研究所经济委员会。官员：奥雷利奥-佩切伊博士。

目的：北约关于全球经济问题的智囊团。

民主机构研究中心。官员：300人委员会的创始人罗伯特-哈钦斯，哈里-阿什莫尔，弗兰克-凯利和一大群"荣誉会员"。

其目的是传播思想，导致以民主为意识形态的自由主义社会改革。他的活动之一是为美国写一部新宪法，该宪法将像丹麦的宪法一样具有强烈的君主制和社会主义色彩。

该中心是一个"奥林匹克"的堡垒。它位于圣巴巴拉，坐落在被人们亲切地称为"帕特农"的地方。前众议员约翰-拉里克称其为"一个充满共产主义者的设施"。1973年，美国新宪法的起草工作进入第三十五个年头，提出了一项保障"环境权利"的修正案，其主旨是将美国的工业基础降至1969年时的雏形而已。换句话说，它执行了罗马俱乐部的后工业零增长政策，正如300人委员会所定义的。

其他目标包括控制商业周期、福利、监管国家企业和公共工程，以及控制污染。阿什莫尔先生在代表300人委员会发言时说，CSDI的职能是寻找使我们的政治制度更加有效的方法。"我们需要改变教育，我们需要审视一部新的美国宪法和一部世界宪法，"阿什莫尔说。

阿什莫尔陈述的其他目标如下。

1)　联合国的会员资格必须实现普遍化。

2)　联合国必须得到加强。

3)　东南亚必须被中立化（Neutralised的意思是"共产化"）。

4)　冷战必须结束。

5)　种族歧视必须被废除。

6)　发展中国家必须得到帮助。(这意味着摧毁它们)。

7)　不以军事手段解决问题。(可惜他们在海湾战争前没有对乔治-布什这样说）。

8)　国家的解决方案是不够的。

9)　共存是必要的。

哈佛心理诊所。领导人：库尔特-卢因博士和一个由15名专门研究新科学的科学家组成的团队。

目标：创造一种氛围，让300人委员会能够对美国掌握无限的权力。

社会调查研究所。领导人：库尔特-卢因博士和一个由20名专门研究新科学的科学家组成的团队。

目标：设计一套新的社会方案，使美国摆脱工业的影响。

科学政策研究单位。官员：Leland Bradford, Kenneth Dam, Ronald Lippert.

主题：英国苏塞克斯大学的未来冲击研究机构，是塔维斯托克网络的一部分。

一家系统开发公司。负责任的人：谢尔顿-阿伦伯格和一个由几百人组成的团队，这里不一一列举。

其目的是协调欧盟、美国和英国的情报界的所有要素。它分析了哪些 "行动者 "应该被赋予国家实体的角色；例如，西班牙将被置于一个淡化的天主教会的保护伞下，联合国将被置于秘书长之下，等等。他开发了 "X RAY 2 "系统，其中智囊团人员、军事设施和执法中心都通过一个全国性的电传和计算机网络与五角大楼相连：在全国范围内应用监视技术。艾伦伯格声称，他的想法不是军事性的，但他的技术主要是他从军队学到的。他负责纽约州的识别和情报系统，这是一个典型的乔治-奥威尔的 "1984 "项目，根据我们的宪法，这是完全非法的。NYSIIS系统正在全国范围内被采用。这就是布热津斯基所说的几乎可以立即检索到任何人的数据的能力。

NYSIIS与该州的所有政府和执法机构共享其数据。它允许快速存储和检索个人、犯罪和社会记录。这是300人委员会的一个典型项目。 迫切需要对系统开发公司的工作进行全面调查，但这超出了本书的范围。有一点是*肯定的*，SDC不是为了维护美国宪法所保障的自由而存在的。它位于圣巴巴拉，靠近罗伯特-哈钦斯的 "帕特农神庙"，这是多么方便。

以下是这些罗马俱乐部机构发行的一些出版物。

- ➢ 中心杂志
- ➢ 反间谍
- ➢ 考文垂
- ➢ 秘密行动信息公告
- ➢ 异见者
- ➢ 人际关系
- ➢ 工业研究
- ➢ 询盘
- ➢ 琼斯母亲

- 一
- 进步的
- 讲故事的人
- 新共和国》杂志
- 新社会的工作文件

这绝不是在罗马俱乐部主持下发行的所有出版物。还有数百个，事实上每个基金会都出版了自己的出版物。鉴于塔维斯托克研究所和罗马俱乐部经营的基金会的数量，这里只能列出部分名单。下面列出了一些最重要的基金会和智囊团，其中包括军队的智囊团。

如果美国公众知道军方是如何与300人委员会的 "智囊团 "一起参与寻找 "新的战争策略 "的，他们会感到惊讶。美国人不知道，1946年，罗马俱乐部受300人委员会的指示，促进智囊团的进步，它认为智囊团提供了一个传播委员会理念的新手段。这些智囊团对我们军队的影响，仅仅是自1959年它们突然激增以来，确实令人吃惊。毫无疑问，在20世纪末，他们将在这个国家的日常事务中发挥更加重要的作用 。

蒙特佩兰协会

Mont Pèlerin是一个经济基金会，致力于发布误导性的经济理论，并影响西方世界的经济学家，使他们不时地遵循其提出的模式。其主要实践者是冯-哈耶克和米尔顿-弗里德曼。

胡佛机构。

该机构最初是为了打击共产主义而成立的，现在已经缓慢但肯定地走向社会主义。它的年度预算为200万美元，由 "300人委员会 "旗下的公司资助，现在的重点是 "和平变革"，重点是枪支管制和美国国内问题。它经常被媒体用作 "保守派 "组织，在需要保守派观点时，他们会征求其意见。胡佛研究所远不是一个保守的组织，在1953年的立场文件之后，它已经成为一个有自己特色的组织。

由于该机构被一个与罗马俱乐部结盟的团体接管，它已成为新世界秩序的 "理想 "政策的一个出口。

遗产基金会

这个研究所在执行英国工党领袖安东尼-韦奇伍德-本恩的 "撒切尔夫人化里根 "的命令中发挥了重要作用。遗产组织当然不是一个保守的组织，尽管它有时看起来像一个。

人力资源研究室

它是一个处理 "心理技术 "的军队研究机构。其大部分人员都是由塔维斯托克培训的。心理技术 "包括大兵的动机和士气以及敌人使用的音乐。事实上，乔治-奥威尔在他的《1984》一书中所写的许多内容似乎与HUMRRO的教学内容非常相似。1969年，300人委员会接管了这一重要机构，并将其转变为一个在罗马俱乐部主持下的私人非营利组织。它是美国最大的行为学研究团体。

他的专长之一是研究压力下的小团体。HUMRRO教导军队，士兵只是其装备的延伸，并对被美国军队广泛接受的 "人/武器 "系统及其 "人的质量控制 "产生了巨大影响。HUMRRO对军队的行为方式产生了非常明显的影响。它的精神控制技术直接来自于塔维斯托克。HUMRRO的应用心理学课程应该是教军队官员如何操作人体武器。一个很好的例子是，在对伊拉克的战争中，士兵们准备不服从战地手册中的命令，活埋了12000名伊拉克士兵。

这种洗脑是非常危险的，因为今天它被应用于军队，军队应用它来残酷地摧毁成千上万的 "敌人"士兵，而明天军队可能被告知反对政府政策的平民群体是 "敌人"。我们已经是一群无脑的、被洗脑的羊（*我们是羊群[？]*），[3]，但似乎HUMRRO可以更进一步地进行操纵和精神控制。HUMRRO是塔维斯托克的一个有价值的补充，HUMRRO中教授的许多课程在海湾战争中得到了应用，这让人们对美国士兵如何表现得像无情无义的杀手有了更多的了解，这与传统的美国战斗人员的概念相差甚远。

研究分析公司。

它是位于弗吉尼亚州麦克莱恩的HUMRRO "1984 "的姐妹组织。它成立于1948年，1961年由300人委员会接管，当时它成为约翰-霍普金斯大学街区的一部分。它曾参与过600多个项目，包括将黑人纳入军队、核武器的战术使用、心理战计划和大规模人口控

---

[3] "我们这群羊"，**译者注**。

制。

当然，还有许多其他主要的智囊团，其中大部分我们将在本书中讨论。智囊团产生的东西与成为政府和公共政策的东西之间最重要的合作领域之一是 "民调员"。民意调查员的工作是按照适合阴谋家的方向来塑造和塑造公众舆论。CBS-NBC-ABC、《纽约时报》、《华盛顿邮报》都在不断进行民意调查。这些努力大多在国家舆论研究中心进行协调，在那里，令人惊讶的是，已经为整个国家制定了一份心理档案。

这些结果被输入盖洛普民意调查公司和扬克洛维奇、斯凯利和怀特公司的计算机中进行比较评估。我们在报纸上读到的或在电视上看到的大部分内容都是由民调机构首先授权的。我们看到的是民调机构认为我们应该看到的东西。这被称为 "公众意见"。这种小小的社会调节背后的想法是确定公众对300人委员会给出的政治方向的反应。 我们被称为 "目标人群"，民调人员衡量的是对 "夜间新闻 "中出现的内容的抵抗程度。[4]稍后我们将了解这种欺骗性做法究竟是如何开始的，以及谁应该对此负责。

这都是塔维斯托克公司精心打造的意见形成过程的一部分。今天，我们的公民认为他们消息灵通，但他们没有意识到，他们认为属于自己的意见实际上是由美国的研究机构和智囊团创造出来的，我们没有人可以自由地形成自己的意见，因为我们的信息是由媒体和民意调查员提供的。

在美国加入第二次世界大战之前，民意调查被推向了高潮。美国人在不知不觉中被调教成将德国和日本视为必须加以制止的危险敌人。从某种意义上说，这是事实，它使有条件的思维变得更加危险，因为根据他们得到的信息，敌人似乎确实是德国和日本。就在最近，我们看到了塔维斯托克的条件反射过程是多么有效，当时美国人被条件反射地认为伊拉克是一个威胁，萨达姆-侯赛因是美国的个人敌人。

这种调节过程在技术上被描述为 "信息到达要影响的人的感觉器官"。最受尊敬的民意调查员之一是丹尼尔-扬克洛维奇，他是300人委员会的成员，属于扬克洛维奇、斯凯尔利和怀特公司。扬科

---

[4] "晚间新闻。

维奇很自豪地告诉他的学生，民意调查是改变公众舆论的工具，尽管这不是原创，因为扬科维奇受到了大卫-奈斯贝特受罗马俱乐部委托撰写的《趋势报告》一书的启发。

奈斯比特在他的书中描述了舆论制造者为创造300人委员会所期望的舆论而使用的所有技巧。舆论制造是奥林匹亚人皇冠上的明珠，因为有了他们数以千计的新社会科学家，再加上他们手中的媒体，几乎任何主题的新舆论都能在两周内被制造出来并传播到世界各地。

这正是他们的仆人乔治-布什奉命与伊拉克开战时的情况。在两周内，不仅是美国公众舆论，而且几乎所有的世界公众舆论都转向反对伊拉克及其总统萨达姆-侯赛因。这些变革艺术家和信息操纵者直接向罗马俱乐部报告，而罗马俱乐部又向以英国女王为首的300人委员会报告，女王统治着一个庞大的、紧密结合的公司网络，这些公司从不纳税，不对任何人负责，他们通过基金会资助其研究机构，其联合活动几乎完全控制着我们的日常生活。

这个庞大的机构以其环环相扣的公司、保险公司、银行、金融公司、石油公司、报纸、杂志、广播和电视，坐拥美国和世界。在华盛顿特区，没有一个政客不以这种或那种方式受制于它。左派抨击这种机器，称其为 "帝国主义"，确实如此，但左派是由控制右派的人管理的，所以左派并不比我们更自由!

参与调节过程的科学家被称为 "社会工程师 "或 "新科学的社会科学家"，他们在我们看到的、听到的和读到的东西中起着至关重要的作用。老派 "社会工程师是库尔特-K-卢因、哈德利-坎特里尔教授、玛格丽特-米德、德温-卡特赖特教授和利普西特教授，他们与约翰-罗林斯-里斯一起，构成了塔维斯托克研究所新科学科学家的骨干。

在第二次世界大战期间，有100多名研究人员在库尔特-莱温的指导下工作，一味地模仿苏联的莱因哈德-海德里希所采用的方法。OSS是以海德里希的方法为基础的，而且正如我们所知，OSS是中央情报局的前身。所有这一切的结论是，英国和美国政府已经建立了必要的机制，只需少量的抵抗就能将我们带入新世界秩序，而且这个机制自1946年以来就已经存在。每过一年都会有新的改进。

正是这个300人委员会建立了控制网络和机制，其约束力远远超过这个世界上的任何东西。不需要用锁链和绳索来束缚我们。我们对即将发生的事情的恐惧比任何物理限制手段更有效地完成这项工作。我们被洗脑了，放弃了宪法规定的携带武器的权利，放弃了我们的宪法本身，允许联合国控制我们的外交政策，允许国际货币基金组织控制我们的财政和货币政策，允许总统违反美国的法律而不受惩罚，入侵外国并绑架其国家元首。简而言之，我们已经被洗脑，以至于作为一个国家，我们毫不怀疑地接受了政府的每一个非法行为。

我就知道，我们很快就要为从委员会手中夺回我们的国家而战斗，否则就会永远失去它。但是，到了那个时候，有多少人会真正拿起武器？1776年，只有3%的人口拿起武器反对国王乔治三世。这一次，3%将是远远不够的。我们决不能让自己被带入盲道，因为这正是我们的思想控制者为我们安排的，他们让我们面对如此复杂的问题，我们只是屈服于长期的渗透，在许多重要问题上无法做出决定。

我们将看看组成300人委员会的人的名字，但在这之前，我们应该看看委员会控制下的所有主要机构、公司和银行的大规模交织。我们需要跟踪他们，因为这些人决定谁应该活着，谁应该作为 " 无用的吃货 "被淘汰；我们将在哪里敬拜上帝，我们应该穿什么，甚至我们将吃什么。根据布热津斯基的说法，我们将处于无尽的监视之下，一天24小时，一年365天，无穷无尽。

我们被从内部背叛的事实每年都被越来越多的人接受，这是件好事，因为正是通过知识[5]，这个词是从BELIEF这个词翻译过来的，我们可以打败人类的敌人。当我们被克里姆林宫的妖魔鬼怪分散注意力的时候，特洛伊木马已经在华盛顿特区架设好了。今天自由人民面临的最大危险不是来自莫斯科，而是来自华盛顿特区。

卡特政府加速了我们经济和军事的崩溃，后者是由罗伯特-斯特兰奇-麦克纳马拉开始的，他是罗马俱乐部和卢西斯信托的成员。尽管他作出了承诺，里根继续破坏我们的工业基础，接替卡特的工作。虽然我们必须保持强大的防御，但我们不能从一个薄弱的工业基础上做到这一点，因为没有一个管理良好的军事工业综合体，

---

[5]"我的人民因缺乏[我的]知识而被毁灭"。- 神，何西阿4:6。

我们就不可能有一个可行的防御系统。300人委员会认识到这一点，早在1953年就规划了现在蓬勃发展的后工业零增长政策。由于罗马俱乐部，我们的技术潜力已经低于日本和德国，这些国家据说是我们在第二次世界大战中打败的。我们是如何到达那里的？由于像亚历山大-金博士这样的人和我们盲目的心态，我们没有认识到我们的教育机构和系统的破坏。由于我们的盲目性，我们不再生产足够数量的工程师和科学家，使我们跻身于世界工业化国家之列。由于金博士，一个在美国很少有人知道的人，美国的教育正处于1786年以来的最低水平。高等教育研究所的统计数据显示，美国高中生的阅读和写作能力比1786年的高中生还要低。

我们今天面临的不仅是失去我们的自由和我们国家的结构，而且更糟糕的是，可能失去我们的灵魂。这个共和国赖以生存的基础被不断侵蚀，留下了一个空白，*撒旦教徒*和邪教分子急于用他们的灵魂合成材料来填补。这个事实很难接受和理解，因为这些事件并不突然。如果一个突然的冲击袭击了我们，一个文化和宗教的冲击，我们就会从冷漠中被震醒。

但*渐进主义*--也就是*费边主义*的运作过程，并没有引起人们的警惕。因为绝大多数美国人无法觉察到我所描述的事情的任何动机，他们无法接受，所以（我所指出的）阴谋被蔑视，并经常被嘲笑（作为一种疯狂的理论，或想象力的产物）。通过提出数百个我们的人必须做出的日常选择来制造混乱，我们已经到达了这样一个位置：除非能够清楚地证明动机，否则所有相关的信息都被拒绝。

这既是阴谋链中的薄弱环节，也是强势环节。大多数人对任何没有动机的东西都不屑一顾，所以阴谋家们对那些指出我们国家和我们个人生活中即将出现的危机的人进行嘲笑，他们感到很安全。然而，如果我们能让足够多的人看到真相，动机封锁就会减弱，直到最后被搁置，因为越来越多的人得到启迪，"这不可能在美国发生"的（错误）观念因此被抛弃。

300人委员会依靠我们的不良反应来支配我们对所制造事件的反应，只要我们这个国家继续以目前的方式作出反应，他们就不会失望。我们必须通过识别阴谋家并揭露他们对我们的计划，把对所制造的危机的反应变成适应性的反应，使这些事情成为公众的知识。罗马俱乐部已经实现了向巴尔巴主义的过渡。与其等待"*被提*"，不如*在*300人委员会实现使我们成为为我们计划的"新黑

暗时代 "的囚犯（奴隶）的目标之*前阻止*他们。这不是*由*上帝决定的，而是由*我们*决定的。我们必须采取必要的措施。

"必须阻止他们，一切都取决于此。"

我在这本书中提供的所有信息都是多年研究的结果，由无可挑剔的信息来源支持。没有什么是夸张的。它是事实和准确的，所以不要落入敌人设下的陷阱，说这份材料是 "假情报"。在过去20年里，我提供的信息被证明是非常准确的，并帮助解释了许多令人困惑的事件。我希望通过这本书，对针对这个国家的阴谋势力有一个更清晰、更广泛的了解。随着越来越多的年轻人开始问问题，并寻求关于真正发生的事情的信息，这一希望正在实现。人们很难理解这些阴谋家是真实存在的，并且拥有我和其他许多人赋予他们的权力。许多人写信问，我们的政府怎么会对这一可怕的文明威胁无所作为。问题是，我们的政府是问题的一部分，是阴谋的一部分，而这一点在任何地方、任何时候都不会比在布什总统任期内变得更明显。当然，布什总统很清楚300人委员会在对我们做什么。他为他们工作。还有人写信说，"我们以为我们在与政府作战"。我们当然知道，但在政府背后站着一股强大的、无所不包的力量，以至于情报机构甚至不敢提及他们的名字，那就是 "奥林匹亚"（著名的隐藏之手）。

300人委员会的证据是它拥有和控制的大量强大机构。以下是一些最重要的机构，所有这些机构都隶属于所有思想库和研究机构之母--塔维斯托克人类关系研究所，该研究所拥有数百个 "分支机构 "的广泛网络。

斯坦福研究中心

斯坦福研究中心（SRC）于1946年由塔维斯托克人类关系研究所（Tavistock Institute For Human Relations）创立。斯坦福大学的成立是为了帮助罗伯特-安德森和他的石油公司ARCO，他们为300人委员会获得了阿拉斯加北坡的石油权。事实上，这项任务对于安德森的阿斯彭研究所来说太大了，所以必须成立一个新的中心并为其提供资金。这个新机构就是斯坦福研究中心。阿拉斯加以9亿美元的首付款出售其权利，这对300人委员会来说是一个相对较小的数额。阿拉斯加的州长被转到国税局寻求帮助和建议。这不是一个意外，而是精心策划和长期包装过程的结果。

在州长发出求助呼吁后，三位SRI的科学家来到阿拉斯加，在那里他们与州长和州规划办公室会面。领导SRI团队的Francis Greehan向州长保证，他管理丰富的石油发现的问题将在SRI的手中得到保障。自然，Greehan没有提到300人委员会或罗马俱乐部。在不到一个月的时间里，格里汉组建了一个由几百名经济学家、石油专家和新科学家组成的团队。SRI提交给州长的报告长达八十八页。该提案在1970年被阿拉斯加立法机关通过，几乎没有任何变化。格里汉确实为300人委员会做了出色的工作，从一开始，国税局就发展成为一个拥有4000名雇员和超过1.6亿美元的年度预算的机构。其总裁查尔斯-A.安德森在其任期内见证了这一增长，SRI社会政策研究中心主任威利斯-哈蒙教授也是如此，该中心雇用了数百名新的科学科学家，其中许多人是从塔维斯托克的伦敦基地调来的。其中之一是RCA的主席和前英国情报官员大卫-萨诺夫，他与哈蒙和他的团队有25年的密切联系。萨诺夫是苏塞克斯的母体研究所的 "监督者"。

斯坦福大学声称不对其接受的项目进行道德评判，为以色列和阿拉伯人、南非和利比亚工作，但是，可以想象，通过采取这种立场，它确保了与外国政府的 "内部优势"，而中情局认为这非常有用。在Jim Ridgeway的书《关闭的公司》中，国税局的发言人

Gibson吹嘘国税局的非歧视性立场。虽然没有被列为联邦合同研究中心，但IRS现在是最大的军事智囊团，使哈德森和兰德公司黯然失色。在SRI的专业部门中，有化学和生物战的实验中心。

斯坦福大学最危险的活动之一涉及针对平民的反叛乱行动--正是政府已经用来对付自己人民*的那种*"1984 "类型的东西。美国政府每年向SRI支付数百万美元，用于这种极具争议性的 "研究"。在学生抗议斯坦福大学的化学战实验后，SRI仅以2500万美元的价格 "出卖 "给了一个私人集团。当然，什么都没有真正改变，SRI仍然是塔维斯托克的项目，300人委员会仍然拥有它，但受骗者似乎对这种毫无意义的表面变化感到满意。1958年，一个令人惊讶的新发展出现了。先进研究产品局（ARPA）是国防部的一个签约机构，它向国税局提出了一个绝密提案。五角大楼的约翰-福斯特向SRI解释说，需要一个方案来保护美国免受 "技术意外 "的影响。福斯特希望完善一种环境成为武器的条件；触发火山和/或地震的特殊炸弹，研究潜在敌人的行为以及可用作新武器的矿物和金属。该项目被SRI接受，并被命名为 "SHAKY"。

SHAKY巨大的电子脑能够执行许多指令，他的电脑是由IBM为SRI制造的。二十八位科学家致力于所谓的 "人类增强"。IBM计算机甚至有能力通过类比来解决问题，并能识别然后确定与它一起工作的科学家。这个工具的 "特殊应用 "可以更好地想象而不是描述。布热津斯基在写*《技术电子时代》*时知道他在说什么。

斯坦福研究所与大量民用咨询公司紧密合作，试图将军事技术应用于国内情况。这并不总是成功的，但随着技术的改进，布热津斯基所描述的大规模、*无处不在的监控*的前景每天都变得更加真实。它已经存在并且正在被使用，即使小故障需要不时地被纠正。

这些民间咨询公司之一是弗吉尼亚州麦克莱恩的施里弗-麦基协会，其负责人是退役的伯纳德-A-施里弗将军，他是空军系统司令部的前负责人，负责开发泰坦、雷神、阿特拉斯和民兵火箭。

施里弗将洛克希德公司、埃默森电气公司、诺斯罗普公司、控制数据公司、雷神公司和天合公司组成的财团联合起来，命名为URBAN SYSTEMS Associates INC.联合会的目标是什么？通过使用先进电子系统的军事技术解决社会和心理方面的 "城市问题"。值得注意的是，TRW通过与Urban Systems Associates Inc.的合作，已经成为信用报告行业中最大的信用信息收集公司。

这应该告诉我们很多关于这个国家已经处于全面监视之下的程度，这是300人委员会的第一个要求。任何独裁者，尤其是全球规模的独裁者，如果没有对每个人的完全控制，就不能发挥作用。国税局正在成为300人委员会的一个重要研究组织。

在20世纪80年代，SRI的60%的合同都用于 "未来主义"，包括军事和民用应用。它的主要客户是美国国防部、国防研究和工程局、处理"研究管理中的行为科学应用"的航空航天研究办公室、总统执行办公室、科学和技术办公室以及美国卫生部。国税局为卫生部开展了一项题为 "ESDEA第一篇阅读成绩测试的模式 "的计划。其他客户包括美国能源部、美国劳工部、美国交通部和国家科学基金会（NSF）。特别重要的是为国家科学基金会准备的题为 "未来和国际问题的评估"的文件。

斯坦福研究中心在伦敦塔维斯托克研究所的保护下，开发了一个庞大而可怕的系统，它称之为商业智能计划。有600多家美国和外国公司认购了它。该计划涵盖了对日本对外贸易关系的研究、变革时期的消费者营销、国际恐怖主义日益增长的挑战、消费产品的感官评价、电子资金转移系统、光电探测、探索性规划方法、美国国防工业和资本供应。在300人委员会中，成为该计划客户的主要公司包括贝希特尔公司（乔治-舒尔茨是其董事会成员）、惠普公司、TRW公司、美国银行、壳牌公司、RCA公司、Blyth公司、伊士曼德隆公司、萨加食品公司、麦道公司、Crown Zellerbach公司、富国银行和Kaiser工业。但是，所有SRI中最邪恶的项目之一，有可能通过改变美国在社会、道德和宗教方面的发展方向而造成巨大的破坏，这就是斯坦福大学查尔斯-F-凯特林基金会的 "改变人的形象"，其官方参考资料是 "合同号URH（489）-2150政策研究报告编号4/4/74，由SRI社会政策研究中心编写，主任威利斯-哈蒙。这可能是有史以来对人如何被改变进行的最彻底的调查之一。

这份319页的报告是由塔维斯托克监督下的14位新科科学家和23位高级控制人员撰写的，其中包括B。F.斯金纳、玛格丽特-米德、埃尔文-拉兹洛和英国军情六处的高级官员杰弗里-维克斯爵士。人们会记得，他的女婿彼得-维克斯-霍尔爵士是所谓的 "传统基金会 "的创始成员，这是一个保守的组织。1981年1月提交给里根政府的3000页 "建议 "中，大部分是基于威利斯-哈蒙的 "人的变化图像 "的材料。

我有幸在美国政府接受 "人类变化的形象 "的五天后，从我的情报部门同事那里收到了该书的副本。我读到的内容令我震惊，因为我意识到我看到的是一个未来美国的蓝图，与我之前看到的任何东西都不同。国家将被编程为变化，并变得如此习惯于这些计划中的变化，以至于当深刻的变化发生时几乎不会被察觉。自《水星阴谋》（威利斯-哈蒙技术论文中的书名）写成以来，我们已经退化得如此之快，以至于今天离婚不被鄙视，自杀达到历史最高点，而且几乎没有引起反对，社会上的偏离规范和性变态，曾经在体面的圈子里是不可提及的，现在已经司空见惯，没有引起特别的抗议了。

作为一个国家，我们没有注意到 "男人形象的进化 "是如何从根本上改变了我们的美国生活方式。在某种程度上，我们已经被 "水门综合症 "打败了。有一段时间，当我们得知尼克松只不过是一个廉价的骗子，在厄尔-沃伦的黑帮朋友为他在尼克松庄园旁边建造的漂亮房子里与他们混在一起时，我们感到震惊和沮丧。当太多的 "未来冲击 "和新闻头条要求我们注意时，我们迷失了方向，或者说，我们每天面临的大量选择使我们感到困惑，以至于我们不再能够做出必要的选择。

更糟糕的是，在遭受了来自高层的一连串罪行，加上越南战争的创伤后，我们的国家似乎不想再有任何真相。这种反应在威利斯-哈蒙的技术文章中得到了仔细的解释，简而言之，美国国家的反应与所述方式完全一致。更糟糕的是，由于不想接受真相，我们更进一步：我们求助于政府来保护我们不受真相的影响。

里根-布什政府的腐败臭味，我们想用六英尺的泥土覆盖。在伊朗/康特拉事件（或丑闻）标题下犯下的罪行，我们不希望被发现。我们*允许*我们的总统在1980年10月20日至23日期间就他的下落向我们撒谎。然而，这些罪行在数量和范围上远远超过了尼克松在任时的任何行为。作为一个国家，我们是否认识到这是一种无节制的堕落？

不，我们没有。当那些其职责是将真相带给美国人民的人，即白宫内一个小型的、私人的、组织良好的政府正忙于犯下一个又一个的罪行，这些罪行攻击了这个国家的灵魂和它所依赖的共和体制，我们被告知不要用这种事情来烦扰公众。"我们真的不想知道这些猜测 "成为标准的回应。

当该国最高当选官员公然将联合国法律置于美国宪法之上时，这是一种可被起诉的罪行，大多数人将其视为 "正常 "接受。当国家的最高民选官员在没有国会宣战的情况下参战时，这一事实被媒体审查，我们再一次接受了这一事实，而不是面对真相。当我们的总统策划和计划的海湾战争开始时，我们不仅对最明目张胆的审查制度感到高兴，甚至把它放在心上，认为它 "有利于战争的进行"。我们的总统撒谎了，[6] April Glaspie撒谎了，国务院撒谎了。他们说，战争是合理的，因为侯赛因总统已被警告过，要离开科威特。当格拉斯皮的国务院电报最终被公开时，一位又一位美国参议员为格拉斯皮这个妓女辩护。他们来自民主党人和共和党人，这并不重要。我们人民*让*他们的卑鄙谎言得逞。

在美国人民的这种心理状态下，威利斯-哈蒙和他的科学家团队最疯狂的梦想成为现实。塔维斯托克研究所很高兴成功地摧毁了这个曾经伟大的国家的自尊和自重。我们被告知，我们赢得了海湾战争。绝大多数美国人还没有意识到的是，在赢得战争的同时，它使我们的国家失去了自尊和荣誉。在科威特和伊拉克的沙漠沙地上，在我们在商定的从科威特和巴士拉撤退时屠杀的伊拉克士兵的尸体旁，有什么东西在苦苦挣扎--我们无法履行我们的承诺，尊重日内瓦公约，不攻击他们。我们的控制者问我们，'你们想要什么'，'胜利还是自尊？你不可能同时拥有。"

一百年前，这不可能发生，但现在它正在发生，没有任何评论。我们已经屈服于塔维斯托克对这个国家发动的长期渗透战争。就像被 "保诚轰炸调查 "打败的德意志民族一样，我们有足够的人同意把这个国家变成过去的极权主义政权只在梦中设想的那种国家。"他们会说，"这里有一个国家，是世界上最伟大的国家之一，却不想要真相。我们可以不需要所有的宣传机构。我们不必费力地对这个国家隐瞒真相，它已经自愿拒绝了它。这个国家是一只鸡"。

我们曾经引以为豪的美利坚合众国共和国现在是一系列犯罪的前沿组织，正如历史表明，这总是极权主义的开始。这就是我们在1991年底在美国达到的永久性改变的阶段。我们生活在一个可有可无的社会中，被设定为不能持久。我们甚至没有对400万无家

---

[6]而最近，克林顿关于他与莫妮卡-莱温斯基的外遇的谎言。

可归者、3000万失业者或迄今为止被谋杀的1500万婴儿感到退缩。这些都是水瓶座时代的 "弃儿"，这个阴谋如此可悲，以至于第一次面对它时，大多数人会否认它的存在，*将这些事件合理化为* "时代已经改变"。

这就是塔维斯托克研究所和威利斯-哈蒙*给我们编程的*反应。对我们理想的拆解仍在继续，没有任何抗议。我们人民的精神和思想动力已经被摧毁了！我们的人民已经被摧毁了。1991年5月27日，布什总统发表了一个非常深刻的声明，其主旨似乎被大多数政治评论家完全误用了。

"美国政治的道德层面要求我们在一个最不邪恶的世界中制定一个道德的路线。这就是现实世界，没有什么是非黑即白的；道德绝对化的空间非常小"。

对于一个很可能是有史以来占据白宫的最邪恶的人的总统，你还能期待什么？

考虑到他命令军队活埋12000名伊拉克士兵。结合他对伊拉克人民正在进行的种族灭绝战争来考虑这个问题。布什总统很高兴地称萨达姆-侯赛因总统为 "我们时代的希特勒"。他从来都懒得提供任何证据。他没有必要这样做。因为布什总统发表了这一声明，我们毫不怀疑地接受了它。根据事实考虑，他以美国人民的名义做了所有这些事情，同时秘密地接受300人委员会的命令。

但是，更重要的是，考虑到这一点：布什总统和他的控制者感到非常安全，他们不再认为有必要隐藏他们对美国人民的邪恶控制，或为此撒谎。这一点从他作为我们的领导人，只要他的控制者（和我们的控制者）认为有必要，就会对真理、诚实和体面做出各种妥协的声明中可以看出。1991年5月27日，美国总统放弃了我们宪法中的每一项原则，大胆地宣布他不再受宪法的约束。这是塔维斯托克研究所和 "保德信轰炸调查 "的伟大胜利，其目标已经从1945年的德国工人住房转移到1946年开始并持续到1992年的战争中的美国人民的灵魂。

在20世纪60年代初，斯坦福研究所对这个国家施加了更大的压力，要求其改变。SRI的攻势在力量和势头上有所增长。打开电视机，你会看到斯坦福大学的胜利就在你眼前：以浓重的性爱细节为特色的谈话节目，变态、摇滚和毒品至上的视频专题节目。在约翰-韦恩曾经统治的地方，我们现在有一个叫迈克尔-杰克逊的人（或者说是他吗？

一个经历了一系列婚姻的女人得到了全国性的报道。一个颓废的、肮脏的、半洗的、吸毒的摇滚乐队得到了数小时的广播时间，专门介绍它的无意义的声音和疯狂的回旋，它的衣服和语言上的反常。肥皂剧展示了尽可能接近于色情的内容，但并没有引起评论。在20世纪60年代初，这是不可能被容忍的，而今天，这被接受为正常现象。我们已经受到并屈服于塔维斯托克研究所所谓的 "未来冲击"，而这种冲击的未来就是现在，我们被一个又一个的文化冲击所麻木，抗议似乎是一种徒劳的姿态，所以在逻辑上我们认为抗议没有意义。

1986年，300人委员会下令将压力调高。美国的行动不够快。美国开始了 "承认 "柬埔寨屠夫的进程，即波尔布特的犯罪政权，他谋杀了200万柬埔寨公民。1991年，车轮转了一圈。美国对一个友好国家开战，而这个国家已经被设定为信任华盛顿的叛徒。我们指责伊拉克这个小国的侯赛因总统的各种恶行，但没有一件是真的。我们杀害和残害了他的孩子，让他们挨饿，死于各种疾病。

同时，我们派布什的300人委员会的使者去柬埔寨，表彰200万柬埔寨人的刺客，他们被300人委员会的城市人口减少实验所牺牲，美国的主要城市将在不远的将来经历这些实验。今天，布什总统和他的300人委员会的政府实际上是在说："听着，人们，你们想从我这里得到什么？我告诉过你，在我认为合适的时候我会妥协，即使这意味着与波尔布特这样的杀人犯谈判。那又怎样 - 亲吻我的手。

改革的压力将在1993年达到顶峰，我们将看到我们从未想过的场景。醉酒的美国会有反应，但只是轻微的反应。即使是对我们自由的最新威胁，即个人电脑卡，也不会干扰我们。威利斯-哈曼的文章 "改变人的形象 "对大多数人来说过于技术性。因此，我们请来了玛丽莲-弗格森（Marilyn Ferguson）的服务，使其更容易理解。"The AGE of AQUARIUS "预示着裸体表演和一首在排行榜上名列前茅的歌曲："Dawn of the Age of Aquarius "走红网络。

个人电脑卡一旦全面普及，将使我们失去熟悉的环境，正如我们将看到的那样，环境的含义远远超过这个词的通常公认的含义。美国已经经历了世界历史上任何其他国家都没有的强烈的创伤期，最糟糕的情况还在后面。

一切都在按照塔维斯托克的命令和斯坦福大学社会学家的预测发生。时代不会改变，它们是被*制造出来*改变的。所有的变化都是事先计划好的，是精心行动的结果。起初，我们被逐渐改变，但现在变化的步伐正在加快。美国正在从一个受上帝祝福的国家转变为一个由许多神灵统治的国家组成的多角化迷宫。美国不再是一个受上帝祝福的国家。宪法的制定者们已经输掉了这场战斗。

我们的祖先说着一种共同的语言，相信一种共同的宗教--基督教及其共同的理想。我们中间没有外人；那是后来才有的，是刻意计划将美国分成一系列零散的民族、文化和信仰的尝试。如果你怀疑这一点，可以在任何一个星期六到纽约东区或洛杉矶西区去看看。美国已经成为在一个共同的政府体系下挣扎共存的几个国家。当300人委员会负责人的表弟富兰克林-D-罗斯福大开移民之门时，文化冲击造成了巨大的混乱和失调，使 "一个国家 "成为一个不可行的概念。罗马俱乐部和北约加剧了这一局面。"爱你的邻居 "是一个理想，只有当你的邻居 "像你自己 "时才会起作用。

对于我们宪法的制定者来说，他们为后代阐述的真理是 "不言而喻 "的--对他们自己来说。他们不确定*后代*是否也会发现他们约束这个国家的真理是不言而喻的，因此他们着手使这些真理明确化。似乎他们害怕的是，当他们为后代确立的真理不再是不言而喻的时候可能会到来。塔维斯托克人际关系研究所确保了宪法制定者所担心的事情确实发生了。那个时候，布什和他的 "没有绝对 "以及他在300人委员会指导下的新世界秩序到来了。

这是强加给美国人的社会变革概念的一部分，哈蒙和罗马俱乐部说这将造成严重的创伤和巨大的压力积累。只要忽视吸收极限，自塔维斯托克、罗马俱乐部和北约出现以来发生的社会动荡将在美国继续。国家是由个人组成的，和个人一样，无论他们多么强大，吸收变化的能力都是有限的。

这一心理真相在《战略轰炸研究》中得到了很好的证明，它要求对德国工人的住房进行饱和轰炸。如前所述，这个项目是*保诚保险公司*的工作，今天没有人怀疑德国是被这次行动打败的。许多从事这个项目的科学家现在正在研究对美国的饱和轰炸，或者已经转行，把他们的巧妙技术留给了那些跟随他们的人。

他们留下的遗产是，我们作为一个国家与其说是*迷失了*方向，不如说是被*引向了*与《宣言》作者200多年来给我们的方向*相反的*

方向。简而言之，我们已经与我们的历史基因、我们的根和我们的文化失去了联系。

信仰，它激励着无数代美国人作为一个国家向前迈进，受益于《独立宣言》和《美国宪法》的制定者留给我们的遗产。我们是迷失的（羊）这一事实对所有寻求真理的人来说是很清楚的，无论它是多么不愉快。

在布什总统和他的 "没有道德制高点 "的指导下，我们正像迷失的国家和个人所倾向的那样向前走。我们正在与300人委员会 *合作*（反对上帝[7]），为我们 *自己的* 堕落和奴役。有些人感觉到了这一点--并有强烈的不安感。他们知道的各种阴谋论似乎并不能涵盖一切。那是因为他们不知道阴谋家的等级制度，即300人委员会。

那些感觉到深深的不安，觉得有什么东西很不对劲，但又不能集体指出问题的灵魂，在黑暗中行走。他们期待着一个他们看到从他们身边溜走的未来。美国梦已经成为一个海市蜃楼。他们把自己的信仰寄托在宗教上，却不采取任何措施来帮助这种信仰的实现。美国人将永远不会经历欧洲人在黑暗时代高峰时的那种倒退。通过坚定的行动，他们唤醒了复兴的精神，形成了光荣的文艺复兴。

迄今为止，领导他们的敌人决定在1980年对美国进行严厉打击，这样美国的复兴就不可能了。谁是敌人？敌人不是一个不露面的 "他们"。敌人可以清楚地识别为300人委员会、罗马俱乐部、北约及其所有附属组织、塔维斯托克控制的智囊团和研究机构。除了作为速记，没有必要使用 "他们 "或 "敌人"。我们知道 "他们 "是谁。300人委员会及其东海岸的自由派建制 "贵族"、银行、保险公司、巨型公司、基金会、通信网络，由一个叛徒集团主持，这就是敌人。

正是这种力量使俄国的恐怖统治、布尔什维克革命、第一次和第二次世界大战、朝鲜、越南、罗得西亚的沦陷、南非、尼加拉瓜和菲律宾获得了生命。正是这个高级别的秘密政府催生了美国经

---

[7]"不与我 *同在的*，就是 *反对我*；不与我聚集的，就是散开"。- 基督，马太福音12:30。

济的控制性解体，使曾经是世界上最伟大的工业强国的美国永远失去了工业化。

今天的美国可以比作一个在激烈的战斗中睡着的士兵。我们美国人已经睡着了，屈服于因面临多种选择而导致的冷漠，这让我们迷失了方向。正是这些变化改变了我们的环境，瓦解了我们的抵抗力，使我们变得茫然、冷漠，最终在激烈的战斗中睡着。

对这种情况有一个技术术语。这被称为 "远距离穿透应力"。将非常多的人置于连续的长程渗透电压下的艺术是由在塔维斯托克人际关系研究所及其美国附属机构、斯坦福研究和兰德公司以及美国至少150个其他研究机构工作的科学家开发的。

库尔特-卢因博士，这位开发这种邪恶战争的科学家，使美国普通的爱国者对各种阴谋论感到担忧，使他感到不确定和不安全，被孤立，甚至可能被吓到，因为他寻求。但不了解 "人的变化 "所造成的衰败和腐烂，无法识别或对抗他认为不理想和不需要的社会、道德、经济和政治变化，但这些变化的强度越来越大。

卢因博士的名字没有出现在我们机构的任何历史书中，无论如何，这些历史书主要是对统治阶级或战争胜利者一方的事件的叙述。因此，我很自豪地介绍他的名字。如前所述，卢因博士在塔维斯托克研究所的支持下组织了哈佛心理诊所和社会研究所。这些名称并没有过多地说明这两个组织的目的。

这让我想起了1827年通过的臭名昭著的改革硬币和货币法的法案。该法案的标题是无害的，或似乎是无害的，这是其支持者的意图。通过这一行为，约翰-谢尔曼参议员将国家出卖给了国际银行家。

据报道，谢尔曼是该法案的提案人，"没有读过它"。正如我们所知，该法案的真正目的是使货币非货币化，并给予偷窃的银行家对我们国家的信贷的无限权力，根据美国宪法的明确和清晰的条款，银行家显然无权拥有这种权力。

库尔特-卢因给了塔维斯托克研究所、罗马俱乐部和北约对美国的无限权力，其他任何组织、实体或社会都无权享有这种权力。这些机构利用这些被篡夺的权力来摧毁国家的意志，以抵制阴谋家的计划和意图，他们要剥夺我们的美国革命成果，并在一个世界政府的领导下将我们带入一个新的黑暗时代。

在这个长期渗透目标中，Lewin的同事有Richard Crossman、Eric

Trist、H. V. Dicks、Willis Harmon、Charles Anderson、Garner Lindsay、Richard Price和W.R. Bion。同样，这些名字从未出现在晚间新闻中；事实上，他们只出现在科学期刊中--所以很少有美国人知道他们的存在，也根本不知道这些名字背后的人在美国已经和正在做什么。

杰斐逊总统曾经说过，他*为那些认为*通过阅读报纸就能知道发生了什么的人*感到遗憾*。英国首相迪斯雷利也说过差不多的话语。事实上，古往今来，领导人都喜欢在幕后管理事情。人类总是觉得有必要在不被发现的情况下进行统治，而这种欲望从未像现代这样盛行。

如果不是这样的话，为什么需要秘密社团？如果我们是由一个公开的系统管理，由民主选举的官员管理，为什么需要在美国的每个村庄、城镇和城市建立一个秘密的共济会组织？为什么共济会能够如此公开地运作，却又将其秘密隐藏得如此之深？我们不能向巴黎九姐妹会的九个无名氏或他们在伦敦科罗纳蒂四重奏会的九个同事提出这个问题。然而，这十八个人是一个更加秘密的政府的一部分，即RIIA，以及除此之外的300人委员会。

共济会的苏格兰仪式是如何能够对约翰-欣克利进行洗脑，使其试图杀害里根总统的呢？为什么我们会有诸如耶路撒冷圣约翰骑士团、圆桌会议、米尔纳集团等一长串的秘密组织？他们是全球指挥和控制链的一部分，该链通过罗马俱乐部、北约、RIIA以及最后的阴谋者等级制度--300人委员会。男人需要这些秘密社团，因为他们的行为是邪恶的，必须被隐藏起来。邪恶无法抵挡真理之光。

水瓶座的时代

在这本书中，我们会发现一份几乎完整的阴谋家、他们的幌子机构和宣传机构的名单。到1980年，水瓶座的阴谋如火如荼，它的成功在我们私人和国家生活的各个方面都可以看到。精神暴力、连环杀手、青少年自杀事件的压倒性增长，无可置疑的昏睡迹象--"长距离渗透"是我们新环境的一部分，与我们呼吸的污染空气一样危险，甚至更危险。

水瓶座时代的到来让美国完全措手不及。作为一个国家，我们对即将*强加在*我们*身上*的变化毫无准备。谁听说过塔维斯托克、库尔特-卢因、威利斯-哈蒙和约翰-罗林斯-里斯？ 他们甚至没有出现在美国的政治舞台上。如果我们有心去看的话，我们会注意到的是，随着我们越来越疲惫，越来越焦虑，最后进入了一个心理冲击期，随后是普遍的冷漠，即"远程渗透战"的外在表现，我们抵御未来冲击的能力正在降低。

塔维斯托克研究所将 "水瓶座时代"描述为动荡的载体："大型社会团体对压力的反应和回应有三个不同的阶段。*首先是表面化*；受到攻击的民众会用口号来保护自己；这并没有找出危机*的根源*，因此对解决危机*毫无帮助*，因此危机持续存在。*第二是碎片化*。这发生在危机持续和社会秩序崩溃的时候。然后是*第三个阶段*，人口群体进入一个 "*自我实现*"*的*阶段，转而摆脱诱发的危机。这导致了一种适应不良的反应，伴随着积极的协同理想主义和分离"。

谁能否认，随着毒品使用的大量增加--"快克"每天使数以千计的新的即时成瘾者；每天杀害儿童的数量令人震惊地增加（大规模堕胎杀婴），现在远远超过了我们的武装部队在两次世界大战、朝鲜和越南的损失；公开接受同性恋和女同性恋，其 "权利"每年都受到越来越多的法律保护。我们称之为 "艾滋病"的可怕祸害正在席卷我们的城镇和村庄；我们的教育系统完全失败；离婚率惊人地增加；谋杀率令世界其他地方感到难以置信；撒旦式的连环杀人事件。数以千计的儿童失踪，他们被变态者从我们的街道上拐走；在我们的电视屏幕上，伴随着 "放纵"，出现了虚拟的色情浪潮--谁能否认这个国家正处于危机之中，我们没有解决这个问题，我们正在远离它。

专门研究这一领域的善意人士将大部分问题归咎于教育，或美国所谓的教育。今天，9-15岁年龄段的犯罪分子比比皆是。强奸犯往往年仅10岁。我们的社会科学家、我们的教师工会、我们的教会都说这都是由于教育系统的缺陷。考试成绩不断下降。专家们感叹，美国现在的教育程度在全世界排名39位左右，。

为什么我们对如此明显的事情感到遗憾？我们的教育系统已经被设定为自我毁灭。这就是亚历山大-金博士受北约委托所要做的事情。这就是雨果-布莱克法官被命令解决的问题。事实是，300人委员会在我国政府的批准下，不希望我们的年轻人接受适当的教育。共济会的雨果-布莱克法官、亚历山大-金、贡纳尔-米尔达尔和他的妻子来给美国的孩子们提供的教育是：犯罪要付出代价，机会才是最重要的。

他们教导我们的孩子，美国的法律是不平等的，这就好了。我们的孩子已经被十年来的腐败榜样正确地教育了；罗纳德-里根和乔治-布什被贪婪所统治，完全被贪婪所腐蚀。我们的教育系统并没有失败。在King、Black和Myrdal的领导下，它实际上是一个巨大的成功，但这取决于你从谁的角度来看待它。300人委员会对我们的教育系统很满意，不允许改变一个逗号。

根据斯坦福和威利斯-哈蒙的说法，我们教育的长期渗透引起的创伤已经持续45年。然而，有多少人意识到我们的社会所面临的阴险压力，以及每天都在发生的持续洗脑行为？20世纪50年代在纽约爆发的神秘帮派战争是一个例子，说明阴谋家可以制造和策划任何形式的骚乱。没有人知道这些帮派战争从何而来，直到研究人员在20世纪80年代发现了指挥这些 "社会现象 "的隐藏控制者。

帮派战争是斯坦福大学精心策划的，故意设计成震惊社会并造成混乱。到1958年，有200多个这样的帮派。它们因一部好莱坞音乐剧和电影《西区故事》而流行。在十年的头条新闻之后，突然在1966年，他们从纽约、洛杉矶、新泽西、费城和芝加哥的街头消失了。

在整个帮派暴力的十年中，公众根据斯坦福大学所期望的剖析反应做出了反应；整个社会无法理解帮派战争，公众的反应也是不恰当的。如果当时有足够聪明的人认识到帮派战争是斯坦福大学的社会工程和洗脑实验，阴谋家的阴谋就会被发现。要么我们没有训练有素的专家可以看到发生了什么--这是很不可能的--要么他们受到威胁而保持沉默。媒体与斯坦福大学的合作突出了对我们环境的"新时代"攻击，正如塔维斯托克的社会工程师和新科学科学家所预测的那样。

1989年，帮派战争作为一种变革的社会条件，重新出现在洛杉矶的街头。在第一批事件发生后的几个月内，帮派开始激增--先是几十人，然后是数百人，在洛杉矶东区的街道上。可卡因屋和猖獗的卖淫活动激增；毒贩子主宰了街道。任何妨碍他们的人都被射杀。新闻界的呼声很高，而且很长。斯坦福大学所针对的人口群体开始用口号进行反击。这就是塔维斯托克所说的第一阶段，目标群体未能确定危机的来源。帮派战争危机的第二个阶段是'分裂'。没有住在帮派经常出没的地区的人说："感谢上帝，他们没有在我们的街区。这忽视了这样一个事实，即无论是否得到承认，危机都在继续，洛杉矶的社会秩序已经开始瓦解。根据塔维斯托克的资料，没有受到帮派战争影响的群体 "脱离了自我保护"，因为没有找到危机的来源，即所谓的 "不适应 "过程--解离期。

除了毒品销售的扩散之外，帮派战争的目的是什么？首先，是向目标群体表明他们并不安全，即他们产生了不安全感。第二，是为了表明有组织的社会对这种暴力无能为力，第三，是为了让人们认识到我们的社会秩序正在瓦解。一旦斯坦福计划的三个阶段完成，当前的帮派暴力浪潮将像开始时一样迅速消失。

一个 "社会条件接受变化"的显著例子，即使它被斯坦福研究所眼中的人群认为是一个不受欢迎的变化，就是BEATLES的 "出现"。披头士乐队被带到美国，作为社会实验的一部分，对大量人口群体进行洗脑，而他们甚至没有意识到。

当塔维斯托克将披头士乐队带到美国时，没有人能够想象到他们之后的文化灾难。披头士乐队是 "水军阴谋"的一个组成部分，这是一个活的有机体，起源于 "人类变化的形象"，URH（489）2150。 见政策研究报告第4/4/74号。政策报告由SRI社会政策研究中心编写，主任是Willis Harmon教授。

披头士现象不是年轻人对旧社会秩序的自发反叛。相反，这是一个精心策划的阴谋，通过一个无法确定的阴谋机构，将一个具有高度破坏性和分裂性的因素引入一个庞大的人口群体，使之在违背自己意愿的情况下发生变化。新的词汇和短语--由塔维斯托克准备--随着披头士乐队被引入美国。诸如与音乐声音有关的 "摇滚"、"青少年"、"酷"、"被发现 "和 "流行音乐 "等词汇，都是变相的暗语，象征着对毒品的接受，它们伴随着披头士乐队，无论他们走到哪里，都会被 "青少年 "所 "发现"。顺便说一句，在披头士乐队出现之前，"青少年 "这个词从未被使用过，这要感谢塔维斯托克人际关系研究所。

与帮派战争一样，如果没有媒体的合作，特别是电子媒体，尤其是被阴谋家们指导过的、充满硫磺味的埃德-沙利文（Ed Sullivan）所应扮演的角色，就不可能或不会取得任何成果。如果不是有大量的媒体报道，没有人会注意到利物浦的杂牌军和接下来的12音阶 "音乐 "系统。12音系统由沉重的、重复的声音组成，由阿多诺从狄俄尼索斯崇拜和巴勒祭司的音乐中提取，并由这位英国女王的特别朋友赋予 "现代 "色彩，因此也是300人委员会的朋友。

塔维斯托克和他的斯坦福研究中心创造了触发词，然后围绕着 "摇滚乐 "和它的粉丝进入了一般的用法。这些触发词创造了一个新的和独特的人口群体，主要是年轻人，他们被社会工程和条件说服，相信披头士乐队真的是他们最喜欢的乐队。所有在 "摇滚乐 "背景下设计的触发词都是为了对新的目标群体--美国青年进行大规模控制。

披头士乐队做得很完美，或者说塔维斯托克和斯坦福大学做得更正确，披头士乐队只是像训练有素的机器人一样 "在朋友的帮助下 "做出反应[8] --暗语是让人兴奋并使之 "很酷"。披头士乐队成为一个高度引人注目的 "新人"--更多的是塔维斯托克的行话--因此没过多久，乐队就创造了新的风格（服饰、发型和语言的时尚），扰乱了老一代人的生活，这也是他们的*目的*。这是威利斯-哈蒙和他的社会科学家和基因工程修理工团队开发并实施的'分裂-错构'过程的一部分。印刷和电子媒体在我们社会中的作用对于成功地对大量人口群体进行洗脑至关重要。1966年，当媒体停止报道时，洛杉矶的帮派战争结束了。同样的事情也会发生在目前洛杉矶的

---

8 参考披头士的歌曲 "在我朋友的帮助下"。编辑的说明。

帮派战争浪潮中。一旦饱和的媒体报道被淡化，然后完全删除，街头帮派将在藤蔓上枯萎。如1966年，问题将是 "烧毁"。街头帮派将达到他们制造动荡和不安全的目的。同样的模式将适用于摇滚音乐。剥夺了媒体的关注，它最终会在历史上占有一席之地。

在甲壳虫乐队（顺便说一下，他们是由塔维斯托克学院组建的）之后，又出现了其他 "英国制造 "的摇滚乐队，他们和甲壳虫乐队一样，请西奥-阿多诺为他们写邪教歌词，并创作所有的 "音乐"。我讨厌在 "披头士狂热 "的背景下使用这些美丽的词汇；这让我想起 "情人 "一词是如何被滥用来指两个在猪圈里蠕动的同性恋者之间的恶心互动。称之为 "摇滚 "音乐是一种侮辱，"摇滚歌词 "中使用的语言也是如此。[9]

塔维斯托克和斯坦福研究机构随后开始了300人委员会委托的第二阶段的工作。 这个新阶段提高了美国社会变革的压力。就像披头士乐队迅速出现在美国舞台上一样，节拍一代也出现了，触发了旨在分离和分裂社会的词语。媒体现在把注意力集中在节拍的一代。塔维斯托克创造的其他词汇也不知从何而来："beatniks"、"hippies"、"flower children "是美国词汇的一部分。变得流行 "放任自流"，穿着脏兮兮的牛仔裤，留着没洗的长发走来走去。"垮掉的一代 "将自己与美国主流社会割裂开来。他们变得和之前的清洁工披头士一样臭名昭著。

这个新创建的团体及其 "生活方式 "吸引了数百万美国年轻人加入邪教。美国青年经历了一场激进的革命，却从未意识到这一点，而老一辈人仍然束手无策，无法确定危机的来源，因此对其表现形式，即各种毒品的反应不足。大麻和后来的麦角酸，"LSD"，在瑞士制药公司SANDOZ的一位化学家阿尔伯特-霍夫曼发现如何制造合成麦角胺，一种强大的改变思维的药物后，该公司很容易提供。300人委员会通过其银行之一S.C.Warburg为该项目提供资金，该药物由哲学家Aldous Huxley运到美国。

这种新的 "神奇药物 "很快就以 "样品 "大小的包装分发，在美国各地的大学校园和"摇滚 "音乐会上免费发放，这成为毒品使用扩散的主要工具。问题是：毒品对社会的影响是什么？缉毒局

---

[9] 摇滚歌曲的歌词，**译者注**。

（DEA）当时在做什么？有令人信服的间接证据表明，缉毒局*知道发生了什么*，但被命令*什么都不做*。

随着非常多的英国新 "摇滚 "乐队来到美国，摇滚音乐会开始成为美国青年社会日历上的一个固定项目。在举办这些 "音乐会 "的同时，年轻人中的毒品使用也成比例地增加。沉重的、不和谐的声音的邪恶喧嚣使听众的头脑麻木，他们很容易被说服，以 "其他人都在做 "为由尝试这种新药。同龄人的压力是一种非常强大的武器。新文化 "得到了最大限度的媒体报道，而这并没有让阴谋家花费一分钱。

一些公民领袖和教会人士对新的邪教感到非常愤怒，但他们的精力被错误地用于反对正在发生的事情的结果，而不是原因。摇滚邪教的批评者犯了他们在禁酒令时代所犯的同样的错误，他们批评执法部门、教师、家长--除了阴谋家之外的所有人。

由于我对毒品这一巨大祸害的愤怒和怨恨，我对使用不符合我习惯的语言没有任何歉意。艾伦-金斯堡是美国有史以来走在大街上的最糟糕的吸毒者之一。这个金斯伯格通过一个广告推动了LSD的使用，他没有花费任何费用，而在正常情况下，这将是数百万美元的电视广告收入。由于媒体的持续自愿合作，这种对毒品，特别是LSD的免费宣传在60年代末达到了一个新的高峰。金斯伯格的大规模广告活动的效果是毁灭性的；美国公众接二连三地受到一个又一个未来主义的文化冲击。

我们被过度暴露和过度刺激，我再次提醒你，这是塔维斯托克的行话，来自塔维斯托克的培训手册，被其新的发展所淹没，当我们达到这一点时，我们的思想已经开始陷入冷漠；这实在是太多了，无法应对，即'长距离渗透已经占据了我们'。金斯伯格声称自己是个诗人，但没有一个有志于成为诗人的人写过这样的胡话。金斯伯格指定的任务与诗歌没有什么关系；他的主要职能是推广新的亚文化，使其被广大目标人群所接受。

为了帮助他完成任务，金斯伯格与诺曼-梅勒合作，他是一位曾在精神病院待过一段时间的作家。梅勒是好莱坞左派的宠儿，因此不难为金斯伯格争取到最大的播放时间。自然，梅勒必须有一个借口--即使是他也不能公开透露金斯伯格在电视上露面的真实情况。于是采取了一个戏法：梅勒将在镜头前与金斯伯格就诗歌和文学进行 "严肃 "讨论。

这种不花钱就能获得广泛的电视报道的方法被所有追随金斯伯格的摇滚乐队和音乐会发起人所效仿。电子媒体大亨们在给这些肮脏的生物、他们更肮脏的产品和他们恶心的想法提供免费时间时，心情很沉重。他们对这种可怕的垃圾的宣传很有说服力，如果没有印刷和电子媒体的大量帮助，毒品交易不可能像1960年代末和1970年代初那样迅速蔓延，而且很可能仍然局限于一些小的地方地区。

金斯伯格能够以艺术和音乐界正在发展的 "新思想 "和 "新文化 "为幌子，进行几次全国性的电视表演，颂扬LSD和大麻的优点。金斯伯格的崇拜者们也不甘示弱，在美国主要报纸和杂志的艺术和社会栏目中写下了关于 "这个多彩的人 "的赞美文章。在报纸、广播和电视的历史上，从来没有过这样的免费宣传活动，而这并没有让水瓶座阴谋的发起人、北约和罗马俱乐部花费一分钱。这绝对是LSD的免费广告，薄薄地伪装成 "艺术 "和 "文化"。

金斯伯格最亲密的朋友之一肯尼-洛夫在 《纽约时报》 上发表了一份五页的报告。这与塔维斯托克和斯坦福研究机构使用的方法一致：如果你想通过洗脑来推广公众尚未接受的东西，就找人写一篇文章，涵盖这个主题的所有方面。另一种方法是在电视上组织现场谈话节目，由专家小组在 "讨论 "的幌子下推广产品或想法。有观点和反观点，支持和反对的参与者都表示支持或反对。当它结束时，要宣传的主题已经在观众心中扎根。这在20世纪70年代初还是个新鲜事，但今天已经成为脱口秀节目赖以生存的普遍做法。

洛夫的五页亲LSD、亲Ginsberg的文章被 《纽约时报》 正式刊登。如果金斯伯格试图购买同样数量的广告空间，他至少要花费5万美元。但金斯伯格不必担心；由于他的朋友肯尼-洛夫，金斯伯格免费得到了这个大型广告。由于 《纽约时报》 和 《华盛顿邮报》 等报纸在300人委员会的控制下，这种免费的宣传被赋予了任何主题，尤其是那些提倡颓废的生活方式--毒品--享乐主义--任何会扰乱美国人民的东西。在金斯伯格和LSD的审判之后，罗马俱乐部的做法是要求美国各大报纸按要求为他们所宣传的人和思想进行免费宣传。

更糟糕的是--或者更好，取决于你如何看待它--联合新闻社（UP）把肯尼-洛夫为金斯堡和LSD做的免费广告，以新闻报道的名义电传给全国各地数百家报纸和杂志。甚至像 《哈珀时尚》 和 《时代》

*周刊*这样非常值得尊敬的机构杂志也让金斯伯格先生受到尊敬。

如果由广告公司向金斯伯格和LSD推广者提出这样规模的全国性运动，那么在1970年，价格至少会达到一百万美元。今天，价格标签将不低于1500-1600万美元。难怪我称媒体为 "豺狼"。

我建议我们尝试找到任何媒体对联邦储备委员会进行曝光，我就是这么做的。我把我的文章提交给所有主要的报纸、广播电台和电视台、杂志和几个脱口秀主持人，这是对世界上最大骗局的良好揭露。其中有几个人做出了听起来不错的承诺--他们肯定会刊登文章，并邀请我谈一谈--给他们一周时间，他们会联系我。他们都没有这样做，我的文章也从未出现在他们的报纸和杂志的版面上。仿佛给我和我试图宣传的主题披上了一层沉默的外衣，而这正是所发生的事情。

如果没有大规模的媒体炒作和近乎持续的报道，对毒品和嬉皮士摇滚的崇拜永远不会起飞；它将一直是一个地方性的好奇心。披头士乐队，以他们叮叮当当的吉他声、愚蠢的表情、吸毒的语言和怪异的衣服，本来就没有什么用处。相反，由于披头士乐队被媒体报道，美国遭受了一个又一个的文化冲击。

埋头于智囊团和研究机构的人，他们的名字和面孔仍然只有少数人知道，他们确保了新闻界发挥其作用。相反，媒体在不披露未来文化冲击背后的力量方面的重要作用，意味着危机的来源从未被确认。因此，我们的社会已经被心理上的冲击和压力逼疯了。被逼疯 "这个词取自塔维斯托克培训手册。从1921年的简陋开始，塔维斯托克在1966年准备在美国发起一场重大的、不可逆转的文化革命，这场革命还没有完成。水瓶座的阴谋是它的一部分。

这样一来，我们的国家现在被认为已经成熟，可以引进毒品，在范围上可以与禁酒令时代相媲美，而且可以赚取巨额的金钱。这也是水瓶座阴谋的一个组成部分。使用毒品的扩散是苏塞克斯大学塔维斯托克校舍的科学政策研究组（SPRU）研究的课题之一。它被称为 "未来冲击 "中心，这是所谓的面向未来的心理学的称号，旨在操纵整个群体以引起 "未来冲击"。这是塔维斯托克设立的几个此类机构中的第一个。

未来冲击 "被描述为一系列快速发生的事件，以至于人脑无法吸收这些信息。正如我前面所说，科学表明，对于心灵所能处理的变化的数量和性质，有明显的限制。在连续的冲击之后，庞大的目标人群发现，他们不想做出选择。冷漠占据了上风，之前往往是不分青红皂白的暴力，如洛杉矶街头帮派、连环杀手、强奸犯和儿童绑架者的特点。

这样的群体变得容易控制，并且会顺从地听从命令而不反叛，这也是练习的目的。"未来冲击"，SPRU说，"被定义为因人类思维的决策机制超负荷而导致的身体和心理痛苦"。这是塔维斯托克的行话，直接从他们的教科书中摘取，他们不知道我拥有这些教科书。

就像过载的电路会激活开关一样，人类也会进入 "拔插 "状态，这是医学科学才开始了解的一种综合症，尽管约翰-罗林斯-里斯早在20世纪20年代就进行了这方面的实验。可以想象，这样一个目标群体愿意 "跳楼"，吸毒以逃避这么多选择的压力。这就是毒品使用如何在美国垮掉的一代中迅速蔓延。从披头士乐队和LSD样品包开始，变成了席卷美国的吸毒浪潮。

毒品交易从上到下都是由300人委员会控制。毒品贸易始于英国东印度公司，荷兰东印度公司紧随其后。两者都是由 "300人委员会 "控制的。北京国际会议中心的成员和股东名单与德布勒特家族的名单相似。北京国际会议中心创建了中国内地代表团，其任务是使中国农民，即人们所说的苦力，依赖鸦片。这创造了鸦片市场，然后由BEIC填补。

同样，300人委员会利用 "披头士 "在美国青年和好莱坞 "人群 "中普及 "社会毒品"。埃德-沙利文被派往英国，会见第一个从塔维斯托克研究所到达美国海岸的 "摇滚乐队"。随后，苏利文回到美国，与电子媒体就如何展示和销售乐队制定策略。如果没有电子媒体，特别是埃德-沙利文的充分合作，"披头士 "和他们的 "音乐 "就会死在藤条上。相反，我们的国家生活和美国的特征被永远改变了。

现在我们知道了，"披头士 "扩散毒品使用的运动是多么成功，这一点非常清楚。西奥-阿多诺为披头士乐队写音乐和歌词的事实被隐瞒了。披头士 "的主要功能是被青少年发现，然后他们被无休止的 "披头士音乐"所困扰，直到他们被说服，爱上这种声音，拥抱它和与之相关的一切。利物浦乐队不负众望，在 "他们的朋友的帮助下"，即我们称之为毒品的非法物质的帮助下，创造了一个全新的美国青年阶层，其模式正是塔维斯托克研究所订购的。

塔维斯托克公司创造了一个知名度很高的 "新人 "来充当毒品运送人。中国内地传教会的 "*基督教传教士*"在1960年代是没有地位的。"这意味着披头士乐队创造了新的社会模式，主要是毒品使用的正常化和普及化，新的着装品味和新的发型风格，真正将他们与上一代人区分开来，这是塔维斯托克所希望的。

重要的是要注意到塔维斯托克所使用的刻意分割的语言。这些 "青少年 "从未想过，他们所向往的所有 "不同 "的东西都是在英国的智囊团和斯坦福研究机构工作的年长科学家的产物。如果他们发现自己的大部分 "酷 "的习惯和表达方式都是由一群年长的社会科学家故意为他们创造的，他们会多么羞愧啊！他们会发现，他们的习惯和表达方式是由一群年长的社会科学家故意创造的。

媒体的作用在过去和现在都非常重要，在全国范围内促进毒品使用。当媒体突然切断对街头帮派的报道时，他们作为一种社会现象被 "烧毁"；毒品的 "新时代 "随之而来。媒体一直是一个催化剂，一直在推动 "新事业"。今天，媒体的注意力集中在吸毒及其支持者，即 "垮掉的一代"（另一个在塔维斯托克创造的术语），他们坚定地努力在美国实现社会变革。

吸毒成为美国人日常生活中公认的一部分。这个由塔维斯托克设计的方案接纳了数百万美国年轻人，老一代人开始相信美国正在经历一场自然的社会革命，他们没有意识到发生在他们孩子身上的事情不是一场自发的运动，而是一个高度人为的创造，旨在迫使美国的社会和政治生活发生变化。

英国东印度公司的后裔对其药物推广计划的成功感到高兴。他们的追随者变得善于使用麦角酸（LSD），药物贸易的赞助人，如奥尔德斯-赫胥黎（Aldous Huxley）、受人尊敬的瑞士山德士（Sandoz）公司，以及伟大的沃伯格银行王朝的资助，都能轻易地提供麦角酸。这种新的 "神奇药物 "迅速在所有摇滚音乐会和大学校园里作为免费样品分发。问题是，"在这段时间里，联邦调查局在做什么？"

披头士乐队的目的已经非常明确。伦敦上流社会的英国东印度公司的后裔对开始流入的数十亿美元一定感觉非常好。随着 "摇滚 "的出现--此后将被用作阿多诺邪恶的撒旦音乐的简称--世俗毒品的使用大量增加，特别是大麻。整个毒品交易是在科学政策研究组（SPRU）的控制和指导下发展起来的。SPRU由利兰-布拉德福德、肯尼斯-达姆和罗纳德-利珀特领导，在他们的专家指导下，大量新的科学科学家接受了培训，以促进 "未来冲击"，其中一个主要的冲击是美国青少年使用毒品的急剧增加。SPRU的政策文件被插入各个政府机构，包括缉毒局（DEA），决定了据称由里根和布什政府发动的灾难性的 "反毒品战争 "的进程。

它是今天美国管理方式的先驱，由一个又一个的委员会和/或理事会管理，由一个由塔维斯托克文件提供的内部政府管理，他们坚信这是他们自己的意见。这些虚拟的陌生人正在作出决定，将永远改变我们的政府形式，并影响美国的生活质量。由于 "危机适应"，我们已经被改变了很多，以至于我们几乎无法与1950年代的情况相提并论。我们的环境也发生了变化。

最近有很多关于环境的讨论，虽然主要是关于绿色环境、清澈的河流和清洁的空气，但还有一个环境也同样重要，即药品环境。我们生活方式的环境已经被污染了；我们的思维方式已经被污染了。我们控制自己命运的能力已经被污染了。我们面临的变化污染了我们的思维，以至于我们不知道该如何看待它们。变化的环境 "正在使国家陷入瘫痪；我们似乎没有什么控制力，以至于焦虑和混乱成为结果。

我们现在寻找集体的解决方案，而不是个人的解决方案来解决我们的问题。我们不使用自己的资源来解决问题。在这一领域，毒品使用的大量增加起到了重要作用。这是由新科学的科学家、社会工程师和修理工设计的蓄意策略，它针对的是最脆弱的领域，即我们的自我形象，即我们对自己的看法，这最终导致我们变得像羊（*我们，羊*）一样被引向屠宰场。我们被必须做出的许多选择所迷惑，我们已经变得冷漠了。

我们正在被无良的人操纵而不自知。毒品交易尤其如此，我们现在正处于过渡阶段，可以为改变目前的宪法政府形式做好准备，在布什政府的领导下，政府已经向前迈出了一大步。虽然有些人在所有相反的证据面前坚持说 "这不可能在美国发生"，但事实是：它已经发生了。我们抵制我们不喜欢的事件的意志已经被不断侵蚀和破坏了。我们中的一些人说，我们将进行抵抗，但我们不会有那么多的人，而且我们将是少数。

毒品交易已经悄悄地改变了我们的环境。所谓的 "反毒品战争 "是一场闹剧；它的存在数量不足以对英国东印度公司的后代产生任何影响。再加上电脑化,我们几乎完全被洗脑了,被剥夺了抵制强制改变的能力。这就把我们带到了另一个环境,即人的控制,也被称为个人信息控制,没有它,政府就不能玩他们的数字游戏。事实上,我们人民完全没有办法知道政府对我们的了解或不了解。政府的电脑档案不向公众开放。我们是否愚蠢地认为,个人信息是神圣不可侵犯的?请记住,在每个社会都有控制执法机构的有钱有势的家族。我已经证明了这种家庭的存在。不要认为如果这些家庭想更多地了解我们,他们就不能这样做。这些家庭往往有一个成员在300人委员会中。

以基辛格为例,他有自己的私人档案,不仅在美国,而且在世界各地,有数十万人的档案。我们在基辛格的敌人名单上吗?这很牵强吗?一点也不。以P2共济会和蒙特卡洛委员会为例,它们有这样的名单,有几万个名字。顺便说一句,基辛格就是其中之一。还有其他 "私人 "情报机构,如INTEL,我们稍后会见到它们。

将海洛因带入欧洲的一个途径是通过摩纳哥公国。海洛因来自科西嘉岛,由夏季在科西嘉岛和蒙特卡洛之间大量运行的渡船运输。对进入或离开这些渡船的东西没有任何控制。由于法国和摩纳哥之间没有边界,毒品,特别是海洛因(部分加工的鸦片),通过摩纳哥的开放边界进入法国的实验室,或者,如果已经加工成海洛因,则直接进入分销商。

格里马尔迪家族从事毒品走私生意已有几个世纪。因为兰尼埃亲王变得贪婪,开始赚大钱,而且在三次警告后没有停止,他的妻子格蕾丝公主在一次车祸中被谋杀。雷尼尔低估了他所在的委员会的力量。在她乘坐的罗孚汽车中,刹车油箱被动了手脚,因此每次刹车时,刹车油都会有一定量的释放,直到汽车到达几个发夹弯中最危险的地方时,已经没有了刹车力,汽车翻过了石墙,撞上了50英尺以下的地面,发出令人恶心的撞击声。

300人委员会的特工尽其所能地掩盖格蕾丝公主被谋杀的真相。时至今日,这辆路虎仍然被法国警方保管,藏在一辆拖车的盖板下,任何人都不得接近,更不用说检查。处决格蕾丝王妃的信号是由英国军队在塞浦路斯的监听站接收到的,一个消息灵通人士认为是蒙特卡洛委员会和P2共济会下的命令。

由300人委员会控制的毒品交易是一种反人类的罪行,但在塔维斯托克研究所多年的无情轰炸下,我们已经被调教和软化,或多或少地接受了我们的新环境，将毒品交易视为一个 "太大的 "问题，无法处理。不是的。如果我们能集结整个国家，装备并派遣数百万美国士兵在欧洲打一场我们无权干预的战争，如果我们能在欧洲打败一个大国，我们也能用二战中的同样策略粉碎毒品贸易。我们参加第二次世界大战时必须解决的后勤问题，今天仍然令人匪夷所思。

然而，我们已经成功地克服了所有的问题。那么，为什么不可能用我们今天拥有的经过巨大改进的武器和监视设备来打败一个明确的敌人，而且比德国小得多、弱得多？毒品问题没有被根除的真正原因是，它被世界上最大的家族作为一个巨大的协调赚钱机器的一部分来经营。

到1930年，英国在南美投资的资本远远超过了在英国 "领地 "投资的资本。英国海外投资方面的权威格雷厄姆说，英国在南美的投资 "超过了一万亿英镑"。记住，这是1930年，一万亿英镑在当时是一个惊人的数字。在南美洲进行如此大规模的投资的原因是什么？一句话，是毒品。

控制英国银行的财阀掌握着钱袋，而且当时和现在一样，摆出最体面的姿态来掩盖他们的真实活动。从来没有人抓住他们的脏手。他们总是有前面的人，就像今天一样，如果事情出了问题，他们就会准备好接受指责。当时和现在一样，与毒品交易的联系充其量是脆弱的。从来没有人能够掌握英国受人尊敬的 "贵族 "银行家族，他们的成员都是300人委员会的成员。

非常重要的是，只有15名议员是这个庞大帝国的控制者，其中最著名的是查尔斯-巴里爵士和张伯伦家族。这些金融大亨活跃在阿根廷、牙买加和特立尼达等国，这些国家通过毒品贸易成为他们的主要资金来源。在这些国家，英国财阀将 "当地人"（他们被轻蔑地称为 "当地人"）维持在非常低的生存水平，比奴隶制高不了多少。加勒比海地区的毒品贸易所带来的财富是相当大的。

财阀们躲在特立尼达租赁有限公司这样的面孔后面，但真正的好东西，当时和现在一样，是毒品。今天的情况就是如此，我们发现牙买加的国民生产总值（GNP）几乎完全由大麻（一种非常有力的大麻）的销售构成。管理天麻贸易的机制是由大卫-洛克菲勒和亨利-基辛格设立的加勒比海盆地倡议。

直到最近，中国的鸦片贸易的真实历史还相当不为人知，已经被尽可能地覆盖了。我以前的许多学生，在我讲课时，会来问我，为什么中国人这么喜欢吸食鸦片？他们感到困惑，就像今天许多人仍然困惑一样，对在中国真正发生的事情的相互矛盾的描述感到困惑。他们中的大多数人认为，中国工人在市场上购买鸦片并吸食，或者他们去成千上万的鸦片馆吸食鸦片，以暂时忘记他们可怕的存在。事实是，向中国供应鸦片是英国的垄断，是英国政府和英国官方政策的官方垄断。印度-英国在中国的鸦片贸易是最保守的秘密之一，围绕它发展出许多误导性的传说，如 "印度的克莱夫 "和鲁德亚德-吉卜林写得很好的英国军队为了 "帝国 "的荣耀在印度英勇作战的故事，以及 "茶叶快船 "从中国为维多利亚时代的英国上流社会的沙龙运载货物漂洋过海的故事。事实上，英国占领印度的历史和鸦片战争是西方文明中最无耻的污点之一。

在英国统治下，印度近13%的收入来自于向英国在中国经营的鸦片商出售优质孟加拉鸦片。当时的 "披头士"，即中国内地传教士（"*基督教传教士*"），在贫穷的中国劳工（他们被称为苦力）中推广鸦片消费方面做了大量的工作。这些成瘾者并不是突然出现的，就像美国的青少年成瘾者一样。在中国，首先创造了一个鸦片市场，然后用孟加拉的鸦片填充。同样，大麻和迷幻药的市场首先是通过已经描述过的方法在美国创造的，然后由英国财阀和他们的美国表亲在英国银行机构老爷的帮助下填补。

利润丰厚的毒品交易是利用人类痛苦的最糟糕的例子之一，另一个是由洛克菲勒拥有的制药公司经营的合法毒品交易，这些公司大多在美国，但在瑞士、法国和英国也有大公司在经营，并得到美国医学协会（AMA）的全力支持。肮脏的毒品交易及其产生的资金流经伦敦市，以及香港、迪拜和最近的黎巴嫩，由于以色列对该国的入侵。

有人会质疑这一点。"看看 《金融时报》的商业版，"他们会告诉我们。"别告诉我这都是为了毒品钱？"当然是这样，但不要幻想英国的贵族老爷和夫人会宣传这一事实。还记得英国东印度公司吗？官方说，它的业务是茶叶贸易！

伦敦 《泰晤士报》从来不敢告诉英国公众，不可能从茶叶中赚取巨额利润，这份杰出的报纸甚至没有提到那些在伦敦时尚俱乐部中消磨时间或在皇家温莎俱乐部打马球的人所进行的鸦片贸易，也没有提到为帝国服务而前往印度的绅士军官的资金仅来自于从数百万依赖鸦片的中国苦力的痛苦中得到的巨大收入。

这种贸易是由杰出的英国东印度公司进行的，该公司对美国的政治、宗教和经济事务的干预使我们在200多年里付出了巨大的代价。英国东印度公司董事会的300名成员的地位远远高于普通人。他们是如此强大，正如伯特兰-罗素勋爵曾经说过的那样，"当上帝在天堂遇到困难时，他们甚至可以给他提供建议"。我们也不应该想象事情从那时起已经发生了变化。这正是今天300人委员会成员中普遍存在的态度，这就是为什么他们经常称自己为 "奥运选手"。

后来，英国王室，即皇室，加入了英国东印度公司的贸易，并将其作为在孟加拉和印度其他地方生产鸦片的工具，通过所谓的 "过境税 "控制出口，即王室对所有在国家当局正式登记的鸦片生产者征税，他们将鸦片送往中国。

在1896年之前，当鸦片贸易仍然是 "非法 "的时候--这个词被用来向鸦片生产者榨取更多的贡品--而且从来没有人试图阻止它，大量的鸦片被中国茶叶快船从印度运出，这些帆船围绕着传说和传统而存在，它们应该从印度和中国运送一箱箱的茶叶到伦敦的交易所。

英国东印度公司的老爷们非常大胆，他们试图将这种致命的物质作为止痛药以药片的形式卖给联邦和邦联的军队。很难想象，如果他们的计划成功了，会发生什么？所有这些数十万士兵在离开战场时都会对鸦片完全上瘾。在随后的几年里，"披头士 "在将数百万青少年变成瘾君子方面要成功得多。(他们都获得了英国女王伊丽莎白二世颁发的OBE（[10]），保罗-麦卡特尼甚至被授予了骑士称号）。

孟加拉商人和他们的英国控制者和银行家们靠着从中国苦力的鸦片贸易中涌入英国东印度公司国库的巨额资金而变得肥胖和不耐烦。即使在那时，BEIC的利润也远远超过了通用汽车、福特和克莱斯勒在其高峰期一年的利润总和。从毒品中赚取巨额利润的趋势在20世纪60年代被 "合法 "的死亡毒品商人所延续，如LSD的制造商桑德兹和*VALIUM 的*制造商霍夫曼-拉-罗氏。霍夫曼-拉罗什的原材料和制造安定的成本是每公斤（2.2磅）3美元。它以每公

---

[10] 大英帝国勋章。

斤20,000美元的价格出售给其分销商。当它到达消费者手中时，安定的价格已经上升到每公斤50,000美元。在欧洲和美国，安定被大量使用。它可能是世界上使用最广泛的同类药物（*成瘾性*）。

霍夫曼-拉罗什对维生素C也是如此，他们每公斤的生产成本不到1美分。它的销售利润为10,000%。当我的一位朋友揭发了这家因违反欧洲经济共同体法律而与其他生产商达成垄断协议的犯罪公司时，他在瑞士-意大利边境被逮捕并被带入监狱；他的妻子受到瑞士警察的威胁，直到她自杀。作为英国国民，他在得知自己的处境后，立即被英国驻伯尔尼领事救出，然后被释放出狱，用飞机驱逐出境。他失去了他的妻子、工作和养老金，因为他敢于泄露霍夫曼-拉罗什的秘密。瑞士人非常认真地对待他们的工业间谍法。

当你下次看到那些关于瑞士滑雪场、美丽手表、原始山脉和布谷鸟的漂亮广告时，请记住这一点。瑞士并非如此。它是通过瑞士主要银行机构进行数十亿美元脏钱清洗的中心。它是300人委员会的 "合法" 药物制造商（令人上瘾）。瑞士是委员会的最终 "避风港"，在发生全球灾难时为其人民提供资金和保护。

如果有关这些邪恶活动的信息被披露，瑞士当局可能会有严重的麻烦。瑞士认为这是 "工业间谍活动"，通常会被判处五年监禁。假装瑞士是一个漂亮、干净的国家，要比在被子里或在其垃圾银行里查看更安全。

1931年，英国 "五大 "公司的首席执行官因其毒品洗钱活动而被评为王国的同行，从而得到了奖励。谁来决定这些问题并授予这些荣誉？是英国女王向在毒品贸易中担任最高职务的人颁发的荣誉。

参与这一可怕交易的英国银行不胜枚举，但这里有一些最重要的银行。

- ➢ 英国中东银行
- ➢ 国家和威斯敏斯特银行
- ➢ 加拿大皇家银行
- ➢ 霸菱兄弟银行
- ➢ 米德兰银行
- ➢ 巴克莱银行

> 香港和上海银行（HSBC）

许多商业银行都在毒品贸易的利润中占了上风，例如，由乔斯林-汉布罗爵士领导的汉布罗银行。要想对中国的鸦片贸易进行真正有趣的重大研究，就需要进入伦敦的印度办公室。我能够通过我的情报认证获得访问权，并从已故弗雷德里克-韦尔斯-威廉姆森教授的记录管理员那里获得了宝贵的帮助，他提供了大量关于英国东印度公司在十八ᵉ、十九ᵉ世纪在印度和中国进行鸦片贸易的信息。如果这些文件能够被公开，那么在欧洲的冠冕堂皇的毒蛇们的头上会掀起多大的风暴啊！[11] 今天，由于更便宜的可卡因已经占据了大部分北美市场，该贸易已经发生了一些转变。

美国市场。20世纪60年代，来自香港、黎巴嫩和迪拜的海洛因泛滥，有可能吞噬美国和西欧。当需求超过供应时，他们转而使用可卡因。但现在，在1991年底，这一趋势已经逆转；海洛因现在正在卷土重来，尽管可卡因确实在贫困阶层中仍然非常流行。

我们被告知，海洛因对成瘾者来说更令人满意；其效果比可卡因更强烈、更持久，而且国际社会对海洛因生产者的关注不如对哥伦比亚可卡因运输商的关注。此外，美国不太可能做出任何真正的努力来阻止金三角地区的鸦片生产，该地区处于中国军队的控制之下，如果任何国家试图禁止鸦片贸易，将会爆发一场严重的战争。对鸦片贸易的严重攻击将导致中国的军事干预。

英国人知道这一点；他们与中国没有争执，[12] 只是偶尔为谁能分到最大的一杯羹而争吵。英国参与中国的鸦片贸易已有两个多世纪。当数以百万计的美元流入英国寡头的银行账户，并且在香港黄金市场上交易的黄金比在伦敦和纽约交易的总和还要多时，没有人会愚蠢到兴风作浪。

那些高兴地想象自己能与金三角山区的中国或缅甸小领主达成某

---

[11]"填满你们父辈的尺度。你们这群毒蛇，你们这群毒虫，怎么能逃脱地狱之火的诅咒呢？"基督，马太福音23:32-33。

[12]1999年10月21日，中国国家主席在白金汉宫接受了 "红地毯待遇"。他和女王一起被有格调地运送，乘坐女王的马车和劳斯莱斯豪华轿车，豪华的安排给他留下了深刻的印象并为他提供了娱乐。同时，英国警方阻止任何人对中国的人权状况进行示威，以免惹恼他。

种交易的人，显然不知道这涉及到什么。如果他们知道，他们就不会谈论停止鸦片贸易。这样的谈话显示出对中国鸦片贸易的广度和复杂性知之甚少。

英国财阀、俄罗斯克格勃、中情局和美国银行家都与中国勾结在一起。一个人能够阻止甚至是在这个交易中制造一个小的凹痕吗？这将是荒谬的想象。什么是海洛因，为什么如今它比可卡因更受欢迎？根据这方面的权威人士盖伦教授的说法，海洛因是鸦片的衍生物，是一种能淹没感官并导致长时间睡眠的药物。这是大多数成瘾者喜欢的，这被称为 "在莫菲斯的怀抱中"。鸦片是人类最容易上瘾的药物。许多药品都不同程度地含有鸦片，据说鸦片工业中使用的纸张被用来制造药品。

卷烟制作最初是用鸦片浸渍，这就是为什么吸烟者会如此沉迷于他们的习惯。

印度莫卧儿人很早就知道罂粟籽的来源，他们用罂粟籽混合茶叶献给难缠的对手。它还被用作止痛剂，在很大程度上取代了氯仿和其他已逝去时代的麻醉剂。鸦片在维多利亚时代的伦敦所有的时尚俱乐部都很流行，像赫胥黎兄弟这样的人广泛使用鸦片，这不是什么秘密。维多利亚社会所信奉的希腊的奥菲克-狄奥尼亚教派和托勒密埃及的奥西里斯-霍鲁斯教派的成员都吸食鸦片；这是 "时尚 "的事情。1903年在圣厄明斯酒店开会决定我们将拥有什么样的世界的一些人也是如此。圣艾明斯人群的后裔今天在300人委员会中。 正是这些所谓的世界领袖使我们的环境发生了如此大的变化，以至于毒品的使用能够扩散到无法再通过通常的执法手段和政策来阻止的地步。在大城市尤其如此，大量的人口可以掩盖许多正在发生的事情。

在皇室圈子里，许多人经常吸食鸦片。他们最喜欢的人之一是作家Coudenhove-Kalergi，他在1932年写了一本题为 "通过技术实现革命 "的书，这是一个让世界回到中世纪社会的计划。这本书实际上成为300人委员会的工作文件，该委员会计划从美国开始对世界进行非工业化。声称人口过剩的压力是一个严重的问题，卡勒吉建议回归他所谓的 "开放空间"。这是否听起来像红色高棉和波尔布特？

以下是该书的一些节选。

   "未来的城市在布局上将类似于中世纪的城市......而那些因其

职业而不被谴责生活在城市的人将去乡村。我们的文明是大城市的文化；因此，它是一种沼泽植物，诞生于堕落者、病人和颓废者，他们自愿或不自愿地发现自己走在这条生命的死胡同里。"

这不正是 "安卡-瓦特 "作为 "他 "的理由提出的减少金边人口的理由吗？

第一批鸦片于1683年从孟加拉抵达英国，由英国东印度公司的茶叶快船运载。鸦片被带到英国是作为一种试验，一种实验，看是否能诱使普通人、贵族和下层人服用这种药物。这就是我们今天所说的一个新产品的 "测试营销"。但是，坚韧不拔的贵族和备受嘲笑的 "下层阶级 "很顽强，试销实验完全失败了。英国社会的 "下层阶级 "坚决反对吸食鸦片。

伦敦上流社会的财阀和寡头们开始寻找一个不会如此抗拒、如此不灵活的市场。他们在中国找到了这样一个市场。在我在印度办公室研究的 "杂项旧记录 "标题下的文件中，我找到了我希望得到的所有确认，以证明在英国东印度公司资助的 "中国内陆传教团 "成立后，中国的鸦片贸易真的起飞了，表面上是一个*基督教传教会*，但实际上这些人的唯一使命是 "推广 "市场上推出的新产品--鸦片。

后来，当我在印度办公室的档案中接触到乔治-伯德伍德爵士的文件时，这一点得到了证实。在中国内地传教士开始分发他们的样品包并向苦力展示如何吸食鸦片后不久，大量的鸦片开始运抵中国。披头士乐队的工作不可能做得更好。(在这两种情况下，这种贸易都得到了英国王室的认可，他们公开支持披头士乐队）。虽然英国东印度公司在英国失败了，但它在中国的成功却超出了它最疯狂的期望，那里的数百万穷人把消费鸦片看作是对苦难生活的一种逃避。

鸦片馆开始在中国各地泛滥，在上海和广州等大城市，数十万不幸的中国人发现，吸食鸦片显然能让生活变得更有滋味。在中国政府意识到正在发生的事情之前，英国东印度公司已经逍遥了100多年。直到1729年，才通过了第一批禁止吸食鸦片的法律。BEIC的300名董事不喜欢这样，该公司很快就与中国政府打起了交道。

BEIC开发了罂粟种子，从印度恒河流域的贝拿勒斯和比哈尔的罂粟田中提供最优质的鸦片，这个国家被它完全控制。由于不想失去这个有利可图的市场，英国王室与中国军队展开了激烈的战斗，并打败了他们。同样，美国政府应该是在与今天的毒枭作斗争，[13]，而且和中国人一样，输得很惨。然而，有一个很大的区别：中国政府打了胜仗，而美国政府无意打胜仗，这就是为什么缉毒局（DEA）的人员流动率这么高。

最近，高质量的鸦片通过该国荒凉的海岸线上的马尔卡被走私出巴基斯坦，从那里，船只将货物运到迪拜，在那里可以用黄金进行交易。这将部分地解释为什么现在海洛因比可卡因更受欢迎。海洛因贸易更加谨慎，没有像哥伦比亚几乎每天都发生的对重要官员的暗杀事件。巴基斯坦的鸦片没有三角区或金新月区（伊朗）的鸦片那么贵。这大大促进了海洛因的生产和销售，海洛因有可能取代可卡因成为主要利润来源。

多年来，卑劣的鸦片贸易在英国社会的上层圈子里被称为 "帝国的战利品"。开伯尔山口的英勇故事涵盖了庞大的鸦片贸易。英国军队驻扎在开伯尔山口，以保护运送原料鸦片的商队免遭山地部落的掠夺。英国王室知道这个吗？毫无疑问，因为还有什么能促使王室在这个除了有利可图的鸦片贸易外没有其他事情可做的地区维持一支军队呢？在一个遥远的国家保持武装人员是非常昂贵的。国王陛下一定想知道为什么这些军事单位会在那里。当然不是在军官餐厅打马球或台球。北京国际会议中心对其在鸦片方面的垄断感到嫉妒。潜在的竞争对手不允许犯错。在1791年的一次著名审判中，一个叫沃伦-黑斯廷斯的人被指控帮助一个朋友进入鸦片贸易，费用由北京国际刑事法院承担。我在印度办公室保存的案件记录中发现的这些话，让我们对庞大的鸦片贸易有了深入了解。

> "指控是黑斯廷斯将一份为期四年的鸦片供应合同授予斯蒂芬-沙利文，没有对该合同进行宣传，以明显的和无偿的丰富条款，目的是为上述威廉-沙利文先生创造一个即时财富。

由于英国政府垄断了鸦片贸易，唯一被允许立即发财的是英国的 "贵族"、"贵族"、财阀和寡头家族，他们中的许多人坐在300人委

---

[13]你有没有想过，为什么这些人被称为毒枭而不是毒王？如果这些人只是毒枭，那么谁是毒王？

员会中，就像他们的祖先坐在管理The BEIC的300人委员会中一样。像沙利文先生这样的局外人，如果胆敢尝试参与数十亿英镑的鸦片贸易，很快就会发现自己陷入了皇室的麻烦之中。

北京国际会议中心的荣誉人士，其名单上有300名议员，是伦敦所有主要绅士俱乐部的成员，而且大部分是议会议员，而其他人，无论是在印度还是在国内，都是治安法官。在中国登陆时需要公司的护照。当几个旁观者来到中国，调查英国王室参与这一有利可图的贸易时，北京国际会议中心的地方官员迅速撤销了他们的护照，禁止他们进入中国。与中国政府的摩擦是常事。中国已经通过了一项法律，即1729年的容闳诏书，禁止进口鸦片，但北京国际商会设法将鸦片保留在中国的关税中，直到1753年，每包鸦片的关税为3两。甚至当英国的特别特务（当时的007）确保麻烦的中国官员被收买，在不可能收买的情况下，他们被简单地谋杀。

自1729年以来，所有英国君主都从毒品贸易中获得了巨大的利益，目前的王位占有者也是如此。大臣们确保财富流向他们的家族库房。在维多利亚女王统治时期，帕默斯顿勋爵是最重要的人物之一。他顽固地坚持认为，没有什么可以阻止英国与中国的鸦片贸易。帕麦斯顿的计划是为中国政府提供足够的鸦片，让个别成员产生贪欲。然后，英国人将限制供应，当中国政府跪在地上时，他们将恢复供应--但价格要高得多，从而通过中国政府本身保持垄断，但这个计划失败了。

中国政府的反应是销毁了储存在仓库中的大量鸦片，英国商人被迫签署个人协议，不向广州进口鸦片。北京国际会议中心的反应是向澳门派出了几十艘满载鸦片的船只。对BEIC负责的公司，而不是个人，然后出售这些货物。华人专员林先生说。

> "现在在通往这个地方（澳门）的道路上，英国船只上有如此多的鸦片，它将永远不会被送回它所来自的国家，当我得知它正在以美国的名义进行走私时，我将不会感到惊讶。"

事实证明，林的预言非常准确。

对中国的鸦片战争旨在 "将中国人置于其位"，帕默斯顿勋爵曾经这样说过，而英国军队正是这样做的。根本没有办法阻止这种庞大而有利可图的贸易，这种贸易使英国的寡头封建领主赚取了数十亿美元，而使中国有数百万的鸦片瘾者。后来，中国人请求英国帮助他们解决巨大的问题，两国达成了协议。后来，历届中国政府都看到了与英国合作而不是对抗的好处--这一点在毛泽东的血腥统治时期得到了验证--因此，今天，正如我已经提到的，出现的争吵仅仅是关于各自有权获得的鸦片贸易份额。

进入更现代的历史，中英合作关系通过香港协议得到了巩固，该协议在鸦片贸易中建立了平等的伙伴关系。贸易一直很顺利，这里和那里有一些颠簸，但尽管暴力和死亡、抢劫和谋杀标志着哥伦比亚可卡因贸易的进展，但没有允许这种卑鄙行为破坏海洛因贸易，正如我先前所说，随着1991年的结束，海洛因贸易再次占了上风。

在过去的60年里，中英关系的主要问题是中国要求获得更大的鸦片海洛因蛋糕的份额。当英国同意将香港移交给中国政府完全控制，并于1997年生效时，这一问题得到了解决。除此以外，合作伙伴还保留了他们以前在利润丰厚的香港鸦片贸易中的平等份额。

在鸦片贸易高峰期盘踞在广州的英国300人委员会的寡头家族，在原地留下了他们的后代。看看在中国的著名英国居民名单，你会看到其中有300人委员会成员的名字。香港的情况也是如此。这些财阀是封建时代的继承者，他们试图将封建时代强加给世界，他们控制着黄金和鸦片贸易，而香港是其中心。缅甸和中国的鸦片种植者是用黄金支付的，他们不相信美国的纸币100美元。这解释了香港证券交易所的巨大黄金交易量。

金三角地区已不再是最大的鸦片生产地。自1987年以来，这个可疑的称号一直由金新月（伊朗）、巴基斯坦和黎巴嫩分享。这些国家是鸦片的主要生产国，尽管有少量的鸦片再次来自阿富汗和土耳其。毒品贸易，特别是鸦片贸易，如果没有银行的帮助，就无法运作，我们将证明这一点。

银行和毒品市场

银行以其体面的形象，如何参与到毒品交易中，以及其所有丑恶的方面？这是一个非常长而复杂的故事，它本身就可以成为一本书的主题。银行参与其中，特别是通过资助进口将原料鸦片转化为海洛因所需的化学品的幌子公司。在伦敦设有分行的香港上海银行通过一家名为TEJAPAIBUL的公司处于这一贸易的核心位置，该公司在香港上海银行设有账户。这家公司是做什么的？它将海洛因提炼过程所需的大部分化学品进口到香港。

它也是金新月和金三角地区、巴基斯坦、土耳其和黎巴嫩的重要醋酸酐供应商。这一贸易的实际融资是由曼谷城市银行处理的。因此，与鸦片加工有关的次要活动虽然与鸦片贸易不属于同一类别，但却为银行带来了大量收入。但香港上海银行和该地区所有银行的真正收入是为鸦片贸易提供资金。

我花了大量的研究来建立黄金价格和鸦片价格之间的联系。我曾经对任何愿意听的人说："如果你想知道黄金的价格，就在香港找到一磅或一公斤鸦片的价格"。对于我的批评者，我会回答说："看看1977年发生了什么，那是黄金的一个关键年份。"中国银行震惊了黄金专家，以及那些在美国大量发现的聪明的预测者，他们在没有警告的情况下突然向市场倾销80吨黄金。

这使黄金价格暴跌。专家们只能说："我们不知道中国有这么多黄金；它是从哪里来的？"它来自香港黄金市场上为购买大量鸦片而支付给中国的黄金。中国政府目前对英国的政策与18 和19世纪时一样。与香港经济相关的中国经济--我说的不是电视、纺织品、收音机、手表、盗版录像带--而是鸦片/海洛因--如果不是因为他们与英国共享的鸦片贸易，将受到可怕的打击。北京国际会议中心已不复存在，但其300人理事会的后裔仍在300人委员会中存在。

在过去的200年里，英国最古老的寡头家族一直是鸦片贸易的领导者，他们今天仍然在那里。以马西森夫妇为例。这个 "贵族 "家族是鸦片贸易的支柱之一。几年前，当形势看起来有点不稳定时，马西森家族出面，给中国提供了3亿美元的贷款，用于房地产投资。事实上，这笔贷款是作为 "中华人民共和国和马西森银行的合资企业 "提出的。在研究1700年代的印度办公室文件时，我发现了马西森这个名字，它不断地出现在各个地方--在伦敦、北京、迪拜、香港，只要提到海洛因和鸦片的地方。

毒品交易的问题是，它已经成为对国家主权的威胁。以下是委内瑞拉驻联合国大使对这一全球威胁的说法。

> "毒品问题已经不再被当作一个简单的公共卫生或社会问题来对待。它已经变成了影响我们国家主权的更为严重和深远的东西；一个国家安全问题，因为它破坏了一个国家的独立。毒品，以其生产、销售和消费的所有表现形式，通过破坏我们的道德、宗教和政治生活，破坏我们的历史、经济和共和价值观，使我们变质。"

这正是国际清算银行和国际货币基金组织的运作方式。让我毫不犹豫地说，这两家银行不过是毒品交易的清算所。国际清算银行通过为失控的资本提供轻松退出的手段，破坏了国际货币基金组织想要沉沦的任何国家。BIS不承认或不区分逃亡资本和清洗的毒品资金。

BIS的运作模式是黑帮模式。如果一个国家不服从国际货币基金组织的资产剥离，它实际上是在说："好吧，那我们就用我们持有的大量的麻醉币库存来击垮你。很容易理解为什么黄金被非货币化并被纸质 "美元 "取代，成为世界储备货币。敲诈一个持有黄金储备的国家，不像敲诈一个储备为纸币的国家那么容易。

几年前，国际货币基金组织在香港举行了一次会议，我的一位同事参加了这次会议，他告诉我，这次研讨会正是关于这个问题。他告诉我，国际货币基金组织的官员在会上说，他们完全可以利用麻醉币造成任何国家的货币挤兑，从而引发资本外逃。来自瑞士信贷的代表、300人委员会的成员Rainer-Gut说，他预见到一种情况，即国家信贷和国家金融将在本世纪末合并为一个组织。虽然雷纳-古特没有把它说出来，但研讨会上的每个人都清楚地知道他在说什么。

从哥伦比亚到迈阿密，从金三角到金门，从香港到纽约，从波哥大到法兰克福，毒品交易，特别是海洛因交易，是一个大生意，[14]，从上到下都由一些世界上最 "不可触及 "的家庭[15]，这些家庭中的每一个都至少有一个成员是300人委员会的成员。这不是一个街头交易，需要大量的资金和专业知识来维持它顺利运行。由300人委员会控制的机制确保了这一点。

这样的人才在纽约的街头巷尾和地铁里是找不到的。当然，经销商和小贩是业务的一个组成部分，但只是作为小的兼职供应商。我说兼职是因为他们很忙，竞争意味着他们中的一些人被枪杀。但这有什么关系呢？有很多替代物可供选择。

不，这不是小企业管理部门会感兴趣的事情。这是个大生意，一个庞大的帝国，这个肮脏的毒品生意。迫不得已，世界上每个国家都会从上到下进行管理。事实上，它是当今世界上最大的企业，超越了所有其他企业。它受到来自上层的保护，这一事实得到了证实，就像国际恐怖主义一样，它无法被根除，这应该向一个有理智的人表明，皇室圈子里的一些大人物、寡头、财阀正在经营它，即使是通过中间人。

涉及罂粟和古柯种植的主要国家是缅甸、中国北部、阿富汗、伊朗、巴基斯坦、泰国、黎巴嫩、土耳其、秘鲁、厄瓜多尔和玻利维亚。哥伦比亚不种植古柯，但在玻利维亚之后，它是主要的可卡因提炼中心，也是可卡因贸易的主要金融中心，自从诺列加将军被布什总统绑架和监禁后，它一直在与巴拿马争夺可卡因贸易的洗钱和融资的首位。

海洛因贸易的资金来自香港银行、伦敦银行和一些中东银行，如英国中东银行。黎巴嫩正在成为 "中东的瑞士"。涉及海洛因分销和流动的国家有香港、土耳其、保加利亚、意大利、摩纳哥、法国（科西嘉和马赛）、黎巴嫩和巴基斯坦。美国是最大的毒品消费国，可卡因位居第一，海洛因与之竞争。西欧和西南亚是海洛因的最大消费者。伊朗有庞大的海洛因成瘾者人口--1991年超过200万。

---

[14] 原文中的BIG BUSINESS。

[15]英国皇室创建了英国法院，建立了自己的法律和法律体系，因此没有人可以对君主采取法律行动。

没有一个政府不清楚毒品交易的情况，但身居要职的个别成员却被300人委员会通过其全球子公司网络所照顾。如果一个政府成员 "难缠"，他或她就会被免职，巴基斯坦的阿里-布托和意大利的阿尔多-莫罗就是如此。没有人能够逃脱这个无所不能的委员会，尽管马来西亚至今仍设法抵制。马来西亚拥有世界上最严格的反毒品法。拥有即使是少量的毒品也会被判处死刑。

像保加利亚的Kintex公司一样，大多数小国都直接参与了这些犯罪企业。Kintex公司的卡车经常在西欧各地运输海洛因，他们自己的车队带有EEC的Triangle Internationale Routier（TIR）标志。带有这一标志和欧共体识别号的卡车不应该在海关检查站被拦截。TIR卡车只允许运输易腐烂的货物。他们应该在原籍国接受检查，每个司机都应该携带一份这方面的文件。

这就是国际条约义务下的情况，所以金特克斯的卡车能够装载他们的海洛因货物，并证明它们是 "新鲜水果和蔬菜"，然后通过西欧，甚至进入意大利北部的高度安全的北约基地。这样一来，保加利亚就成了运输海洛因的主要国家之一。

阻止目前大量海洛因和可卡因进入欧洲市场的唯一方法是终止 *TIR* 系统。这将永远不会发生。我刚才提到的国际条约义务是由300人委员会通过其令人难以置信的网络和控制机制制定的，以促进各种毒品进入西欧。忘掉易腐物品吧！一位在意大利的前DEA特工告诉我："*TIR=DOPE*"。[16]

当你下次在报纸上读到在肯尼迪机场的一个假底行李箱中发现一大批海洛因时，请记住这一点，一些不幸的 "骡子" 将为其犯罪活动付出代价。这种行动只是 "小打小闹"，只是在公众眼中吹吹风，让我们相信我们的政府真的在为毒品威胁做一些事情。以 "法国关系" 为例，这是尼克松在300人委员会不知情或不同意的情况下推出的一个节目。

在这次大规模行动中查获的鸦片和海洛因总量仅相当于一辆TIR卡车运载量的1/4以下。300人委员会确保尼克松为查获的相对较小的海洛因付出沉重的代价。这不是因为涉及的海洛因数量，而是他们曾帮助爬上白宫的人认为他现在可以不需要他们的帮助和

---

[16] "Dope "是一个通用的美国术语，其法语对应词是 "cam"。

支持，甚至违背上面的直接命令。

海洛因贸易的机制如下：泰国和缅甸的野生山地部落种植罂粟。在收获的时候，用剃刀或锋利的刀子割开结籽的豆荚。一种树脂物质从切口处漏出并开始凝固。这就是原始鸦片。原始的鸦片作物被加工成圆形的、粘稠的球。部落成员以一公斤的金条--称为 $4/10^e$ --获得报酬，这些金条由瑞士信贷银行铸造。这些小金条只用于支付部落成员的费用--正常重量的金条被生鸦片或部分加工的海洛因的大买家在香港市场上进行交易。同样的方法被用来支付印度山地部落的成员--俾路支人--他们从莫卧儿时代起就参与了这种贸易。众所周知，"兴奋剂季节 "看到大量的黄金涌入香港市场交易。墨西哥开始生产相对少量的海洛因，称为 "墨西哥棕"，好莱坞明星对其需求量很大。同样，海洛因贸易是由政府高级官员经营的，他们有军方的支持。一些 "墨西哥布朗 "生产商每月为其美国客户提供服务，赚取一百万美元。当几个墨西哥联邦警察被煽动对海洛因生产者采取行动时，他们被似乎突然出现的军事单位 "消灭 "了。

1991年11月，在墨西哥鸦片生产地区的一个偏远简易机场发生了这样一起事件。联邦缉毒人员包围了简易机场，正准备逮捕正在装载海洛因的人，这时一队士兵赶到。士兵们围住了联邦缉毒警察，有计划地将他们全部杀死。这一行动对墨西哥总统戈尔塔林构成了严重威胁，他正面临着对杀人事件进行调查的强烈要求。戈尔塔林的处境很微妙：他不能放弃要求进行调查，也不能得罪军方。这是墨西哥指挥系统的第一个裂缝，一直追溯到300人委员会。来自金三角的原始鸦片通过管道被输送到西西里黑手党和法国方面的业务，在从马赛到蒙特卡洛的法国海岸的实验室中被提炼。今天，黎巴嫩和土耳其正在生产越来越多的精制海洛因，在过去四年中，这两个国家出现了大量的实验室。巴基斯坦也有一些实验室，但它与法国等国不在同一级别。

来自金新月地区的原料鸦片运输者使用的路线经过伊朗、土耳其和黎巴嫩。伊朗国王在位时，拒绝允许海洛因贸易继续进行，海洛因贸易被强行制止，直到被300人委员会 "接管"。来自土耳其和黎巴嫩的原始鸦片被运到科西嘉岛，在格里马尔迪家族的合谋下，从那里被运到蒙特卡洛。巴基斯坦的实验室在 "军事防御实验室 "的幌子下，比两年前做了更多的提炼工作，但最好的提炼工作仍然是在法国地中海沿岸和土耳其进行。同样，银行在为这些业务融资方面发挥了关键作用。

让我们在这里停顿一下。难道我们要相信，在这些国家的执法部门可以利用的所有现代和大大改进的监视技术，包括卫星侦察，就不能找到和阻止这种邪恶的贸易？一旦发现这些实验室，执法部门怎么就不能进入并摧毁它们呢？如果是这样，而我们仍然不能禁止海洛因贸易，那么我们的毒品执法部门应该被称为 "老年医学"，而不是毒品执法机构。

甚至一个孩子都可以告诉我们所谓的 "毒品监督员 "该怎么做。只需监视所有制造醋酸酐的工厂，这是实验室从原料鸦片提炼海洛因所需的最基本的化学成分。那就沿着这条路走吧!就这么简单!当我想到执法部门为找到海洛因提炼实验室所做的努力时，我想起了《粉红豹》系列中的彼得-塞勒斯。即使是像小说中的侦探那样笨拙的人，在追踪醋酸酐的运输路线到最终目的地方面也不会有什么问题。

政府可以通过法律，要求醋酸酐制造商严格记录谁购买了这种化学品以及它的用途。但不要指望它，记住毒品是大生意，而大生意是由欧洲的寡头家族和美国东海岸的自由派机构完成的。毒品交易不是黑手党的行动，也不是哥伦比亚可卡因集团的行动。英国的贵族家庭和美国的高官不会在商店的橱窗里炫耀他们的角色；他们仍然有一支前线人员的舰队来做肮脏的工作。

请记住，英国和美国的 "贵族 "从未在中国的鸦片贸易中弄脏过自己的手。贵族和夫人们都太聪明了，美国的精英们也是如此：德拉诺家族、福布斯家族、阿佩顿家族、巴肯家族、博伊尔斯顿家族、帕金斯家族、拉塞尔家族、坎宁安家族、肖氏家族、库里奇家族、帕克曼家族、伦纽尔家族、卡伯特家族和科德曼家族；这并不是一份从中国鸦片贸易中致富的美国家族的详尽清单。

由于这不是一本关于毒品交易的书，因此我无法在必要时深入讨论这一主题。但必须强调它对300人委员会的重要性。美国不是由60个家族管理，而是由300个家族管理，英国由100个家族管理，正如我们将看到的，这些家族通过婚姻、公司、银行交织在一起，更不用说与黑人贵族、共济会、耶路撒冷的圣约翰会等的联系。正是这些人，通过他们的代理人，想方设法保护来自香港、土耳其、伊朗和巴基斯坦的大量海洛因货物，并确保它们以最低的商业成本到达美国和西欧市场。

可卡因货物有时被拦截和扣押，但这只是装点门面。被扣押的货物往往属于一个试图打入贸易领域的新组织。这些竞争者通过准确告知当局他们将进入美国市场的地点和所有者是谁而被淘汰。大宗交易从未被碰过；海洛因太贵了。应该指出的是，美国缉毒署的特工不允许进入香港。他们不能在船舶离港前检查其舱单。人们不禁要问，既然有这么多的 "国际合作 "在进行--媒体喜欢称之为 "拆除毒品交易"，那是为什么？很明显，海洛因贸易路线受到 "更高权力机构 "的保护。在南美洲，除墨西哥外，可卡因是国王。可卡因的生产非常简单，与海洛因不同，那些准备为 "上级 "承担风险的人将获得巨大的财富。如同海洛因交易一样，入侵者不受欢迎，往往最终成为受害者，或成为家庭冲突的受害者。在哥伦比亚，毒品黑手党是一个紧密相连的家庭。但是，M19游击队袭击波哥大的司法大楼（M19是可卡因大亨的私人军队）以及著名检察官和法官罗德里戈-拉拉-博尼利亚（Rodrigo Lara Bonilla）被谋杀所产生的恶劣影响，使 "上级当局 "不得不对哥伦比亚的事情进行重组。

结果，麦德林卡特尔的奥乔亚们在得到他们不会遭受任何财富损失、任何形式的伤害或被引渡到美国的保证后投降了。双方达成了一项协议，只要他们将大部分巨额毒品财富汇回哥伦比亚银行，就不会对他们采取惩罚行动。奥乔亚人--豪尔赫、法比奥和他们的领导人巴勃罗-埃斯科瓦尔将被关押在类似于豪华汽车旅馆房间的私人监狱，然后将被判处最多两年的刑期--在同一汽车旅馆监狱服刑。这项协议正在进行中。奥乔亚夫妇也被保证有权继续在汽车旅馆的监狱里经营他们的 "生意"。

但这并不意味着可卡因贸易已经停止。相反，它只是被转移到扮演次要角色的卡利卡特尔，一切照旧。由于一些奇怪的原因，与麦德林卡特尔规模相当的卡利卡特尔--至少到现在为止--在很大程度上被毒品管制局忽视。卡利与麦德林卡特尔的不同之处在于，它是由商人管理的，他们避免一切形式的暴力，从不破坏交易。

更重要的是，卡利公司在佛罗里达州几乎没有业务。我的消息来源告诉我，卡利集团是由精明的商人经营的，在可卡因贸易中从未见过这样的商人。他认为他们是被 "特别任命 "的，但不知道是谁。"他说:"他们从来不会让人注意到自己。"他们不会像豪尔赫-奥乔亚那样到处进口红色法拉利，立即引起人们的注意，因为哥伦比亚是禁止进口这种汽车的"。

卡利卡特尔的市场在洛杉矶、纽约和休斯敦，这与海洛因市场密切对应。卡利没有显示出在佛罗里达海洛因市场上取得进展的迹象。一位前缉毒局特工，也是我的同事，最近说。

> "这些来自卡利的人真的很聪明。他们是与奥乔亚兄弟不同的品种。他们表现得像专业的商人。他们现在比麦德林卡特尔还大，我认为我们将看到比以前更多的可卡因进入美国。绑架曼努埃尔-诺列加将使可卡因和资金更容易在巴拿马流动，因为巴拿马有这么多银行。乔治-布什总统的 "正义事业行动 "就这样了。它所做的一切是为尼古拉斯-阿迪托-巴莱塔的生活提供便利，他被奥乔亚兄弟经营，即将作为卡利集团的掩护。

根据我对海洛因贸易的经验，我认为300人委员会介入并完全控制了南美洲的可卡因贸易。对于与诺列加绑架案相联系的卡利卡特尔的崛起，没有其他解释。布什是否从伦敦得到关于诺列加的命令？所有迹象表明，他简直是被逼着入侵巴拿马并绑架诺列加，诺列加已经成为巴拿马 "商业 "的严重障碍，特别是在银行部门。

几位前情报官员给了我他们的意见，与我不谋而合。与巴拿马战争之后的海湾战争一样，在英国驻华盛顿大使的几次呼吁下，布什才最终鼓起勇气对诺列加将军采取了完全非法的行动。他得到了英国媒体和由英国特务机构经营的《纽约时报》的支持，这一事实充分说明了问题。

诺列加曾经是华盛顿机构的宠儿。他经常与威廉-凯西和奥利弗-诺斯交往，甚至至少在两个场合与乔治-布什总统会面。诺列加经常出现在五角大楼，他在那里受到的待遇就像那些阿拉伯君主一样，而在弗吉尼亚州兰利的中央情报局总部，红地毯总是为他铺开。美国陆军情报局和中央情报局说他们付给他32万美元。

然后风暴云开始出现在地平线上，大约在卡利卡特尔从奥乔亚兄弟和巴勃罗-埃斯科瓦尔手中接管可卡因贸易的时候。在参议员杰西-赫尔姆斯（Jesse Helms）的领导下，1985年他向阿里尔-沙龙（Ariel Sharon）和以色列希斯特拉杜特（Histradut）党出卖了自己，突然掀起了一场弹劾诺列加的鼓动。杰西-赫尔姆斯和他的同僚们得到了西蒙-赫什的支持，他是为《纽约时报》工作的英国情报人员，自军情六处老板威廉-斯蒂芬森爵士占据纽约RCA大楼的日子以来，他一直是英国情报部门在美国的发言人。

赫尔姆斯选择领导对诺列加的指控，这是非常重要的。赫尔姆斯是华盛顿沙龙派系的宠儿，而沙龙是中美洲和哥伦比亚的主要军火商。此外，赫尔姆斯得到了基督教原教旨主义者的尊重，他们相信这样的格言："以色列，我的国家，无论对错"。因此，形成了 "抓住诺列加 "的强大动力。显然，诺列加可能被证明是300人委员会中的国际毒贩及其银行家的严重障碍，所以必须在他能造成任何重大损害之前将其清除。

布什受到他的英国主人的压力，在巴拿马进行了一次非法的搜查和扣押行动，导致不少于7000名巴拿马人死亡，私人财产被肆意破坏。没有发现任何可以证明诺列加是 "毒品贩子 "的证据，因此他被绑架并被带到美国，这是历史上最明目张胆的国际偷盗行为之一。这种非法行动可能最符合布什的理念。

> "美国外交政策的道德层面要求我们在一个邪恶程度较低的世界中制定一条道德路线。这是一个真实的世界，不是所有事情都是黑白分明的。几乎没有绝对化的空间"。

绑架诺列加是一个 "较小的罪恶"，而不是让他拆除巴拿马的银行[这些银行]为300人委员会工作。诺列加事件是一个原型，它是等待着一世界政府的畸形行动。有恃无恐的布什在公开场合无所顾忌，因为我们人民已经披上了一件容纳谎言的精神斗篷，不想与真相扯上任何关系[17]。这就是我们决定接受的世界。如果不是这样，入侵巴拿马的愤怒风暴就会席卷全国，直到布什被赶下台，这种愤怒才会停止。与布什总统下令入侵巴拿马绑架诺列加将军时犯下的许多可被弹劾的罪行相比，尼克松的水门事件的违法行为就显得微不足道了。

政府对诺列加的起诉是基于一群知名人士的虚假证词，其中大部分人已经被定罪，他们为了让自己减刑而撒谎。如果吉尔伯特和沙利文今天还活着，他们的表演会让他们非常高兴。"用 "他们让他们成为DEA的主人 "来代替 "他们让他们成为女王海军的主人 "可能比较合适，这句话出自《皮纳福尔号》。如果要用这种不体面的比喻来侮辱这么好的、干净的动物，那么看到这些骗子的行为就像美国司法部训练有素的企鹅一样，这是一个彻底的怪异场

---

[17]以赛亚书》30:10他对预言家说："你是谁？不要看，并对先知们说。不要对我们说正确的事，不要我们说甜言蜜语，要说欺骗（谎言）的预言。

景。

关键日期相互矛盾，关键细节明显缺失，关键点上的记忆缺失，所有这些都导致了一个明显的事实，即政府没有针对诺列加的案子，但这并不重要；皇家国际事务研究所（RIIA）说 "无论如何要给他定罪"，这就是可怜的诺列加所能希望的。司法部的明星证人之一是一个叫弗洛伊德-卡尔顿-卡塞雷斯的人，他曾是奥乔亚兄弟公司的飞行员。

1986年被捕后，卡尔顿试图以诺列加的名义软化自己的立场。

他告诉缉毒局的审讯人员，奥乔亚兄弟向诺列加支付了60万美元，允许三架满载可卡因的飞机在巴拿马降落和加油。但是，一旦在迈阿密的法庭上，人们很快就会发现，这个被誉为检方 "明星证人 "的人充其量只是个湿漉漉的小人物。盘问揭示了真实情况：诺列加远没有得到授权飞行的报酬，奥乔亚夫妇甚至没有与之联系。更糟糕的是，1983年12月，诺列加曾下令拒绝允许所有从麦德林飞往巴拿马的航班在巴拿马降落。卡尔顿并不是唯一不可靠的证人。一个比卡尔顿更大的骗子是卡洛斯-雷德，他是麦德林卡特尔的头目，直到他在西班牙被捕并被送往美国。谁给了缉毒局最重要的信息，即雷德在马德里？缉毒局不情愿地承认，它的这一重要收获归功于诺列加。然而，今天，司法部正在利用雷德作为证人指控诺列加。这名单一的证人至少表明了美国政府对曼努埃尔-诺列加的案件的悲哀。

作为回报，雷德尔获得了较轻的刑期和更好的设施--一个有风景的房间和一台电视--并且他的家人获得了在美国的永久居留。

1988年起诉雷德的美国检察官告诉《华盛顿邮报》。

> "我认为政府不应该和卡洛斯-雷德打交道，句号。这家伙从头到尾都是个骗子。

司法部的名字与它应该代表的东西毫无关系，它对诺列加使出浑身解数：非法窃听他与律师的谈话；任命一名声称为诺列加服务但在此过程中辞职的政府律师；冻结他的银行账户，使诺列加无法为自己适当辩护；非法绑架、搜查和扣押。政府违反的法律比诺列加所做的还要多。

受审的是美国司法部，是诺列加将军的十倍。诺列加案显示了这个国家公然的邪恶系统，它被当作 "司法"。美国领导的 "反毒品

战争 "正在接受审判，布什政府的所谓毒品政策也在接受审判。诺列加的审判虽然以暴力和公然强奸司法而告终，但还是会给那些不是瞎子、聋子和哑巴的人提供一些补偿。这将一劳永逸地证明英国掌管着我们的政府，它将揭示布什政府完全破产的意识形态，其座右铭应该是："无论发生什么，目的总是证明手段是正确的。道德的绝对性非常少。像大多数政治家一样，布什有一个绝对道德的标准，这将是自杀。只有在这种环境下，我们才能允许布什总统违反至少六项美国法律和十二项国际协议，与伊拉克开战。

我们在哥伦比亚和华盛顿看到的是对可卡因贸易的运作方式进行彻底的改革；不再有野枪，不再有枪。让卡利卡特尔的先生们穿着细条纹西装，以礼貌的方式开展业务。简而言之，300人委员会已经直接控制了可卡因贸易，现在它将像海洛因贸易一样顺利运行。哥伦比亚新政府已经适应了这种战术和方向上的变化。它已被命令按照委员会的计划行事。

有必要提及美国参与中国的鸦片贸易，这在两国战争之前就开始在美国南部进行。我们如何能将鸦片贸易与南方的大棉花种植园联系起来？要做到这一点，我们必须从印度的孟加拉开始，那里生产的是最好的鸦片（如果这样一种精细的感染性物质可以被称为精细的话），需求量很大。棉花是英国最重要的贸易，仅次于通过BEIC销售鸦片。南方种植园的大部分棉花都在英格兰北部的奴隶工厂工作，那里的妇女和儿童每天工作16小时，赚取微薄的收入。布厂为伦敦富有的社会名流所拥有，如巴林家族、帕尔默斯顿家族、凯斯威克家族，特别是拥有蓝星航运公司的怡和洋行，棉花和布匹成品通过该公司运往印度。他们对女王陛下的臣民的悲惨生活状况不屑一顾。毕竟，这就是他们的作用，他们的丈夫和儿子在打仗时很有用，可以维护女王陛下遥远的帝国，就像他们几个世纪以来所做的那样，最近一次是在血腥的布尔战争中。那是英国的传统，不是吗？

出口到印度的棉花精加工产品破坏和摧毁了印度长期以来的棉花精加工贸易生产商。成千上万的印度人不得不忍受可怕的苦难，因为更便宜的英国产品征服了他们的市场。随后，印度完全依赖英国来赚取足够的外汇，以支付其铁路和进口棉花成品的费用。解决印度的经济困难只有一个办法。生产更多的鸦片，并将其廉价出售给英国东印度公司。这是英国贸易增长和繁荣的岩石。如果没有鸦片贸易，英国同样会被毁掉。

南方的种植园主知道鸦片商品换棉花的可怕秘密吗？他们中的一些人不太可能不知道发生了什么事。以萨瑟兰家族为例，它是南方最大的棉花种植园主之一。萨瑟兰家族与马西森家族（Jardine Matheson）关系密切，而马西森家族的贸易伙伴是巴林兄弟，他们是著名的半岛和东方航运公司（P&O）的创始人，是英国众多商船公司中最大的一家。

霸菱集团是南方种植园的大投资者，就像他们在中国港口和美国东海岸所有主要港口之间航行的美国克利珀船一样。今天，霸菱集团在美国经营着一些非常重要的金融业务。所有这些人都曾是300人委员会的成员，他们的后代至今仍是。

组成东海岸自由派的大多数家庭，其中有全国最富有的家庭，要么在棉花贸易中发家，要么在鸦片贸易中发家，在某些情况下两者都有。雷曼家族就是一个显著的例子。说到仅从中国的鸦片贸易中获得的财富，人们首先想到的是阿斯特家族和德拉诺家族。富兰克林-D-罗斯福总统的妻子是德拉诺人。约翰-雅各布-阿斯特从中国的鸦片贸易中赚取了巨额财富，然后用他的脏钱购买了曼哈顿的大片房地产，从而变得有声有色。事实上，正是300人委员会选择了谁将被允许通过其垄断者--北京国际商会参与中国神话般的、利润丰厚的鸦片贸易，而他们的受益者一直与300人委员会保持着永久联系。

这就是为什么，正如我们将发现的那样，曼哈顿的大部分房地产都被委员会的不同成员所拥有，从阿斯特开始购买时就一直如此。通过查阅对英国特勤局以外的任何人都不开放的文件，我发现阿斯特长期以来一直是英国特勤局在美国的一个资产。阿斯特对谋杀亚历山大-汉密尔顿的凶手亚伦-伯尔的资助，证明了这一点是无可非议的。

约翰-雅各布-阿斯特的儿子华尔道夫-阿斯特还有幸被任命为皇家国际事务研究所（RIIA）的成员，300人委员会通过该组织控制我们在美国生活的各个方面。据认为，阿斯特家族选择欧文-拉蒂莫尔继续与鸦片贸易保持联系，他是通过劳拉-斯佩尔曼资助的太平洋关系研究所（IPR）进行的。正是投资政策审查监督了中国作为一个完整的合作伙伴，而不仅仅是一个供应商，进入了鸦片贸易。正是RPI为日本对珍珠港的攻击铺平了道路。试图将日本人变成鸦片瘾君子的努力以极度失败告终。

在世纪之交，英国的寡头财阀就像塞伦盖蒂平原上吃得过饱的秃鹰，在每年的角马行进时。他们在中国的鸦片贸易收入超过了大卫-洛克菲勒的收入，每年达几十亿美元。我在伦敦的大英博物馆和印度办公室以及其他来源--以前的高层同事--所掌握的历史文件完全证明了这一点。

1905年，中国政府对中国越来越多的鸦片瘾君子深感担忧，试图从国际社会获得帮助。英国假装合作，但没有采取任何行动来遵守它所签署的1905年议定书。后来，女王陛下的政府在向中国表明与他们一起进行鸦片贸易比试图阻止鸦片贸易更好之后，做了一个改变。

甚至连《海牙公约》都被英国人藐视了。参加会议的代表们同意，英国应遵守它所签署的议定书，这些议定书将大幅减少在中国和其他地方出售的鸦片数量。英国人虽然口头上说得很好，但并不打算放弃他们的人类苦难贸易，其中包括 "猪肉贸易"。

他们的仆人，乔治-布什总统，在为英国的利益对伊拉克国家发动残酷的种族灭绝战争时，也表现出他的蔑视，藐视海牙空中轰炸协议和美国签署的一系列国际公约，包括所有日内瓦公约。

两年后，特别是对英国鸦片走私到他们国家越来越关注的日本人提出了证据，证明鸦片销售量不减反增，女王陛下参加第五次海牙公约的代表提出了一系列与日本提供的数据相矛盾的统计数据。英国代表扭转了局面，说这是支持鸦片销售合法化的一个非常有力的论据，这将产生抑制他所谓的'黑市'的效果。

他代表女王陛下的政府建议，日本政府届时将垄断并完全控制该贸易。这正是布朗夫曼的门面人物和其他大毒贩提出的论点--将可卡因、大麻和海洛因合法化，让美国政府垄断它们，从而停止在虚假的毒品战争上浪费数十亿美元，为纳税人节省数十亿美元。

在1791-1894年期间，国际殖民地上海的特许鸦片烟馆数量从87家增加到663家。流向美国的鸦片也在增加。圣约翰骑士团和骑士团的财阀们感觉到他们在中国可能会遇到麻烦，因为世界的焦点都集中在他们身上，所以他们把部分注意力转移到了波斯（伊朗）。

英吉利勋爵在19e世纪初创建了世界上最大的蒸汽船公司，即传说中的半岛和东方蒸汽船公司，他也是创建香港上海银行的主要设计师，该银行至今仍是最大和最不受控制的鸦片贸易清算银行，它还为与美国进行的 "猪肉贸易 "提供资金。

英国人设立了一个骗局，中国的 "苦力 "被送到美国作为契约劳工。哈里曼家族的铁路需要苦力来把铁路连接向西推到加利福尼亚海岸，他们是这么说的。奇怪的是，很少有黑人得到他们当时习惯的体力劳动，他们可以比从中国来的憔悴的鸦片瘾者做得更好。

问题是，在黑人中没有鸦片市场，而且，宝岛公司创始人的儿子英奇杰勋爵需要 "苦力 "将成千上万磅的生鸦片走私到北美，而黑人无法做到这一点。正是Inchcape勋爵在1923年警告说，孟加拉的罂粟种植不应减少。"他对本应调查印度鸦片胶生产的委员会说："这一最重要的收入来源必须得到保障。

到1846年，约有12万名 "苦力 "抵达美国，在哈里曼铁路上工作，向西推进。猪肉贸易 "如火如荼，因为在这个数字中，美国政府估计有11.5万人是鸦片瘾者。铁路建成后，华人并没有回到他们的家乡，而是在旧金山、洛杉矶、温哥华和波特兰定居。他们制造了一个巨大的文化问题，一直没有停止。

有趣的是，代表罗斯柴尔德家族在南非的300人委员会成员塞西尔-约翰-罗兹（Cecil John Rhodes）效仿英吉利模式，引进了数十万印度 "苦力 "在纳塔尔省的甘蔗种植园工作。其中有圣雄甘地，一个共产主义鼓动者和麻烦制造者。与中国苦力一样，他们在合同期满后没有被送回原籍国。他们也创造了一个庞大的社会计划，他们的后代成为律师，代表非洲人国民大会领导渗透政府的运动。

到1875年，在旧金山经营的中国 "苦力 "已经建立了一个鸦片供应网络，其中包括129,000名美国鸦片瘾君子。由于已知有11.5万名中国鸦片瘾君子，英吉利勋爵和他的家人每年仅从这一来源就能获得数十万美元的收入，以今天的美元计算，这至少是每年1亿美元的收入。

那些曾联手摧毁印度纺织业和促进鸦片贸易的英美家族，以及将非洲奴隶带到美国的英美家族，又联手使 "生猪贸易 "成为宝贵的收入来源。后来，他们又联合起来，挑起并推动了可怕的 "州际战争"，也就是所谓的美国内战。

腐朽的美国家族的不正当合作关系，完全腐败和沉湎于金钱，成为我们今天所知的东方自由派，其成员在王室和随后的外交政策执行机构--皇家国际事务研究所（RIIA）的精心指导和建议下，通过他们的高级秘密平行政府，从上到下管理这个国家--现在也是如此，与300人委员会这个最顶级的秘密社团紧密相连。1923年，反对这种被允许进口到美国的威胁的声音响起。众议院外交委员会主席斯蒂芬-波特（Stephen Porter）深信美国是一个自由的主权国家，他提出了一项法案，要求英国人逐国报告其鸦片进出口活动。该决议规定了每个国家的配额，如果达到这些配额，将使鸦片贸易减少10%。该决议变成了法律，该法案被美国国会接受。

但皇家国际事务研究所有其他想法。它成立于1919年凡尔赛巴黎和平会议之后，是300人委员会 "外交政策 "的首批执行者之一。我在国会记录院的研究表明，波特完全没有意识到他所面对的强大力量。波特甚至不知道RIIA的存在，更不知道其具体目标是控制美国的所有方面。

显然，波特议员从华尔街的摩根银行得到了某种暗示，他应该放弃整个事情。相反，被激怒的波特将他的案件提交给国际联盟的鸦片委员会。波特完全不了解他的对手的身份，这一点从他与众议院外交委员会的同事在回应英国公开反对他的提案时的一些通信中可以看出。

女王陛下的代表训斥了波特，然后，英国代表像父亲对待不听话的儿子一样，根据RIIA的指示，提出了女王陛下关于增加鸦片配额的建议，以考虑到用于医疗目的的鸦片消费的增长。根据我在海牙能找到的文件，波特先是感到困惑，然后感到惊讶，最后感到愤怒。在中国代表的配合下，波特冲出了委员会的全权代表会议，让英国人自生自灭。

在他缺席的情况下，英国代表从国际联盟获得了女王陛下政府关于建立中央麻醉品委员会的建议的批准，该委员会的主要职能是收集信息，其条款是故意模糊的。对这些 "信息 "要做什么，从来没有具体说明。波特回到了美国，受到了震动，也更加明智。

另一个英国情报人员是神话般的威廉-宾汉姆，他与霸菱集团的一个家族有婚姻关系。在我看到的文件中说，巴林兄弟掌管着费城的教友会，并拥有该市一半的房地产，所有这些都是由巴林兄弟从中国的鸦片贸易中积累的财富促成的。300人委员会的另一个受益者是斯蒂芬-吉拉德，他的后代继承了吉拉德银行和信托。

这些家庭的历史与波士顿的历史交织在一起，他们很少关注普通人，他们的名字被发现进入300人委员会及其非常有利可图的BEIC--中国鸦片贸易的怀抱。许多著名的家族都与臭名昭著的香港上海银行有联系，该银行仍然是中国鸦片贸易中数十亿美元的清算所。

在英国东印度公司的记录中出现了福布斯、珀金斯和哈撒韦等著名的名字。这些真正的美国蓝血人创建了罗素公司，其主要贸易是鸦片，但也经营从中国到南美以及中间所有地点的其他航运业务。作为对他们为英国王室和BEIC服务的奖励，300人委员会在1833年授予他们对奴隶贸易的垄断权。

波士顿的著名历史归功于300人委员会授予它的棉花、鸦片和奴隶贸易，我在伦敦有幸查阅的文件中显示，波士顿的商人家族是英国王室在美国的主要支持者。在印度大厦的记录和香港的银行记录中，约翰-默里-福布斯被提到是 "波士顿蓝血人 "的管家。

福布斯的儿子是第一个被300人委员会允许进入世界上最著名的毒品洗钱银行--至今仍是--香港上海汇丰银行公司（HSBC）董事会的美国人。20世纪60年代初，当我作为 "对英国东印度公司感兴趣的历史学家 "在香港时，有人给我看了一些旧文件，包括这个臭名昭著的毒品银行的前董事会成员，当然福布斯的名字也在其中。

珀金斯家族如此显赫，以至于他们的名字至今仍在人们惊讶的低语中被提及，他们在中国深陷于臭名昭著的鸦片贸易。事实上，老帕金斯是第 批被选入300人委员会的美国人之一；他的儿子托马斯-纳尔逊是摩根在波士顿的手下，因此也是英国特勤局的一名特工。当他为哈佛大学提供丰富的捐赠时，他不光彩的--我要说是令人厌恶的--过去并没有受到质疑。毕竟，广州和天津离波士顿很远，反正谁会在乎呢？

对帕金斯夫妇帮助很大的是，摩根是300人委员会中一个有权势的成员，这使托马斯-N-帕金斯在中国的鸦片贸易中迅速推进他的事业。珀金斯在中国的鸦片贸易中迅速推进他的事业。摩根家族和帕金斯家族都是共济会员，这是他们之间的另一种联系，因为只有最高级别的共济会员才有希望被300人委员会选中。 罗伯特-哈特爵士在近三十年里一直是中华帝国海关的负责人和英国王室在中国的鸦片贸易的头号代理人，后来被任命为摩根担保银行远东分部的董事。

通过查阅伦敦和香港的历史记录，我已经能够确定罗伯特爵士与摩根的美国业务建立了密切的关系。有趣的是，摩根在鸦片和海洛因贸易中的利益一直没有中断，大卫-纽比金是摩根香港业务的顾问委员会成员，与怡和洋行共同经营，就是证明。

对于那些熟悉香港的人来说，纽壁坚这个名字会很熟悉，它是香港最强大的名字。除了是摩根银行的精英成员外，纽比京还是中国政府的顾问。用鸦片换取导弹技术，用鸦片换取黄金，用鸦片换取高科技计算机--这对纽宾格来说都是一样的。这些银行、金融机构、贸易公司和经营它们的家族交织在一起的方式会让夏洛克-福尔摩斯感到困惑，但如果我们要了解它们与毒品贸易的联系以及它们在300人委员会中的成员身份，就必须以某种方式将它们解开并跟踪。

酒精和毒品通过皇家道路进入美国，是同一匹纯种马占据的同一个马厩的产物。首先，必须在美国实行禁酒令。这是英国东印度公司的继承人所为，他们以从印度宫发现的有据可查的中国内地传教士文件中获得的经验为武器，创建了妇女基督教节制联盟（WCTU），该联盟应该反对美国的酒精消费。

有人说，历史会重演，从某种意义上说，确实如此，只不过它是以一种不断上升的方式重演。今天我们发现，一些最大的公司，据说 "污染 "了地球，却成为环保运动最大的资金贡献者。这些 "大人物 "正在传达他们的信息。菲利普亲王是他们的英雄之一，但他的儿子查尔斯王子在威尔士拥有一百万公顷的林地，那里的木材被定期采伐。此外，查尔斯王子是伦敦不合标准住房的最大业主之一，那里的污染很严重。

就那些大声反对 "酒的罪恶 "的人而言，我们发现他们得到了阿斯特家族、洛克菲勒家族、斯佩尔曼家族、范德比尔特家族和沃伯格家族的资助，他们在酒精贸易中拥有既得利益。根据王室的指示，比弗布鲁克勋爵从英国赶来，告诉这些富有的美国家庭，他们应该投资于世界贸易联盟。(就是这个比弗布鲁克勋爵在1940年来到华盛顿，命令罗斯福介入英国的战争）。

罗斯福顺应民意，在格陵兰岛派驻了一支美国海军船队，在珍珠港之前的9个月里，这支船队一直在猎杀和攻击德国潜艇。

与他的继任者乔治-布什一样，罗斯福将国会视为一个混乱的讨厌鬼。因此，像一个国王一样行事--因为他与英国皇室有亲属关系，所以他对这种情绪有强烈的感受--罗斯福从未为其非法行动寻求国会批准。这就是英国人最喜欢说的他们与美国的 "特殊关系"。

毒品交易与约翰-F-肯尼迪总统的暗杀事件有关，它玷污了国家性质，并将继续玷污，直到找到罪犯并将其绳之以法。有证据表明，黑手党通过中央情报局参与了此案，这让我们想起，这一切都始于老迈-兰斯基网络，该网络演变为以色列伊尔贡恐怖组织，而兰斯基原来是兜售反对西方文化战争的最佳载体之一。

通过更体面的阵线，兰斯基与英国上层人士联系，将赌博和毒品分销带到巴哈马的天堂岛，打着玛丽-卡特油漆公司的幌子，这是兰斯基和英国军情六处的合资企业。沙逊勋爵后来被谋杀，原因是他挪用钱财，并威胁说如果他受到惩罚就会暴露一切。雷-沃尔夫（Ray Wolfe），更有派头，代表加拿大的布朗曼（Bronfmans）。虽然布朗夫曼家族不知道丘吉尔在新斯科舍省的巨大项目，但他们过去和现在都是英国皇室在毒品贸易方面的重要资产。

山姆-罗斯伯格（Sam Rothberg）是迈耶-兰斯基（Meyer Lansky）的亲密伙伴，他还与蒂博尔-罗森鲍姆（Tibor Rosenbaum）和平卡斯-萨皮尔（Pinchas Sapir）合作，他们都是兰斯基毒品集团的头目。罗森鲍姆通过他为此设立的一家银行--国际信贷银行，在瑞士进行毒品洗钱活动。这家银行迅速扩大业务，成为兰斯基和他的黑手党同伙用来清洗来自卖淫、毒品和其他黑手党骗局的资金的主要银行。

有趣的是，蒂博尔-罗森鲍姆的银行被阴暗的英国特务头子威廉-斯蒂芬森爵士使用，他的得力助手、加拿大公民约翰-莫蒂默-布卢姆菲尔德少校在整个二战期间领导着联邦调查局的第五分部。斯蒂芬森是20世纪300人委员会的首批成员之一，尽管布鲁姆菲尔德从未走到那一步。正如我在关于肯尼迪刺杀事件的系列专著中所揭示的那样，是史蒂芬森领导了布鲁姆菲尔德作为一个实际项目所进行的行动。肯尼迪刺杀事件的掩盖是通过另一个与毒品有关的掩盖，即1957年创建的永久工业博览会（PERMINDEX），以新奥尔良市中心的世界贸易市场大楼为中心。

布卢姆菲尔德正好是布朗夫曼家族的律师。世贸商城是由克莱-肖上校和联邦调查局在新奥尔良的第五分部负责人盖-班尼斯特创建的。肖和班尼斯特是被指控枪杀肯尼迪的李-哈维-奥斯瓦尔德的亲密伙伴，后者在证明自己不是枪杀肯尼迪总统的刺客之前就被中情局合同特工杰克-鲁比杀害。尽管沃伦委员会的调查和许多官方报告都没有确定奥斯瓦尔德是否拥有被认为是凶器的曼利夏步枪（他没有），也没有确定他是否使用了该枪。毒品交易、肖、班尼斯特和布卢姆菲尔德之间的联系已在多个场合得到证实，在此无需赘述。在二战结束后不久，名仕国际和其他与毒品有关的公司用来洗钱的最常见方法之一是向洗钱银行进行快递。今天，这一切都已改变。只有小股民还在使用这种危险的方法。这些 " 大鱼 "通过CHIPS系统，即清算所国际支付系统的缩写，由以纽约清算所为中心的Burroughs计算机系统运行。最大的银行中有12家使用这个系统。其中之一是香港上海银行股份有限公司。另一个是瑞士信贷，这个银行业美德的典范是如此令人尊敬--直到盖子被掀开。与设在弗吉尼亚州的SWIFT系统相结合，肮脏的毒品资金变得不可见。只有肆意忽视才能让联邦调查局时不时地走运，如果而且是在被告知不要到其他地方去找的话。

只有那些低级别的毒贩子才会被抓到，手里拿着毒品钱。精英们，德克赛尔-伯纳姆（Drexel Burnham），瑞士信贷（Credit Suisse），香港和上海银行（Hong Kong and Shanghai Bank），都逃过了检测。但是，随着*国际信贷和商业银行（BCCI）*的倒闭，这种情况也在发生变化，如果对其进行适当的调查，可能会发现很多关于毒品交易的情况。

300人委员会投资组合中的主要资产之一是美国运通（AMEX）。我第一次对AMEX感兴趣是在我进行现场调查时，该调查将我带到日内瓦的贸易发展银行。后来，我为此惹上了很多麻烦。我发现，当时由埃德蒙-萨夫拉（Edmund Safra）领导的贸易发展银行，是鸦片黄金贸易的关键人物，正通过贸易发展银行向香港市场供应成吨的黄金。

在去瑞士之前，我去了南非的比勒陀利亚，在那里我与克里斯-斯塔尔斯博士进行了讨论，他当时是南非储备银行的副行长，控制着南非生产的黄金的所有大宗交易。经过一周的几次讨论，我被告知，银行不能向我提供我被授权代表我应该代表的客户购买的10吨黄金。我那些有地位的朋友知道如何制作文件，这些文件不经讨论就被接受了。

储备银行把我介绍给一家瑞士公司，我不能说出这家公司的名字，因为这样会暴露身份。我还得到了位于日内瓦的贸易发展银行的地址。我演习的目的是找出黄金流动和贸易的机制，其次是检验由专门从事此类事情的前情报界朋友为我准备的伪造文件。你还记得詹姆斯-邦德系列中的 "M "吗？让我向你保证，"M "确实存在，但它的正确首字母是 "C"。我手上的文件包括列支敦士登公司的 "采购订单"，以及相应的证明文件。

当我与贸易发展银行联系时，最初我受到了亲切的问候，但随着讨论的深入，我变得越来越怀疑，直到我感到访问该银行不再安全，我没有告诉任何人就离开了日内瓦。后来，该银行被卖给了美国运通。美国运通曾被前司法部长埃德温-米斯短暂调查过，之后他被迅速免职，并被打上了 "腐败 "的烙印。我发现美国运通过去和现在都是毒品洗钱的渠道，至今没有人能够向我解释为什么一家私营公司可以印刷美元--美国运通的旅行支票不是美元吗？我后来披露了萨夫拉和美国运通公司在毒品业务方面的联系，这让很多人感到不安，你可以想象。

300人委员会的成员杰菲特控制着Charterhouse杰菲特，而后者又控制着怡和洋行，与香港的鸦片贸易有直接联系。Japhets家族被认为是英国贵格会成员。马西森家族也是300人委员会的成员，是中国鸦片贸易的主要参与者，至少到1943年为止。自19_00世纪初以来，马西森家族一直被列入英国女王的荣誉榜。

300人委员会中毒品贸易的主要控制者对他们每年摧毁的数百万人的生命毫无认识。他们是诺斯替教派、天主教徒、狄俄尼索斯、奥西里斯崇拜的成员，或者更糟。对他们来说，"普通 "人是为了他们的目的而存在的。他们的大祭司布卢尔-莱顿（Bulwer Lytton）和奥尔德斯-赫胥黎（Aldous Huxley）宣扬毒品是一种有益的物质的福音。

引用赫胥黎的话。

> "而对于日常私人使用，一直都有化学麻醉剂。所有的植物镇静剂和麻醉剂，所有长在树上的兴奋剂，在浆果中成熟的致幻剂，自古以来都被人类使用。除了这些意识修饰物，现代科学还增加了它的合成物配额。西方国家只允许不受限制地使用酒精和烟草。所有其他化学门都被贴上DOPE的标签。"

对于300人委员会的寡头和财阀来说，毒品有双重目的：第一，带来巨额资金；第二，最终将很大一部分人口变成*无意识的毒品僵尸*，比不需要毒品的人*更容易控制*，因为对反叛的惩罚是剥夺海洛因、可卡因、大麻等。为此，有必要使毒品合法化，以便在严重的经济条件下（1991年的经济萧条是其前兆），准备实行垄断制度，随着数十万没有固定工作的工人转向毒品寻求慰藉，毒品使用将激增。

在皇家国际事务研究所的一份绝密文件中，对这一情况作了如下说明（部分）。

> "...在被基督教辜负之后，随着失业现象的普遍存在，那些已经失业五年或更长时间的人将远离教会，在毒品中寻求慰藉。正是在这一点上，必须完成对毒品贸易的全面控制，这样，在我们管辖下的所有国家的政府将有一个我们将通过供应来控制的垄断......*毒品酒吧将迎合不守规矩和心怀不满的人，潜在的革命者将被变成无害的吸毒者，没有自己的意志。*"

有充分的证据表明，中情局和英国特工部门，特别是军情六处，已经花了至少十年的时间来实现这一目标。

皇家国际事务研究所将奥尔德斯-赫胥黎和布卢尔-莱顿的毕生作品作为蓝本，用于创造一种状态，在迅速逼近的新黑暗时代的 "一个世界政府-新世界秩序 "中，人类将不再有自己的意志。再一次，让我们看看大祭司奥尔德斯-赫胥黎对此有什么看法。

> "在许多社会中，在许多文明的层面上，人们试图将药物中毒与上帝中毒合并。例如，在古希腊，乙醇在既定的宗教中占有一席之地。狄俄尼索斯，即人们常说的巴克斯，是一位真正的神灵。可以颁布全面禁止化学改性的法令，但不能强制执行"。

(支 持 毒 品 的 游 说 团 体 的 语 言在国会山）。

> "现在考虑另一种类型的药物--尚未被发现，但可能非常接近--一种能使人们在通常会感到痛苦的情况下感到快乐的药物。(还有人比一个一直在找工作却找不到工作的人更悲惨吗？)这样的药物将是一种祝福，但这种祝福沾染了严重的社会和政治危险。通过免费提供一种无害的化学物质--欣快感，独裁者可以使整个人口调到一种自尊心强的人不应该调和的状态。

一个真正的辩证法杰作。赫胥黎所倡导的，也是300人委员会及其代理机构RIIA的官方政策，可以简单描述为大规模精神控制。正如我常说的，所有的战争都是为人类的灵魂而战。直到现在，我们还没有明白，毒品交易是一场针对整个人类自由人的低强度的非正规战争。非正规战争是最可怕的战争形式，如果它有一个开始，就没有结束。

有些人会质疑英国皇室，无论是过去还是现在，都参与了毒品交易。在媒体上看到这一点，从表面上看似乎很荒唐，而我们这些天在媒体上看到的越来越多，使它看起来正是荒唐的。情报工作中最古老的格言是："如果你想隐藏什么，就把它放在所有人都能看到的地方"。F.S.特纳于1876年出版的《英国的鸦片政策》一书表明，英国君主制及其近亲深深卷入了鸦片贸易。特纳是英国东方禁止鸦片贸易协会的秘书。他拒绝接受王室发言人R. Temple爵士的压制。特纳宣布，政府，也就是王室，应该退出鸦片垄断。

> "如果它获取收入，只获取来自诚实的税收，旨在具有限制性的力量"。

特纳是在回应君主制的发言人劳伦斯勋爵，他曾反对失去BEIC的垄断权。

> "摆脱垄断是可取的，但我自己不愿意成为变革的推动者。如果这是一个我们可以承受的适度损失，我会毫不犹豫地承担。"(摘自《加尔各答报》1870年）。

1874年，针对英国君主政体和贵族深入参与中国鸦片贸易的战争愈演愈烈。制止鸦片贸易协会猛烈抨击当时的贵族，并以一种无畏的方式进行攻击，我们不妨效仿一下。该协会声称，《天津条约》迫使中国接受大量的鸦片进口，是对中国人民犯下的滔天罪行。

然后出现了一个强大的战士，约瑟夫-格伦迪-亚历山大，他的职业是律师，在1866年领导了对英国王室在中国的鸦片政策的猛烈抨击，他在其中公开提到王室和贵族的参与。亚历山大首次将"皇冠上的宝石"--印度带入画面。他直接指责君主制、所谓的贵族和其在英国政府中的仆人。

在亚历山大的领导下，该公司着手彻底摧毁印度孟加拉的罂粟作物。事实证明，亚历山大是一个可怕的对手。由于他的领导，毒品贵族开始动摇，面对他对王室及其亲信的公开谴责，一些议会成员开始站在他一边：保守派、联盟派、工党。亚历山大明确表示，毒品贸易不是一个政党的政治问题；所有政党必须团结起来，帮助消除这一威胁。

王室和根深蒂固的寡头的发言人金伯利勋爵威胁说，任何干预他所谓的 "国家贸易 "的企图都会遇到内阁的严重反对。亚历山大和他的公司继续面临着无数的威胁，最终议会同意任命一个皇家委员会来调查鸦片贸易，由担任印度大臣的金伯利勋爵担任委员会主席。不可能找到一个更合适的人选来领导这个委员会。这就好比杜勒斯被任命为沃伦委员会成员一样。金伯利勋爵在他的第一份声明中明确表示，他宁可辞去庄严的职务也不同意归还印度鸦片收入的决议。值得注意的是，"印度的鸦片收入 "意味着国家对这笔钱的分享。就像南非人民分享黄金和钻石销售的巨额利润的想法一样，情况根本不是这样。印度鸦片的收入直接进入皇室库房和贵族、寡头和财阀的口袋，并使他们成为亿万富翁。

罗恩特里的书《帝国毒品贸易》引人入胜地描述了首相格莱斯顿和他的财阀同僚如何撒谎、欺骗、扭曲和颠覆事实，以防止英国君主制参与鸦片贸易的惊人真相被曝光。罗恩特里的书是一座信息的宝库，讲述了英国皇室和英国老爷、夫人的深度参与，以及他们从中国鸦片瘾者的痛苦中积累的巨大财富。

负责调查的秘书金伯利勋爵本人深陷鸦片贸易之中，并尽其所能向所有寻求真相的人关闭调查程序。最终，在公众的压力下，皇家委员会被迫稍稍打开了调查的大门，因此，人们清楚地看到，该国的最高官员正在经营鸦片贸易，并从中牟取暴利。但这扇门很快就被关上了，皇家委员会没有传唤任何专家证人，此后开庭的时间短得离谱。该委员会只不过是一场闹剧和掩饰，就像我们在20世纪美国已经习惯的 。

美国的东方自由主义当权派家族与英国人一样深深地卷入了中国的鸦片贸易，现在也是如此。最近的历史证明了这一点，詹姆斯-厄尔-卡特推翻了伊朗国王。为什么沙阿被废黜，然后被美国政府暗杀？一句话，因为毒品。伊朗国王削减并实际上结束了英国从伊朗进行的利润巨大的鸦片贸易。当伊朗国王掌权时，已经有一百万鸦片和海洛因成瘾者。

英国人不会容忍这一点，所以他们派美国为他们做脏活，作为两国之间 "特殊关系 "的一部分。当霍梅尼接管美国驻德黑兰大使馆时，从沙阿开始的美国武器销售并没有停止。为什么不呢？如果美国这样做了，霍梅尼就会取消英国对其国内鸦片贸易的垄断。作为证明，根据联合国和世界卫生组织的统计，1984年后，霍梅尼对鸦片的自由态度使吸毒者人数增加到200万人。

卡特总统和他的继任者罗纳德-里根都有意无意地继续向伊朗提供武器，甚至在美国人质被囚禁期间也不放过。1980年，我写了一篇题为"在伊朗到底发生了什么"的专著，其中阐述了事实。与伊朗的武器贸易是在1980年底300人委员会的仆人赛勒斯-万斯和哈希米博士的一次会议上完成的。

美国空军立即开始向伊朗运送武器，甚至在人质危机的高峰期也是如此。这些武器来自德国的美军库存，有些甚至直接从美国运来，并在亚速尔群岛停留加油。

随着被300人委员会带入伊朗的霍梅尼的出现，鸦片产量猛增。到1984年，伊朗的鸦片产量超过了每年650公吨。卡特和里根确保不再干预鸦片贸易，并执行了英国寡头家族在这方面给他们的授权。就鸦片的产量而言，伊朗现在可以与金三角媲美。

沙赫并不是300委员会的唯一受害者。 中情局驻贝鲁特站站长威廉-巴克利尽管对那些负责鸦片贸易的人缺乏经验，但他开始在伊朗、黎巴嫩进行调查，甚至在巴基斯坦待了一段时间。在伊斯兰堡，巴克利开始向兰利的中央情报局发送关于金新月地区和巴基斯坦蓬勃发展的鸦片贸易的严厉报告。美国驻伊斯兰堡的大使馆被炸毁，但巴克利躲过了暴徒的袭击，回到了华盛顿，他的身份已经被不明势力揭穿。

然后发生了一件非常奇怪的事情。与所有既定的中情局程序相反，当一名特工的身份被暴露时，巴克利被送回贝鲁特。巴克利实际上是被中央情报局判处死刑以灭口，而这次的判决是执行的。威廉-巴克利被300人委员会的特工绑架，叙利亚情报部门的穆罕默德-埃尔-库埃利将军对他进行了残酷的审讯，迫使他说出所有在这些国家的缉毒局外勤人员的名字，并被残忍地杀害。他为揭露巴基斯坦、黎巴嫩和伊朗的大规模鸦片贸易所做的努力使巴克利失去了生命。

如果世界上最后的自由人认为他们或他们中的一小群人能够粉碎毒品交易，那么他们就可悲地错了。他们可以在这里和那里切断鸦片和可卡因贸易的触角，但永远不会切断头部。欧洲的皇冠眼镜蛇和他们的东方自由主义当权派家族是不会容忍的。布什政府所谓的打击毒品的战争，其实不是，是关于所有类型和类别的毒品的完全合法化。这些药物不仅是一种社会反常现象，而且是一种大规模的尝试，旨在控制这个星球上的人们的思想，或者像 "水瓶座阴谋 "的作者所说的那样，"在美国带来彻底的改变"。这是300人委员会的主要任务，它是最终的秘密社会。

鸦片、海洛因和可卡因贸易没有任何变化。在英国和美国，它仍然由同样的 "上层阶级 "家庭经营。这仍然是一个利润丰厚的行业，在纽约、香港和伦敦的镶板会议室里，当局查获的看似巨大的损失被当作 "做生意的简单成本，老伙计 "而一笔勾销。

英国的殖民资本主义一直是英国封建寡头特权制度的支柱，至今依然如此。1899年，当被称为布尔人的南非未受教育的贫穷牧民落入英国贵族的血腥之手时，他们不知道维多利亚女王无情地发动的这场反抗和残酷的战争，是由北京国际会议中心在中国的鸦片贸易的 "瞬间财富 "中进入财阀口袋的不可思议的资金资助的。

300人委员会的成员塞西尔-约翰-罗兹、巴尼-巴纳托和阿尔弗雷德-贝特是战争的鼓动者和组织者。罗德是罗斯柴尔德家族的主要代理人，他们的银行充斥着来自鸦片贸易的资金。这些小偷和骗子--罗德斯、巴纳托、奥本海默、乔尔和贝特--抢走了南非布尔人与生俱来的权利，即埋藏在他们土地下的黄金和钻石。南非布尔人没有得到出售其黄金和钻石的数十亿美元。

300人委员会很快就完全控制了这些巨大的宝藏，至今仍通过其成员之一哈里-奥本海默爵士保持着这种控制。南非人均每年从黄金和钻石行业获得100美元。每年流出的数十亿资金流向了300人委员会的银行家。 这是历史上有史以来最肮脏、最卑鄙的贪婪、盗窃和谋杀一个国家的故事之一。

英国王室是如何设法完成这一令人震惊的巨大欺诈行为的？要完成这样一项艰巨的任务，需要有娴熟的组织和在当地的专职特工，以执行阴谋者高层每天下达的指示。第一步是在报刊上进行宣传，将布尔人描述为未开化的、几乎没有人性的野蛮人，他们剥夺了英国公民在布尔共和国的选举权。随后，向德兰士瓦共和国领导人保罗-克鲁格提出了要求，这些要求当然无法得到满足。在这之后，上演了一系列的事件，以煽动布尔人进行报复，但这也没有起到作用。接着是臭名昭著的詹姆森突袭事件，一个名叫詹姆森的人带领几百名武装人员袭击了德兰士瓦。战争随即发生。

维多利亚女王组建了当时（1898年）世界上有史以来最大、装备最好的军队。维多利亚认为战争将在两星期内结束，因为布尔人没有常备军或训练有素的民兵，不会是她从英国下层阶级队伍中抽调的40万士兵的对手。布尔人的人数从未超过8万名农民和他们的儿子--有的只有14岁--鲁德亚德-吉卜林也相信，战争将在不到一个星期内结束。

相反，布尔人一手拿着枪，一手拿着圣经，坚持了三年。

> "我们去南非时以为战争会在一周内结束，"吉卜林说。"相反，布尔人给我们上了相当大的一课"。

如果我们能召集一万名领导人，真正的好人来领导这个国家与威胁要吞噬我们宪法所代表的一切的巨大怪物作斗争，那么今天就可以给300人委员会上同样的 "课 "了。

1902年战争结束后，英国王室不得不巩固其对德兰士瓦和奥兰治自由邦等布尔人共和国的荒芜大地上所蕴藏的难以想象的黄金和钻石财富的控制。这是通过亚瑟王和他的骑士们的圆桌传说完成的。圆桌会议严格来说是英国军情六处的情报行动，由300人委员会建立，与罗德斯奖学金计划一起，是美国心脏上的一把匕首。

圆桌会议是由塞西尔-罗德斯在南非创立的，由罗斯柴尔德家族的英国分部资助。其目的是培养忠于英国王室的商业领袖，能够确保英国王室庞大的黄金和钻石财富。南非人在一场如此大规模和广泛的政变中被剥夺了与生俱来的权利，显然只有一个统一的中央指挥部才能实现这一目标。这个统一的指挥部就是300人委员会。

这样做的事实是没有争议的。在20世纪30年代初，英国王室控制着世界上有史以来发现的最大的黄金和钻石储备。现在，300人委员会既拥有来自毒品贸易的巨大财富，又拥有南非矿产资源的同样巨大的资源。对世界的金融控制已经完成。

圆桌会议在政变中发挥了核心作用。圆桌会议在吸收了南非之后，其明确的目的是减轻美国独立战争给美国带来的利益，并将其再次置于英国控制之下。组织能力对这样一项事业至关重要，由伦敦罗斯柴尔德家族的门徒阿尔弗雷德-米尔纳勋爵提供。利用苏格兰共济会的原则来挑选圆桌会议的成员，被选中的人在剑桥和牛津大学接受了一段时间的密集培训，在约翰-罗斯金（一个公开的 "老派共产主义者"）和T.H.格林（一个军情六处特工）的监视下。

格林是一位基督教传道士的儿子，他的父亲是罗德斯、米尔纳、约翰-惠勒-贝内特、A-D-林赛、萧伯纳和希特勒的财政部长哈尔玛-沙赫特。我在此停顿一下，提醒读者，圆桌会议只是这个庞大的、包罗万象的300人委员会中的一个部门，然而圆桌会议本身是由公司、机构、银行和教育机构组成的迷宫，仅此一项就需要合格的保险精算师花一年时间来整理。

圆桌会议成员部署在世界各地，在他们运作的每个国家控制财政和货币政策以及政治领导权。在南非，曾在布尔战争中与英国人作战的斯穆特将军被 "改造"，成为支持英国王室事业的英国主要情报、军事和政治代理人。在美国，在随后的几年里，从内部渗透美国的任务落在了威廉-扬德尔-埃利奥特身上，他是亨利-基辛格的诞生者，也是他作为美国300人委员会的首席顾问而飞速上位的原因。

威廉-扬德尔-埃利奥特是一个 "牛津美国人"（威廉-杰斐逊-克林顿总统也是一个 "牛津美国人"），他已经为300人委员会服务得很好，这是获得委员会更高职位的先决条件。

1917年从范德比尔特大学毕业后，艾略特被罗斯柴尔德-沃伯格银行网络招募。他在旧金山联邦储备银行工作，并成为一名董事。在那里，他担任沃伯格-罗斯柴尔德的情报官，报告他所监督的美国重要地区的情况。埃利奥特的 "共济会"人才侦察员推荐他获得罗德奖学金，1923年他进入牛津大学巴利奥尔学院，该学院 "梦幻般的尖顶 "隐藏着一个阴谋和未来西方叛徒的网络。

巴利奥尔学院过去是，现在也是，圆桌会议的招募中心。经过塔维斯托克人际关系研究所代表A.D.林赛（他接替了巴利奥尔的主人T.H.格林）的广泛洗脑，艾略特被圆桌会议接纳，并被送往皇家国际事务研究所接受任务，即回到美国成为学术界的领袖。

圆桌会议的理念是将其成员置于通过机构制定和实施社会政策的地位，以操纵罗斯金所谓的 "大众"。成员在参加了塔维斯托克研究所的课程后，潜入了银行的最高层。这个课程是由英国皇室的亲密伙伴莱孔斯菲尔德勋爵开发的，然后由后来经营拉扎德兄弟公司的罗伯特-布兰德经营。皇家国际事务研究所过去和现在都与英国君主制完全对接。圆桌会议的衍生组织包括：由已故温斯顿-丘吉尔的女婿、主要政治家邓肯-桑迪斯（Duncan Sandys）建立和管理的比尔德伯格（Bilderbergers）；我在1983年出版的《国

际银行家的阴谋：迪奇利基金会》一书中披露的秘密银行家俱乐部迪*奇利基金会*；三边委员会；美国大西洋理事会；以及阿斯彭人文研究所，其隐蔽的幕后创始人是RIIA的布洛克爵士，罗伯特-安德森为其充当掩护。

亨利-基辛格是RIIA在美国的主要代理人，他是如何上台的，这是一个英国君主制度对美利坚合众国共和国的胜利故事。这是一个恐怖的故事，太长了，不能在这里重复。尽管如此，如果不提及基辛格成名、发财和掌权的一些亮点，将是有失公允的疏忽。

在美国陆军服役期间，他首先带领弗里茨-克莱默将军穿越战火纷飞的德国，之后基辛格被奥本海默家族选中，在威尔顿公园接受进一步培训。当时，他的军衔是一等兵。1952年，基辛格被送到塔维斯托克研究所，R.V.迪克斯把他带在身边，对他进行培训。此后，没有什么能让基辛格退缩。后来，他被召到外交关系委员会纽约办事处，在乔治-富兰克林和汉密尔顿-菲什手下工作。

据信，美国采取的官方核政策是在塔维斯托克大学期间传给基辛格的，并在他参加 "核武器与外交政策 "的圆桌会议上形成的，该研讨会产生了被称为 "灵活反应 "的学说，这是一种完全不合理的做法，后来被称为MAD的缩写。通过威廉-扬德尔-埃利奥特，并在圆桌会议的情报主任和军情六处在美国的行动负责人约翰-惠勒-贝内特的指导下，基辛格成为埃利奥特的 "最爱之子"，正如他在《*政治中的实用主义反叛*》一书中所解释的那样。基辛格被选入圆桌会议，以促进他在哈佛大学国际研讨会上研究的货币主义政策。

基辛格热衷于吸收埃利奥特的教诲，很快就不再能认出是克莱默将军曾经描述的 "我的犹太小司机"。基辛格被灌输了巴利奥尔大师的精神，成为颓废的英国贵族的热心弟子。基辛格在皇家国际事务研究所采用了军情六处情报主任汤因比的理念，用他的论文来写他的本科'毕业论文'。到1960年代中期，基辛格已经证明了他对圆桌会议和RIIA的价值，从而也证明了他对英国君主的价值。作为奖励和检验他所学到的东西，基辛格被安排负责一个由詹姆斯-施莱辛格、亚历山大-海格和丹尼尔-埃尔斯伯格组成的小团体，圆桌会议利用该团体进行了一系列实验。政策研究所的首席理论家诺姆-乔姆斯基与这个团体合作。海格和基辛格一样，为克莱默将军工作，尽管不是作为司机，将军在国防部为他的门生找到了许多不同的职位。一旦基辛格被任命为国家安全顾问，克莱默就为海格争取到了副手的位置。埃尔斯伯格、海格和基辛格随后启动了RIIA的水门事件计划，以不服从直接指示为由赶走尼克松总统。

海格在对尼克松总统的洗脑和迷惑中发挥了主导作用，事实上，在这次对总统的软化过程中，是基辛格掌管白宫。正如我在1984年提到的，海格是被称为 "深喉 "的白宫中间人，[18]，他向*华盛顿邮报*的伍德沃德和伯恩斯坦团队传递信息。

尼克松的水门事件是圆桌会议作为RIIA的一个机构和部门所完成的最大的政变。所有纠结的线索都回到了圆桌上，然后是RIIA，最后是英国女王。尼克松的羞辱是一个教训，一个教科书式的案例，也是对未来美国总统的一个警告，不要幻想他们可以对抗300人委员会并取得胜利。肯尼迪在美国人民面前被残忍地刺杀，也是出于同样的原因；尼克松被认为不够重要，无法遭受与约翰-F-肯尼迪相同的命运。

但无论采用什么方法，300人委员会都确保了所有有志于入主白宫的人都能得到这样的信息："没有人是我们的对手"。这一信息仍然像肯尼迪被刺杀和尼克松被赶下台时一样强烈，这一点从乔治-布什总统的性格中凸显出来，他急于取悦他的主子，应该引起那些关心美国未来的人的极大关注。

在五角大楼文件事件中，施莱辛格进入尼克松政府，在国防建设中扮演破坏者的角色，在原子能发展中扮演反击者的角色，施莱辛格在原子能委员会的职位掩护下承担了这一角色，这是罗马俱乐部后工业零增长战略下美国非工业化的关键因素之一。由此我们可以追溯到1991年经济衰退/萧条的根源，到目前为止，它已经使3000万美国人失去了工作。

几乎不可能渗透到300人委员会和组成该委员会的寡头家族。它们覆盖在自己身上的伪装就像一个保护性的面具，很难撕下来。每个热爱自由的美国人都应该注意到这一事实：300人委员会决定了美国的外交和国内政策，而且已经这样做了200多年。自信的杜鲁门总统被丘吉尔从他脚下拉走，丘吉尔把 "杜鲁门主义 "塞进这个来自密苏里州独立市的小人物的喉咙里，这一点在哪里得

---

[18] 深喉，**译者注**。

到了更生动的说明。

他们以前的成员，其后代填补了因死亡而产生的空缺，目前的成员包括马克-特纳爵士、杰拉尔德-维利尔斯、塞缪尔-蒙塔古、英奇景观、凯斯威克、皮尔斯、施罗德、艾尔利、丘吉尔、弗拉瑟、拉扎尔和怡和集团。本书其他部分给出了完整的成员名单；这些委员会成员命令威尔逊总统在第一次世界大战中与德国开战；这个委员会命令罗斯福组织日本人袭击珍珠港，以便让美国加入第二次世界大战。

这些人，这个委员会，命令这个国家在朝鲜、越南和波斯湾发动战争。简单的事实是，美国在本世纪为臭名昭著的300人委员会并为其打了5场战争。

似乎除了少数人之外，没有人花时间问 "我们为什么要发动这些战争？"."爱国主义 "的大鼓、武术音乐以及挥舞旗帜和黄丝带，似乎已经使一个伟大的国家陷入疯狂。

在珍珠港事件50_00周年之际，一场新的 "仇日 "运动正在展开，不是由太平洋关系研究所（IPR）发起的，而是由布什政府和国会以最直接和厚颜无耻的方式进行的。其目的与罗斯福激励攻击珍珠港时一样：把日本人描绘成侵略者并发动经济战争，然后为下一阶段--对日本的武装侵略准备我们的部队。

这已经发生了；我们更多的儿女被送去为300人委员会的封建领主服务，这只是一个时间问题。 我们应该从屋顶上喊出。

> "我们不是为自由或爱国而死，而是为一个很快就会笼罩整个世界的暴政体系而死。

这个组织对英国的控制力是如此之强，以至于自17世纪以来，95%的英国公民被迫接受不到20%的国家财富作为他们的份额。这就是英国的寡头封建主们喜欢的 "民主"。他们在印度、苏丹、埃及、伊拉克、伊朗和土耳其所做的一切，将在新世界秩序--世界政府--下的每个国家重复。他们将利用每个国家及其财富来保护他们的特权生活方式。就是那个英国贵族阶层，他们的财富与毒品、黄金、钻石和武器贸易、银行、工商业、石油、媒体和娱乐业密不可分。

除了工党的普通党员（但不是其领导人）之外，大多数英国政治领导人都是有头衔家庭的后代，头衔是世袭的，由父亲传给长子。

这一制度确保了没有 "外人 "渴望在英国获得政治权力。尽管如此,一些外来者还是设法溜了进来。

以哈利法克斯勋爵为例,他是前英国驻华盛顿大使,也是第二次世界大战期间将300人委员会的命令传递给我国政府的人。哈利法克斯的儿子查尔斯-伍德娶了罗斯柴尔德勋爵的一个亲戚普里姆罗斯小姐。在斯威斯林勋爵这样的名字背后,是英格兰银行董事、壳牌石油公司大股东伊丽莎白二世女王的顾问和密友蒙塔格的名字。所有人都是300人委员会的成员。 一些旧的障碍已经被打破了。今天,头衔已不再是进入罗马俱乐部的唯一标准。

在介绍其庞大的银行、保险公司、企业等网络之前,对300人委员会希望实现的目标、其宗旨和目的做一个概述是合适的。以下信息是经过多年的调查和研究,从各种渠道收集了数百份文件,使我能够接触到一些被精心隐藏起来的细节。

300人委员会由某些人组成,他们是各自领域的专家,包括Cultus Diabolicus、改变心智的药物,以及投毒谋杀、情报、银行和商业活动所有方面的专家。有必要提及已经过世的前成员,因为他们以前的角色,以及他们的位置已经给了被认为有资格的新成员的家人。

成员包括欧洲古老的黑人贵族家族、美国东海岸自由派(在共济会等级制度和骷髅会中)、[19] 光明会,或如 "莫利亚征服之风 "委员会所称的穆玛集团。国家和世界教会理事会、内部人圈子、无名九人组织、Lucis Trust、耶稣会解放神学家、锡安长老会、Nasi Princes、国际货币基金组织(IMF)、国际清算银行(BIS)、联合国(U.S.A)。N.),中央和英国科罗纳蒂四人组,意大利P2共济会--特别是梵蒂冈的高层人员--中央情报局,塔维斯托克研究所的部分工作人员,以下名单中提到的主要基金会和保险公司的各种成员,香港和上海银行。米尔纳集团-圆桌会议、西尼基金会、德国马歇尔基金、迪奇利基金会、北约、罗马俱乐部、环保主义者、耶路撒冷圣约翰会、一个世界政府教会、社会主义国际组织、黑人组织、遒力会、阿内尔贝-罗西克鲁亚派、伟大的上等人和其他数不清的组织。

---

[19] Skulls and Bones, 译者注.

那么我们看到了什么？一群有奇怪想法的人的聚会？当然不是。在拥有150年历史的300人委员会中，我们有一些最聪明的人聚集在一起，组成一个完全极权和绝对控制的 "新 "社会，只是它并不新鲜，它的大部分思想来自Cultus Diabolicus俱乐部。它正在争取建立一个世界政府，其已故成员之一H.G.威尔斯在其受委员会委托撰写的书中对此作了相当好的描述，威尔斯的书名是：《公开的阴谋--世界革命的计划》。这是一个大胆的意向声明，但其实并不大胆，因为除了伟大的上师、[20]，以及我们今天所说的 "内部人士"，没有人相信韦尔斯。

以下是威尔斯建议的摘录。

> "我相信，公开的阴谋一开始会作为一个有意识的聪明人的组织出现，在某些情况下，作为一个具有明显的社会和政治目标的运动出现，诚然，它忽略了大多数现有的政治控制装置，或者只是在阶段性的过程中偶然使用这些装置，这只是一些人在某个方向的运动，他们很快会以某种惊讶的心情发现他们都在朝着共同的目标前进。他们将以各种方式在表面上影响和控制政府"。

与乔治-奥威尔的《1984》一样，威尔斯的故事是对一个世界政府的大规模呼吁。简而言之，300人委员会的意图和目的是要推动以下条件的实现。

一个单一的世界政府和一个中央集权的货币体系，由永久的非选举产生的世袭寡头领导，他们从成员中挑选自己，以中世纪的封建制度的形式存在。在这个统一的世界实体中，人口将被限制在每个家庭的孩子数量、疾病、战争、饥荒上，直到10亿（1,000,000,000）对统治阶级有用的人，在将被严格和明确定义的地区，仍然是世界总人口。

将不会有中产阶级，只有领导人和仆人。所有的法律都将在世界法院的法律体系下统一，适用相同的统一法典，由单一的世界政府警察部队和单一的世界军队支持，在所有前国家执行法律，那里将不存在国家边界。这个系统将建立在福利国家的基础上；那些服从和顺从于一个世界政府的人将得到生计的奖励；那些反叛

---

[20] 国际共济会的 "未知上级"。N.B.

的人将直接被饿死或被取缔，从而成为任何想杀死他们的人的目标。个人持有的任何类型的火器或武器将被禁止。

只有一种宗教将被允许，这将是一个世界政府教会的形式，正如我们将看到的，该教会自1920年以来就一直存在。撒旦教、路西法教和巫术将被承认为合法的一个世界政府方案，没有私人或教派学校。*所有的基督教会都已经被颠覆了*，基督教在 "一个世界政府 "里将成为过去。

为了诱导一个没有个人自由或自由概念存续的国家，将没有任何类似共和主义、主权或属于人民的权利。民族自豪感和种族认同感将被压制，在过渡阶段，只要提到自己的种族出身，就会受到最严厉的惩罚。

每个人都将被完全灌输，知道他们是一个世界政府的生物，他们的身上有一个明确的识别号码，这样可以很容易地获取，这个识别号码将在比利时布鲁塞尔的北约计算机的主文件中，可以在任何时候被一个世界政府的任何机构立即检索到。中情局、联邦调查局、地方和州警察机构、国税局、联邦紧急事务管理局、社会安全局的主档案将大大扩展，并将成为美国所有个人的人事档案的基础。

婚姻将被禁止，将不再有我们所知的家庭生活。儿童在很小的时候就会被从父母身边带走，由被监护人作为国家的财产来抚养。这样的实验在埃里希-昂内克领导下的东德进行，当时孩子们被从被国家认为是不忠的公民的父母那里带走。妇女将被正在进行的 "妇女解放 "运动的进程所贬低。自由性行为将是强制性的。

如果她在20岁之前至少有一次没有遵守，她将受到严重的人身报复的惩罚。一个妇女生了两个孩子后，将被教导和实践自我堕胎；这一数据将被载入 "一个世界政府 "的区域计算机中每个妇女的个人档案。如果一个妇女在生完两个孩子后怀孕，她将被强行带到堕胎诊所进行堕胎和绝育。

所有电影院都将鼓励并强制播放色情片，包括同性恋色情片。使用 "娱乐 "药物将是强制性的，每个人都会被分配配额，在世界各地的一个世界政府商店购买药物。精神控制药物将被开发出来，其使用将成为强制性的。这些精神控制药物将在民众不知情或不同意的情况下，在食物和/或水中进行注射。将设立由 "一个世界 "政府的雇员经营的毒品酒吧，奴隶阶层可以在那里度过他们的空闲时间。这样一来，非精英群众就会沦为被控制的动物的水平和行为，没有自己的意志，容易被控制。

经济体系将建立在执政的寡头阶层的基础上，他们生产的食物和服务只够运行大规模的奴隶劳动营。所有的财富都将集中在300人委员会的精英成员手中。 每个人都将被灌输理解他或她是完全依赖国家生存的。世界将被300人委员会的行政命令所统治，这些命令将成为即时法律。鲍里斯-叶利钦利用300人委员会的法令，将委员会的意志强加于俄罗斯，进行试验。将会有惩罚的法庭，而不是正义的法庭。该行业以及核电系统将被彻底摧毁。只有委员会的300名成员和他们的精英们才有权获得地球上的所有资源。农业将完全由300人委员会掌握，粮食生产将受到严格控制。当这些措施开始生效时，城市中的大量人口将被强行转移到偏远地区，那些拒绝离开的人将被消灭，其方式就像波尔布特在柬埔寨进行的 "一个世界政府 "实验。

对身患绝症的人和老人实施安乐死将是强制性的。任何城市都不会超过卡勒基作品中所描述的预先确定的数字。如果他们所在的城市变得过于拥挤，必要的工人将被转移到其他城市。其他非必要的工人将被随机挑选并被派往人口不足的城市，以填补 "配额"。

到2050年，至少有40亿 "无用的吃货 "将通过有限的战争、有组织的致命速效疾病的流行和饥饿而被消灭。能源、食物和水将维持在非精英阶层的生存水平，首先是西欧和北美的白人人口，然后扩散到其他种族。加拿大、西欧和美国的人口将比其他大陆的人口减少得更快，直到世界人口达到10亿的可控水平，其中5亿将是中国人和日本人，他们被选中是因为他们是几个世纪以来被团团围住的人，习惯于毫无疑义地服从权威。

将不时出现人为的食物和水以及医疗短缺，以提醒群众，他们的生存取决于300人委员会的善意。

在摧毁住房、汽车、钢铁和重工业之后，将有数量有限的住房，允许继续存在的任何种类的工业都将在北约罗马俱乐部的指导下进行，科学和空间探索的发展也将限于300人委员会控制下的精英阶层。所有前国家的太空武器将与核武器一起被销毁。

所有必需和非必需的药品、医生、牙医和卫生工作者都将在中央计算机数据库中登记，没有负责每个城镇和村庄的区域控制人员的明确许可，不得开具任何药品或医疗服务。

美国将被外来文化的人入侵，他们最终将压倒美国的白人；这些人不知道美国宪法代表什么，因此不会做任何事情来捍卫它，在他们的头脑中，自由和正义的概念是如此薄弱，以至于没有什么关系。食物和住所将是主要关注点。除了国际清算银行和世界银行之外，任何中央银行都将不被允许运作。私人银行将被禁止。所做工作的报酬将按照预先确定的标准，在整个世界政府中统一进行。不允许有工资纠纷，不允许偏离一个世界政府制定的标准统一尺度。违反法律的人将被当场处决。

非精英人士的手中不会有现金或硬币。所有交易都将使用印有持卡人身份证号码的借记卡进行。任何以任何方式违反300人委员会规则和条例的人，将根据违规行为的性质和严重程度被暂停使用其卡片，时间长短不一。

这些人在购物时将发现，他们的卡被列入黑名单，他们将无法获得任何形式的服务。试图兑换 "古代 "钱币，即现在已经消失的前国家的银币，将被视为可判处死刑的死罪。所有这些硬币都必须在规定时间内归还，武器、枪支、爆炸物和汽车也是如此。只有精英和高级政府官员才会被允许使用私人交通工具、武器、硬币和汽车。

如果罪行严重，该卡将在出示卡的检查站被扣押。此后，该人将被拒绝获得食物、水、住所和就业的医疗服务，并将被正式列入逃犯名单。大批的亡命之徒将被创造出来，他们将生活在最能维持生计的地区，受到追捕并被当场射杀。那些以任何方式协助歹徒的人也将被枪毙。在规定时间内没有向警察或军队投降的不法分子将被随机选择一名前家庭成员代替他们服刑。

阿拉伯人、犹太人和非洲部落等对立的派别和团体将被放大，并被允许在北约和联合国观察员的注视下对对方发动灭绝性的战争。同样的策略也将在中美洲和南美洲使用。这些消耗战将在一个世界政府接管之前发生，并将在有大量种族和宗教差异的人群居住的各大洲组织进行，如锡克教徒、穆斯林巴基斯坦人和印度教印度人。族裔和宗教差异将被放大和加剧，暴力冲突作为 "解决 "其差异的手段将被鼓励和推广。

所有的新闻服务和印刷媒体都将在一个世界政府的控制之下。经常性的洗脑控制措施将以 "娱乐 "的方式呈现，就像在美国被实践并成为一种艺术一样。从 "不忠诚的父母 "那里带走的年轻人将接受旨在残酷对待他们的特殊教育。男女青年都将接受培训，成为"一个世界"劳改营系统的监狱看守。从上述情况可以看出，在新世界秩序的曙光出现之前，还有很多工作要做。300人委员会长期以来一直有破坏我们所知的文明稳定的计划，其中一些计划是兹比格涅夫-布热津斯基在其经典著作《技术电子时代》中所知道的，也是创立罗马俱乐部的奥雷利奥-佩切伊的工作，特别是在其著作《前方的鸿沟》中。

在《前方的鸿沟》中，Peccei详细介绍了委员会驯服这个人的300项计划，他称之为"敌人"。Peccei引用了费利克斯-捷尔任斯基（Felix Dzerzhinsky）在红色恐怖的高峰期曾经对悉尼-赖利说的话，当时有数百万俄罗斯人被谋杀。

> "我为什么要关心死亡的数量呢？即使是基督教圣经也说："人是什么，上帝要关心他？对我来说，男人只不过是一端是大脑，另一端是粪便工厂。"

正是从这一残酷的人的视野中，以马内利基督来拯救世界。悉尼-赖利是军情六处派来监视捷尔任斯基活动的特工。据称，雷利在试图逃离俄罗斯时被他的朋友菲利克斯枪杀。这个精心策划的阴谋是在英国议会的一些议员叫苦不迭，并开始吵着要了解雷利在俄国的活动，这可能会暴露300人委员会在接管巴库油田中的作用以及在布尔什维克革命中帮助列宁和托洛茨基的主要作用。军情六处没有揭开雷利的真相，而是认为应该策划他的死亡。雷利在通常为布尔什维克精英保留的俄罗斯别墅中度过了他最奢侈的日子。

Peccei认为，如果"大西洋联盟"（300人委员会的委婉说法）不对后工业化时代的美国进行管理，就会出现混乱，他提议在全球范围内进行马尔萨斯式的分诊。他设想了苏联的科学-技术-军事机构与西方世界之间的碰撞。因此，华沙条约国将在一个单一的世界政府中与西方国家接轨，在危机管理和全球规划的基础上管理世界事务。

在曾经的苏联发生的事件，以及在俄罗斯一个松散的联邦内出现的几个独立国家，正是佩奇和罗马俱乐部所设想的，这在我提到的两本书中都有明确的解释。对付一个分裂的苏联将比对付一个强大而统一的苏联国家更容易。300人委员会为一个世界政府制定的计划，其中包括一个分裂的俄罗斯的前景，现在正接近一个快速升级的点。与1960年以来制定的300人委员会的长期计划相比，1991年底发生在俄罗斯的事件就显得更加引人注目。

在西欧，人们正在努力建立一个由单一政府管理的国家联盟，并使用单一货币。从那里，欧共体体系将逐渐转移到美国和加拿大。联合国正在缓慢但肯定地转变为一个世界政府，其政策由美国主导，正如我们在海湾战争中看到的那样。英国议会正在发生完全相同的事情。对英国参与海湾战争的讨论被控制在一个可笑的最低水平，而且只在当天晚些时候，在众议院的休会动议中出现。这在议会的早期历史上从未发生过，必须做出如此重要的决定，而允许讨论的时间却如此之少。议会历史上最引人注目的事件之一几乎没有人注意到。

我们已经接近美国将派军队解决所有提交给联合国的争端的地步了。即将卸任的秘书长佩雷斯-德奎利亚尔饱受贿赂，是联合国历史上最顺从的领导人，对美国的要求毫不犹豫地屈服。他的继任者将更愿意屈从于美国政府的任何要求。这是通往一个世界政府道路上的重要一步。

未来两年，位于海牙的国际法院将被越来越多地用于解决各类法律纠纷。当然，这是一个世界政府法律体系的雏形，将取代所有其他体系。至于中央银行，在规划新世界秩序方面至关重要，随着国际清算银行在1991年底的主导，这已经是一个既成事实。私人银行正在迅速消失，为十大银行让路，这些银行将在国际清算银行和国际货币基金组织的指导下控制全世界的银行业。

欧洲的福利国家比比皆是，而美国正在成为世界上最大的福利国家。一旦人们开始依赖政府维持生计，就很难让他们脱离政府，正如我们在美国上一次中期选举的结果中看到的那样，98%的现任者被送回华盛顿享受美好生活，尽管他们的记录完全令人遗憾。

废除私人拥有的枪支已经在世界四分之三的地区生效了。只有在美国，人们仍然可以拥有任何种类的枪支，但这一合法权利正以惊人的速度被各州和地方法律削减，这些法律违反了所有公民携带武器的宪法权利。到2010年，私人拥有枪支在美国将成为过去。

同样，教育也在以惊人的速度被侵蚀。公立学校因各种法律原因、计划和缺乏资金而被迫关闭。美国的教育标准已经降到了一个令人遗憾的水平，今天它几乎不能被称为教育。这是按照计划进行的；正如我前面所描述的，一个世界的政府不希望我们的年轻人受到适当的教育和指导。

民族身份的破坏正在迅速进行中。爱国不再是一件好事，除非是在为一个世界政府的观点服务的项目中，例如针对伊拉克国家的种族灭绝战争或即将到来的对利比亚的破坏。现在，在世界许多地方，包括美国、英国、西欧和加拿大，所有白人最集中的国家，种族自豪感都不受欢迎，并被视为非法。

自第二次世界大战结束以来，在美国秘密社团的推动下，对共和制政府形式的破坏一直在迅速进行。被美国摧毁的这类政府名单很长，不知情的人很难接受一个据说在单一宪法下致力于共和主义的国家的政府会从事这种行为，但事实是不言而喻的。

这是300人委员会在一个多世纪前制定的目标。美国领导了对这些政府的攻击，并继续这样做，甚至在美国共和党的基础被稳步削弱的情况下。从詹姆斯-厄尔-卡特的法律顾问劳埃德-卡特勒开始，一个宪法律师委员会致力于将美国国会转变为一个非代表制的议会制度。自1979年以来，关于这种变革的计划一直在进行，由于他对这项事业的奉献，卡特勒被任命为300人委员会成员。议会式政府的最后草案将于1993年底提交给300人委员会。

在新的议会制度中，国会议员将不对其选民负责，而是对议员负责，他们将按要求投票。因此，通过司法和官僚机构的颠覆，宪法将消失，个人自由也将消失。通过淫乱的性行为使人堕落的计划将得到加强。新的性堕落邪教甚至由英国皇室--通过SIS和MI6部门--建立。我们已经知道，今天在世界范围内活动的所有邪教都是英国特工部门的产物，代表寡头统治者行事。

我们可能认为，创建一个专门从事堕落性行为的全新邪教的这个阶段还很遥远，但根据我的信息，它应该在1992年加剧。1994年，在最著名的俱乐部和娱乐场所组织 "现场表演" 将相当普遍。这种类型的 "娱乐 "的形象已经变得更干净、更清晰。

很快，好莱坞和娱乐界的大人物就会推荐这个或那个俱乐部作为现场性表演的 "必选"。女同性恋和同性恋不会成为关注的焦点。这种新的社会可接受的 "娱乐 "将是异性恋节目，并将受到今天报纸上关于百老汇演出或最新电影大片的那种评论。

1992年将加强对道德价值的空前攻击。色情制品将不再被称为 "色情制品"，而是 "成人性娱乐"。言论将采取 "别人都在做，为什么要隐瞒 "的形式。让我们摆脱公开展示性行为是丑陋和肮脏的形象"。这种不受约束的性欲的爱好者将不再被迫去肮脏的色情沙龙。相反，上流社会的晚宴和富人和名人最喜欢的场所将使公开的性展示成为高度 "艺术 "的娱乐形式。更糟的是，一些教会 "领袖 "甚至会推荐它。

由塔维斯托克研究所建立的大量巨大的社会精神病学机构及其巨大的相关能力网络一直在一个实体的控制之下，而且这个实体在1992年初仍然控制着。这个单一的实体，即阴谋家的等级制度，被称为300人委员会，这是一个指挥结构和权力中心，其运作远远超出任何世界领导人或政府的范围，包括美国政府及其总统--正如已故的约翰-F-肯尼迪发现的。肯尼迪的谋杀案是300人委员会的一个行动，我们将回到这个问题上。

300人委员会是一个不可触及的统治阶级的终极秘密社团，其中包括英国女王、荷兰女王、丹麦女王和欧洲的皇室家族。这些贵族在威尼斯黑圭尔夫家族的族长维多利亚女王去世后决定，为了获得世界控制权，其贵族成员有必要与非贵族但极其强大的世界商业企业领导人 "做生意"，因此，最高权力的大门向英国女王喜欢的 "平民 "打开。

我在情报领域工作过，知道外国政府首脑把这个无所不能的机构称为 "魔术师"。斯大林创造了他自己的短语来描述他们："黑暗势力"，而艾森豪威尔总统，他永远无法超越 "宫廷犹太人 "的等级，用一个巨大的轻描淡写的说法，称其为 "军事工业综合体"。斯大林让苏联保持着大量的常规武器和核力量，因为他不相信他所谓的 "家庭"。事实证明，他对300人委员会的不信任和恐惧是有道理的。

大众娱乐，尤其是电影，一直被用来诋毁那些试图警告人们不要受到这种对个人自由和人类自由的最危险威胁的人。自由是上帝赐予的法则，人类一直在试图颠覆和破坏它；然而，每个人对自由的渴望是如此之大，以至于迄今为止没有任何制度能够从人类的心中夺走这种感觉。在苏联、英国和美国进行的使人对自由的渴望变得迟钝和钝化的实验，迄今证明是没有结果的。

但随着新世界秩序--世界政府--的出现，大规模的实验将被进行，以驱使上帝赋予的自由欲望离开人的思想、身体和灵魂。我们已经经历的事情与即将到来的事情相比，不算什么，只是小事一桩。对灵魂的攻击是正在进行的一系列实验的轴心，我遗憾地说，美国的机构将在可怕的实验中发挥主导作用，这些实验已经在地方上小规模地进行，比如在加利福尼亚的贝塞斯达海军医院和瓦卡维尔监狱。

到目前为止，我们看到的电影包括詹姆斯-邦德系列、刺杀局、马塔雷兹圈等。这些都是虚构的电影，旨在掩盖这种组织确实存在的事实，而且其规模远远超过好莱坞肥沃的大脑所能想象的。

然而，刺杀局绝对是真实的。它存在于欧洲和美国，唯一的目的是执行300人委员会的命令，并在所有其他手段都失败后进行高级别的暗杀。正是PERMINDEX在威廉-史蒂芬森爵士的指导下指挥了肯尼迪的暗杀行动，他多年来是英国女王最重要的害虫控制官员。

克莱-肖（Clay Shaw）是中央情报局的一名合同特工，在新奥尔良的贸易市场中心经营PERMINDEX。前新奥尔良地区检察官吉姆-加里森（Jim Garrison）曾非常接近揭穿克雷-肖层面的肯尼迪刺杀阴谋，直到加里森被 "抓住"，而肖被裁定参与肯尼迪刺杀阴谋无罪。肖与另一位中情局合同官员杰克-鲁比（Jack Ruby）以同样的方式被淘汰--两人都死于迅速发展的癌症--这一事实表明，加里森的方向是正确的。(杰克-鲁比于1967年1月在狱中死于癌症）。

第二个暗杀办公室位于瑞士，直到最近都是由一个阴暗的人物管理，1941年后没有任何照片存在。这些行动过去和现在可能都是由奥尔特拉梅尔家族资助的--瑞士黑人贵族，日内瓦伦巴第奥迪尔银行的所有者，300人委员会的一个分支机构。主要联络人是雅克-苏斯泰勒（Jacques Soustelle）--根据美国陆军的G2情报档案。

该组织还与艾伦-杜勒斯（Allen Dulles）和让-德-梅尼尔（Jean de Menil）有密切联系，后者是300人委员会的主要成员，也是德克萨斯州石油业的知名人士。陆军G2档案显示，该组织大量参与中东军火贸易，但更重要的是，暗杀办公室曾不下30次试图暗杀戴高乐将军，雅克-苏斯特尔直接参与其中。同一个苏斯泰勒是保护委员会秘鲁可卡因生产商的光辉道路游击队的联络人。

由于DGSE（法国情报部门--原SDECE）的出色工作，暗杀局所能做的一切都失败了，任务交给了军情六处--军事情报六处，也被称为秘密情报处（SIS），代号为 "Jackal"。SDECE雇用了聪明的年轻毕业生，并且没有被军情六处或克格勃渗透到任何可衡量的程度。它在追踪外国特工方面的记录使它成为所有国家的秘密机构所羡慕的对象，正是这个小组跟踪了 "豺狼 "行动的最终目的地，并在他向戴高乐将军的车队开枪之前将其击毙。

正是SDECE发现了戴高乐内阁中的一个苏联内鬼，他也是兰利的中情局的联络官。为了诋毁SDECE，憎恨戴高乐的艾伦-杜勒斯（这种感觉是相互的），让他的一名特工罗杰-德-卢埃特因持有价值1200万美元的海洛因而被捕。经过许多专家的 "审讯"，德-卢埃特 "供认不讳"，但无法说出他为何将毒品带入美国。整个事情有陷害之嫌。

根据对SDECE保护戴高乐的方法的研究，特别是在车队中，联邦调查局、特勤局和中央情报局完全知道如何剥夺肯尼迪总统的安全，并为三名PERMINDEX枪手1963年11月在迪利广场刺杀他的任务提供便利。

另一个将事实伪装成小说的例子是Leon Uris的小说《黄玉》。[21] 在《黄宝石》中，我们发现了蒂罗-德-沃肖利（Thyraud de Vosjoli）活动的事实描述，这个克格勃特工被SDECE发现并被揭露为克格勃与中央情报局的联络人。关于MOSSAD的活动有许多虚构的描述，几乎都是基于真实的事实。

MOSSAD也被称为 "研究所"。许多有抱负的作家对它提出了荒谬的主张，包括一位受到基督教右派青睐的作家，他的主张被接受为真理。可以原谅犯罪者没有接受过情报培训，但这并不妨碍他到处乱说 "摩萨德的名字"。

在美国，针对右翼爱国团体的这种造谣活动是经常进行的。MOSSAD最初由三个小组组成，即军事情报局、外交部政治部和安全部（Sherut Habitachon）。大卫-本-古里安（David Ben Gurion）是300人委员会的成员，在建立该委员会时得到了军情六处的大量帮助。

但这并不成功，1951年，军情六处的威廉-斯蒂芬森爵士将其改组为一个单一的单位，作为以色列外交部政治部的一个分支，有一个特别行动小组负责间谍和'黑色'行动。英国情报部门通过培训和装备萨拉耶特-马克塔勒（Sarayet Maktal）提供额外的支持，该部队也被称为总参谋部侦察队，仿照英国特种空军部队（SAS）

---

[21] 阿尔弗雷德-希区柯克据此拍摄了一部电影。

的模式。这个MOSSAD服务单位的名字从未被提及，只是被称为 "伙计们"。

这些 "家伙 "只是英国特勤局SAS部队的延伸，特勤局一直在训练和更新他们的新方法。正是这些人杀死了巴解组织的领导人并绑架了阿道夫-艾希曼。"这些人 "和事实上所有的MOSSAD特工，都是在战争的基础上运作。与其他情报部门相比，MOSSAD有相当大的优势，因为世界上每个国家都有一个庞大的犹太社区。

通过研究社会和犯罪记录，MOSSAD能够从当地犹太人中挑选出它可以控制的代理人，并让他们为其工作而不付钱。MOSSAD的优势还在于可以查阅所有美国执法和情报机构的记录。海军情报局（OM）的ELINT向摩萨德提供服务，而不向以色列收取费用。如果有一天发现摩萨德对数百万美国人的生活了解得如此之多，包括所有领域，甚至那些不涉及政治的领域，美国公民将感到震惊、愤怒和沮丧。

MOSSAD的第一任负责人鲁本-希洛赫被任命为300人委员会成员，但他的继任者是否获得同样的特权就不得而知了。他很有可能做到了。MOSSAD有一个聪明的造谣部门。它向美国 "市场 "提供的虚假信息的数量是令人尴尬的，但更令人尴尬的是它被吞噬的方式，钩，线和沉子，以及所有。

在MOSSAD的微观世界里，我们真正看到的是 "奥林匹亚人 "通过情报、娱乐、出版、民意调查和电视新闻媒体在全球范围内进行的控制程度。特德-特纳最近赢得了300人委员会的一个席位，以表彰他在CNN的 "新闻"（制作）节目。委员会有权力和手段告诉这个世界上的人们任何事情，而且会被绝大多数人相信。

每当研究人员偶然发现这个神奇的中央控制小组时，他们要么被成功收买，要么在塔维斯托克研究所接受 "专业培训"，之后他们又成为一个虚构的詹姆斯-邦德式的合作者，也就是说，他们被转手并获得丰厚的回报。如果像约翰-F-肯尼迪这样的人偶然发现了谁在操纵世界事件的真相，而且不能被收买，他就会被暗杀。

在约翰-F-肯尼迪的案例中，刺杀行动是以巨大的宣传和残酷的方式进行的，以警告世界领导人不要越雷池一步。教皇约翰-保罗一世er，因为他通过梵蒂冈等级制度中的共济会与300人委员会关系密切而被悄悄暗杀。他的继任者，教皇约翰-保罗二世，被公开羞辱，以警告他停止和中止--他确实这么做了。正如我们将看到的，一些梵蒂冈领导人现在是300人委员会的成员。

很容易引导严肃的研究人员远离300人委员会的线索，因为英国军情六处（SIS）提倡各种各样的疯狂，如新时代、瑜伽、禅宗、巫术、德尔斐的阿波罗神职（亚里士多德是其成员），以及数百个各种小 "邪教"。一群 "退休"的英国情报人员一直在追踪，他们将阴谋者的等级制度称为 "X部队"，并声称它有一个情报超级服务，腐蚀了克格勃、梵蒂冈的情报部门、中央情报局、国家情报局、DGSE、美国军事情报部门、国务院情报部门，甚至美国所有情报机构中最神秘的国家侦察办公室。

国家侦察局（NRO）的存在只有300人委员会以外的少数人知道，直到杜鲁门偶然发现它。丘吉尔参与了国家研究组织的建立，据说当杜鲁门发现它的存在时，他脸色铁青。丘吉尔，比起300人委员会的任何其他仆人，认为杜鲁门，他的小独立人 "根本没有独立性"。这指的是杜鲁门的一举一动都受到共济会的控制。即使在今天，美国国会也不知道NRO的年度预算，它只对国会中少数人负责。但它是300人委员会的产物，其报告每小时定期发送给该委员会。

因此，在委员会各部门和控制部门看到的虚构的剥落行为，是为了转移对委员会的怀疑。

但我们永远不应该怀疑现实的存在。让我们再举一个例子来说明我的意思：《豺狼之日》这本书，根据它创作了一部大片。书中的事件是真实的。虽然由于明显的原因，一些演员的名字和地点被改变了，但故事的主旨，即一个军情六处的特工要对摆脱戴高乐将军负责，是完全正确的。戴高乐将军已经变得不可收拾，拒绝与委员会合作--他很清楚委员会的存在，曾被邀请加入该委员会--这种拒绝最终导致戴高乐退出北约，并立即开始建立他自己的核力量--"frappe力量"。

这使委员会感到非常危险，以至于戴高乐被下令暗杀。但法国特工部门设法拦截了 "豺狼"计划并保护了戴高乐。鉴于作为300人委员会主要情报资源的军情六处的记录，法国情报部门的工作是一个奇迹。

军情六处的起源可以追溯到弗朗西斯-沃尔辛厄姆爵士，伊丽莎白一世女王的秘密行动战略家。数百年来，军情六处创造了一个其他情报机构无法比拟的记录。军情六处的特工从世界各个角落收集情报，并开展秘密行动，如果将其公之于众，即使是最有见识的人也会感到震惊，这就是为什么它被视为300人委员会的主要部门。

官方称，军情六处并不存在，其预算来自女王的钱包和 "私人资金"，据说每年在3.5-5亿美元左右，但没有人确切知道有多少。军情六处目前的形式可以追溯到1911年，当时由皇家海军上尉曼斯菲尔德-坎明爵士（Sir Mansfield Cumming）领导，他总是用字母 "C "来标识，詹姆斯-邦德系列中的 "M "这个名字就来源于此。

没有关于军情六处失败和成功的官方记录--这是一个秘密，尽管伯吉斯-马克莱恩-布莱克-布朗特的灾难对军情六处的士气造成了沉重的打击。与其他服务机构不同，未来的成员是由高素质的 "星探 "从大学和其他学习领域招募的，正如我们在罗兹学者入选圆桌会议的案例中所看到的。其中一个要求是能够讲外语。候选人接受了严格的 "培训"。

在如此强大的力量的支持下，300人委员会几十年来几乎不担心被揭穿。使得该委员会无法触及的是其难以置信的保密性。没有媒体提到过这种阴谋论的等级制度，因此，正如你所料，人们怀疑它的存在。

委员会的结构

300人委员会在很大程度上受英国君主的控制，在这种情况下，是伊丽莎白二世。据认为，维多利亚女王有足够的偏执狂来保守这个秘密，并不遗余力地掩盖留在 "开膛手杰克 "谋杀案现场的共济会文字，这些文字暗指300人委员会与一位家庭成员进行的 "实验 "有关，而这位家庭成员也是共济会苏格兰仪式的高级成员。300人委员会由英国贵族成员组成，他们在世界各国，包括苏联都有利益和联系。

该委员会的结构如下。

萨塞克斯大学和伦敦的塔维斯托克研究所由皇家国际事务研究所拥有和控制，其在美国的 "法官 "是亨利-基辛格。EAGLE STAR集团在二战结束后改名为STAR集团，由一批大型国际公司组成，涉及重叠和相互联系的领域：（1）保险（2）银行（3）房地产（4）娱乐（5）高科技，包括网络技术、电子通讯等。

银行部门虽然不是主要的支柱，但也是极其重要的，特别是在银行作为清算所和毒品洗钱中心的地区。主要的 "大银行 "是英格兰银行、美联储、国际清算银行、世界银行和香港上海银行。美国运通银行是一种回收毒品资金的方式。这些银行中的每一家都隶属于和/或控制着世界各地数十万家大大小小的银行。

数以千计的大小银行都是300人委员会网络的一部分，包括意大利商业银行、私人银行、安布罗西亚诺银行（罗伯托-卡尔维--阅读大卫-亚洛普的《以上帝的名义》）、荷兰银行、巴克莱银行、哥伦比亚银行、伊比利亚美洲银行。特别值得关注的是意大利储蓄银行（BSI），它管理进出美国的飞行资本投资--主要是美元和美国债券--位于并隔离在 "中立 "城市卢加诺，威尼斯黑人贵族的集中资本中心。卢加诺既不在意大利也不在瑞士，是一种可疑的资本转移行动的灰色地带。拥有一大块BSI股票的乔治-鲍尔是一个主要的 "内部人士"，也是该银行在美国的代表。

BCCI、BNL、墨西哥商业银行、巴拿马国家银行、曼谷大都会银行、Leumi银行、Hapoalim银行、标准银行、日内瓦银行、爱尔兰银行、苏格兰银行、蒙特利尔银行、新斯科舍银行、巴黎和荷兰银行、英国中东银行和加拿大皇家银行,这只是极少数的 "专业 "银行。

南非的奥本海默家族是比洛克菲勒家族更大的 "重量级 "人物。例如,1981年,控制着全球黄金和钻石开采、销售和分销的巨头英美公司的董事长哈里-奥本海默说,他即将进入北美的银行市场。奥本海默公司已经迅速采取行动,向一个为购买美国主要银行(包括花旗银行)而设立的特殊目的机构投资100亿美元。奥本海默的投资工具被称为Minorco,总部设在百慕大,是英国皇室的保留地。在Minorco的董事会中,有花旗银行的Walter Wriston和其首席法律顾问Robert Clare。

在贵金属和矿产方面唯一能与奥本海默匹敌的公司是南非的联合金田公司,但奥本海默以28%的股份控制了该公司,是最大的单一股东。因此,黄金、钻石、铂金、钛、钽铁矿、铜、铁矿石、铀和铀被奥本海默公司收购。

另有52种金属和矿物,其中许多对美国具有绝对重要的战略价值,已经落入300人委员会的手中。

因此,300人委员会的首批南非成员之一塞西尔-约翰-罗兹的愿景得到了充分实现;这个愿景以南非成千上万的白人农民及其家人(历史上称为 "布尔人")的流血而开始。当美国和世界其他国家一样,袖手旁观时,这个小国却遭受了历史上最恶毒的种族灭绝战争。当轮到我们时,美国将受到300人委员会的同样对待,而且很快就会到来。

保险公司在300人委员会的活动中发挥着关键作用,包括威尼斯的Assicurazioni Generali和Riunione Adriatica di Sicurta等领先的保险公司,这些公司是世界上最大和第二大的保险公司,它们在国际清算银行以瑞士法郎开设银行账户。两者都控制着众多的投资银行,其在华尔街的股票营业额是美国投资者的两倍。

在这两个保险巨头的董事会成员中,有300人委员会的成员。朱斯蒂尼亚尼家族,罗马和威尼斯的黑人贵族,其血统可追溯到Justianian皇帝;汉布罗斯(商人)银行的乔赫林-汉布罗爵士;皮尔保罗-卢扎蒂-费基兹,其血统可追溯到威尼斯最古老的卢扎托,威尼斯的黑人贵族，以及同名的古老黑人贵族家族的翁贝托-奥托拉尼。

300人委员会的古代黑色威尼斯贵族的其他成员以及ASG和RAS的董事会成员是多里亚家族，西班牙哈布斯堡家族的金融家，罗斯柴尔德家族法国分支的埃利-德-罗斯柴尔德，奥古斯特-冯-芬克男爵（芬克。德国第二富有的人现在已经去世），古老的黑色奥西尼贵族Franco Orsini Bonacassi，他们的血统可以追溯到前罗马的同名参议员，阿尔巴家族的血统可以追溯到阿尔巴大公，以及比利时罗斯柴尔德家族的表亲皮埃尔-兰伯特男爵。

英国皇室控制的英国公司有鹰星公司、保诚保险公司、保诚保险公司，这些公司拥有并控制着大部分美国保险公司，包括全州保险公司。排名第一的是 "鹰星"，它可能是第六军事情报部（MI6）最强大的 "战线"。鹰星公司虽然不如意大利通用证券公司那么重要，但也许同样重要，只因为它是由英国女王的家族成员所拥有，而且作为300人委员会的名义负责人，鹰星公司的影响巨大。鹰之星不仅仅是军情六处的一个重要 "阵地"，它也是英国主要银行的 "阵地"，包括希尔-萨穆尔斯、罗斯柴尔德父子公司（每天在伦敦开会的黄金价格 "定价者 "之一）和巴克莱银行（非洲国民大会的支持者之一）。可以高度准确地说，最强大的英国寡头家族创建了鹰星公司，作为对反对300人委员会政策的人进行 "黑色行动 "的工具。

与中央情报局不同，根据英国法律，任命军情六处官员是一项严重的罪行。因此，以下只是军情六处'高级官员'的部分名单，他们也是（或曾经是）300人委员会的成员。

➢ 哈特利-肖克罗斯勋爵。

➢ 布莱恩-爱德华-山爵士。

➢ 肯尼斯-基思爵士。

➢ 肯尼斯-斯特朗爵士。

➢ 威廉-史蒂芬森爵士。

➢ 威廉-怀斯曼爵士。

正如我们将看到的那样，上述所有人都在（或曾经）大量参与300家公司委员会的关键活动，这些公司与从事所有商业活动分支的数千家公司对接。

这些公司包括兰克组织、施乐公司、ITT、IBM、RCA、CBS、NBC、BBC和CBC等通讯公司，雷神公司、德事隆公司、本迪克斯公司、大西洋富田公司、英国石油公司、荷兰皇家壳牌公司、海洋米德兰银行、雷曼兄弟公司、库恩-勒布公司、通用电气、西屋公司、联合水果公司等。

军情六处通过驻扎在纽约RCA大楼的英国情报部门管理其中许多公司，该大楼是其首席执行官威廉-史蒂芬森爵士的总部。美国无线电公司（RCA）是由G.E.、Westinghouse、Morgan Guarantee and Trust（代表英国王室）和United Fruit于1919年建立的，是英国的一个情报中心。RCA的第一任主席是J.P.摩根的欧文-杨，杨氏计划就是以他的名字命名的。1929年，大卫-萨诺夫被任命为RCA的负责人。萨诺夫曾在1919年的巴黎和平会议上担任过杨的助手，在那次会议上，堕落的德国被胜利的 "盟国 "在背后捅了一刀。

一个由华尔街银行和经纪公司组成的网络为委员会处理股票市场，其中最重要的是布莱斯、伊士曼-迪伦、摩根集团、拉扎德兄弟和库恩-勒布-罗兹。华尔街发生的任何事情都不是由英格兰银行控制的，英格兰银行的指示由摩根集团转达，然后由主要经纪公司执行，这些公司的高级管理人员最终负责执行委员会的指令。

在超过摩根担保公司规定的限度之前，德雷克塞尔-伯恩汉姆-兰伯特公司是300人委员会的宠儿，到1981年，几乎所有的华尔街主要经纪公司都卖给了该委员会，其中菲布罗公司与所罗门兄弟公司合并。Phibro是英美公司的Oppenheimers的贸易部门。通过这种控制机制，300人委员会确保其成员及其远程交易公司在华尔街的投资速度是 "非专业 "外国投资者的两倍。

请记住，世界上最富有的一些家庭生活在欧洲，所以他们在委员会中拥有大量的成员是很自然的。曾经拥有德国邮政专营权的冯图恩和塔克西斯家族，让大卫-洛克菲勒看起来像是一个非常贫穷的亲戚。冯-图恩和塔克西斯王朝可以追溯到300年前，这个家族的成员一代又一代地在委员会中占有席位，至今仍然存在。我们已经提到了300人委员会中几个最富有的冯-图恩贵族成员，当我们在他们的各个活动领域见到他们时，还会有更多的名字加入。我们现在将包括300人委员会的一些美国成员，并试图追踪他们的隶属关系和与英国王室的联系。

这些事实如何才能得到验证？其中一些无法准确核实，因为信息直接来自情报档案，但只要做大量的工作，有许多来源至少可以核实一些事实。这项工作将涉及到对邓白氏公司参考书、《标准与普尔》、英国和美国的 "名人录" 进行勤奋的研究，并进行长时间的艰苦工作，将名字与他们的公司关系进行交叉核对。

该委员会由300家公司、银行和保险公司组成，在一个统一的指挥下运作，涵盖了战略和凝聚力行动的每一个可以想象的方面。委员会是世界上唯一有组织的权力阶层，它超越了所有的政府和个人，无论他们可能感到多么强大和安全。它涵盖了金融、国防问题和各种颜色和类型的政党。

没有任何实体是委员会无法接触和控制的，这包括世界上有组织的宗教。因此，它是万能的奥林匹亚集团，其权力基础在伦敦和伦敦市的金融中心，对矿物、金属和宝石、可卡因、鸦片和毒品、贵族金融银行家、邪教组织发起人和摇滚音乐的创始人进行扼制。英国王室是控制点，一切都从这里辐射出去。俗话说，"他们在每个派中都有一个手指"。

显然，通信领域受到了严格的控制。回到RCA，我们发现它的领导层是由英美建制派人士组成的，他们在其他组织中也很突出，如CFR、北约、罗马俱乐部、三边委员会、共济会、骷髅会、比尔德伯格家族、圆桌会议、米尔纳协会和耶稣会-亚里士多德协会。其中，大卫-萨诺夫在威廉-史蒂芬森爵士搬到纽约RCA大楼的同时，也搬到了伦敦。

三大电视网都是从RCA发展起来的，尤其是全国广播公司（NBC）是第一家，1951年美国广播公司（ABC）紧随其后。第三家大型电视网是哥伦比亚广播系统（CBS），它和它的姐妹公司一样，过去和现在都被英国特勤局所控制。威廉-佩利在被认为有资格管理哥伦比亚广播公司之前，曾在塔维斯托克研究所接受过大规模洗脑技术的培训。因此，如果我们美国公民不知道的话，我们所有的主要电视网络都受到英国的监视，他们提供的信息首先要到伦敦进行审核。有趣的是，斯坦福研究所撰写的塔维斯托克情报论文，通常被称为 "水瓶座的阴谋"，是由三大电视网络的捐款资助的。

三大网络在300人委员会中都有代表，并隶属于大众传播巨头--纽约罗切斯特的施乐公司，其中罗伯特-M-贝克在委员会中占有一个席位。贝克也是保诚人寿保险公司的董事，该公司是伦敦保诚保险有限公司的一个子公司。

其他施乐公司董事会成员包括美国运通公司的霍华德-克拉克（通过旅行支票转移毒品资金的主要渠道之一）、前财政部长威廉-西蒙和为委员会谈判巴拿马运河条约的索尔-利诺维茨。利诺维茨对委员会很重要，因为他在通过海洋美联公司和香港上海银行清洗毒品资金方面有长期的专业知识。

施乐公司的另一位董事会成员是罗伯特-斯普劳尔，他确实令人感兴趣，因为作为罗切斯特大学的校长，他允许塔维斯托克研究所通过中央情报局使用该大学的设施进行MK-Ultra LSD实验，该实验持续了20年。美国其他约85所大学也允许以这种方式使用他们的设施。尽管施乐公司规模庞大，但与兰克组织相比却相形见绌，后者是一家位于伦敦的企业集团，完全由伊丽莎白女王的直系亲属控制。

兰克组织董事会中同时也是300人委员会成员的著名成员是

赫尔斯比勋爵，毒品资金清算所米德兰银行的主席。Helsby的其他职务包括巨型帝国集团和工商金融公司的董事。

阿诺德-法兰西爵士，负责运营伦敦地铁服务的地铁投资公司的董事。法国也是英格兰银行的董事，该银行对联邦储备银行有很大的控制权。

丹尼斯-山爵士，强大的鹰星集团的主席和英国皇室的金融和年金公司之一的英国财产公司的董事。这些成员之一是尊敬的安格斯-奥格尔维，"公司王子"，他与肯特公爵的妹妹亚历山大公主殿下结婚，她是共济会苏格兰仪式的负责人，当女王不在英国时，由她代为行事。奥格尔维是英格兰银行的董事和巨型企业集团LONRHO的主席。正是LONRHO结束了伊恩-史密斯在罗得西亚的统治，从而使他能够被罗伯特-穆加贝取代。事关罗得西亚的铬矿，它们生产世界上最好的高品位铬矿。

西里尔-汉密尔顿，标准和渣打银行（米尔纳-塞西尔-罗兹勋爵的前银行）的主席和英格兰银行的董事会成员。汉密尔顿还是施乐公司、马耳他国际银行公司（马耳他骑士团的一家银行）的董事，南非标准银行（该国最大的银行）的董事，以及比利时非洲银行的董事。

Lotherby的O'Brien勋爵，英国银行家协会前主席，摩根-格伦费尔-一家强大的银行的董事，保诚保险的董事，J.P.摩根的董事，英格兰银行的董事，国际清算银行董事会成员，巨型企业集团联合利华的董事。

Reay Geddes爵士，轮胎巨头邓禄普和倍耐力的董事长，米德兰和国际银行的董事，英格兰银行的董事。请注意这些有权势的人中有多少人是英格兰银行的董事，使其更容易控制美国的财政政策。

其中许多组织和机构、公司和银行是如此相互交织和相互依存，几乎不可能将它们分开。在RCA的董事会中，坐着大西洋富田公司的董事长桑顿-布拉德肖，他也是北约、世界野生动物基金会、罗马俱乐部、阿斯彭人文研究所和对外关系委员会的成员。布拉德肖也是NBC的总裁。RCA最重要的职能仍然是为英国情报部门服务。

一般来说，人们不知道300人委员会在阻止中央情报局的调查方面有多重要，而参议员麦卡锡几乎成功地设立了这个委员会。如果麦卡锡成功了，很可能约翰-F-肯尼迪总统今天还活着。

当麦卡锡宣布他要传唤威廉-邦迪到他的调查委员会出庭时，恐慌蔓延到华盛顿和伦敦。邦迪如果被传唤作证，很可能会破口大骂，打开英国寡头圈子和他们在美国政府的表亲之间存在的'特殊关系'。

这种可能性是无法预料的。皇家国际事务研究所被召来制止麦卡锡。RIIA选择了艾伦-杜勒斯，一个完全迷恋颓废的英国社会的人，来正面攻击麦卡锡。杜勒斯任命帕特里克-莱曼和理查德-赫尔姆斯负责处理麦卡锡案。赫尔姆斯后来因其反对麦卡锡的服务而得到奖励，被任命为中央情报局局长。

马克-克拉克将军是CFR的成员，也是伦敦圈子里受欢迎的军事人物，他被艾森豪威尔将军任命为抵御麦卡锡对中情局的全面攻击。当克拉克宣布将任命一个特别委员会来审查该机构时，麦卡锡被抢先了。克拉克根据RIIA的指示，建议成立一个国会监督委员会，"定期审查政府情报机构的工作"。这一切对美国来说是一个巨大的悲剧，对英国人来说是一个胜利，他们担心麦卡锡会意外地发现300人委员会及其对美国事务各个方面的控制。

雷曼兄弟-库恩-勒布公司的前董事长彼得-G-彼得森曾在前军情六处处长威廉-怀斯曼爵士手下任职，因此对英国皇室并不陌生。彼得森与英国特务机构的另一个分支--阿斯彭研究所有联系。

约翰-R-佩蒂是海洋米德兰银行的总裁--这家银行早在被香港上海银行接管之前就与毒品贸易建立了联系，它可能是鸦片贸易的主要银行，自1814年以来一直保持这一地位。

但我能提供的关于300人委员会存在的最好证据是等级组织，它与鹰星一起是英国王室。它也是军情六处（SIS）的黑色行动中心。在他们之间，这300家公司委员会控制着加拿大女王陛下的领地，利用布朗夫曼家族的 "法官 "来执行其命令。

表面上由布朗夫曼家族拥有的Trizec控股公司，实际上是英国女王在加拿大的主要资产。东南亚的整个鸦片贸易与布朗夫曼帝国有关，是海洛因被带到美国的途径之一。从某种意义上说，加拿大就像瑞士：原始的雪景，大城市，是一个非常美丽的地方，但在它的下面有一层深深的污垢和来自其大规模海洛因贸易的污秽。

布朗夫曼家族是 "剪影"，也就是军情六处所说的 "稻草人"，由军情六处的 "办公桌"（22 ）从伦敦控制，这是总部控制人员的情报术语。家族首领埃德加-布朗夫曼（Edgar Bronfman）曾多次被派往 "莫斯科中心"--位于莫斯科捷尔任斯克广场2号的克格勃总部的掩护名称。

在较低的层次上，布朗夫曼作为莫斯科的联络人可能非常有用。布朗夫曼从来都不是军情六处的合同官员，所以从来没有带过 "字 "的头衔，这是一个用于特工之间相互识别的关键情报词，这让布朗大曼家族的首脑非常失望。在某个时候，当某些家庭成员被认为行为可疑时，"监视者"--情报部门对监视个人的情报人员的行话--被安排在布朗夫曼家族中，结果发现布朗夫曼家族中的一个人向一个美国 "表哥"（军情六处用来指中情局的术语）吹嘘，而这个表哥并不知道埃德加-布朗夫曼的作用。这一点很快就得到了纠正。

鹰星公司的两名董事，也是军情六处的两名主要特工，在战争结

束后大约六个月接管了布朗夫曼家族。我们以前见过的肯尼斯-基思爵士和肯尼斯-斯特朗爵士，通过创建Trizec控股公司使布朗夫曼家族合法化。世界上没有人能够比军情六处更好地通过公司做"幌子"。

然而，像瑞士一样，加拿大也有肮脏的一面，它被300人委员会在《官方保密法》的幌子下很好地隐藏起来，该法是1913年通过的英国法律的复制品。毒品、洗钱、犯罪和敲诈勒索都属于这项臭名昭著的法律的范畴。

许多人不知道，如果他们根据《官方保密法》被指控，而官方人员可以按照他们认为合适的方式来解释，他们将面临死刑。正如我自1980年以来多次说过的那样，加拿大不是一个像南非、荷兰或比利时那样的国家；它一直并且仍然被束缚在英国女王的裙带下。我们发现，加拿大总是第一个执行伊丽莎白女王的愿望。加拿大军队参加了女王陛下的所有战争，包括布尔战争（1899-1903）。

与美国的对应机构一样，加拿大国际事务研究所是皇家国际事务研究所（RIIA）的孩子，领导加拿大的政策。自1925年成立以来，其成员一直担任国务卿的职务。太平洋关系研究所是推动袭击珍珠港的组织，在1947年欧文-拉蒂莫尔和他的同事被揭露从事叛国活动并在被起诉之前离开美国之后，该组织在加拿大受到欢迎。

加拿大国际事务研究所通过肯尼斯-斯特朗爵士与该组织有联系，他在第二次世界大战结束时是军情六处的副处长。作为耶路撒冷圣约翰勋章的成员，斯特朗是加拿大的第二号人物，负责兰克和英国王室的商业利益。他是新斯科舍银行的董事会成员，该银行是继香港和上海银行之后世界上最多产的毒品银行之一，加拿大的海洛因贸易收益都是通过该银行流动的。

排在第一位的是布莱恩-爱德华-山爵士，耶路撒冷圣约翰骑士团的最高级成员。值得一提的是，当英国王室希望美国加入第二次世界大战时，它派比弗布鲁克勋爵和布莱恩-山爵士去会见罗斯福总统，传达王室在这方面的命令。罗斯福服从命令，命令美国海军从格陵兰岛的一个基地开展行动，在珍珠港事件之前的九个月，德国潜艇就是从那里进行攻击。这是在国会不知情或不同意的情况下进行的。

兰克-加拿大关系中的另一个大人物是肯尼斯-基思爵士，他是加拿大相当于香港上海银行的新斯科舍银行的董事，该银行参与了毒品洗钱活动。他也是英国最古老、最令人尊敬的报纸机构《伦敦时报》和《星期日时报》的董事会成员。100多年来，《泰晤士报》在英国的外交事务、金融事务和政治生活方面一直是王室的代言人。

像300人委员会的许多成员一样，肯尼斯爵士在军情六处和鸦片供应链、香港和中国的指挥系统之间穿梭，表面上是代表加拿大国际事务研究所，他是该研究所的成员。此外，作为希尔-塞缪尔银行的董事，他在中国和香港的存在很容易解释。他在军情六处圈子外最亲密的伙伴之一是菲利普-德-苏莱塔爵士，他是300人委员会对所有英国首相（包括保守党和工党）的直接控制者。 肯尼斯-斯特朗爵士将毒品轮的所有辐条，包括恐怖主义、鸦片生产、黄金市场、洗钱和银行业务与它的核心--英国王室联系起来。

处于英国王室对加拿大控制的顶点的是沃尔特-戈登。作为女王监督委员会（又称枢密院）的前成员，戈登通过加拿大国际事务研究所赞助太平洋关系研究所。作为前财政部长，戈登能够在三大特许银行：新斯科舍银行、加拿大帝国银行和多伦多多米尼克银行安置一个由300名经过挑选的会计师和律师组成的委员会。

通过这三家 "皇家银行"，一个由300名对戈登负责的代理人组成的网络监督着世界上第二大的洗钱和贩毒活动，并有一个直接通往中国的通道。 戈登生前控制着詹姆斯-恩迪科特（James Endicott）、切斯特-罗宁（Chester Ronning）和保罗-林（Paul Linn），他们被军情六处认定为加拿大的顶级 "中国专家"。这三个人与周恩来密切合作，周恩来曾告诉贾迈勒-阿卜杜勒-纳赛尔，他将对英国和美国做他们对中国所做的事情--把它们变成海洛因成瘾的国家。周恩来履行了他的承诺，从越南的美国大兵开始。加拿大海洛因毒品团伙的其他亲密合作者是约翰-D-吉尔默和约翰-罗伯特-尼科尔森，他们都是耶路撒冷圣约翰骑士团的成员。哈特利-肖克罗斯勋爵被认为直接向英国女王伊丽莎白二世汇报工作，他是皇家国际事务研究所的董事会成员，也是苏塞克斯大学的校长，该大学是臭名昭著的塔维斯托克人类关系研究所的所在地，该研究所在加拿大有广泛的联系。

在兰克的美国业务中，没有任何一家公司像康宁集团（大都会人寿保险公司和纽约人寿保险公司的所有者）那样为兰克带来成功。300人委员会成员阿莫里-霍顿和他的兄弟詹姆斯-霍顿通过上述保险公司以及康宁玻璃、道康宁和康宁国际公司长期为英国皇室服务。两人都是IBM和花旗公司的董事会成员。詹姆斯-霍顿是普林斯顿高级研究所的主任，J.皮尔庞特-摩根图书馆的馆长，该图书馆是RIIA和CFR的据点，同时也是CBS的董事。

正是霍顿兄弟将马里兰州被称为怀伊种植园的数百英亩土地捐赠给了英国王室的阿斯彭研究所。波士顿圣公会（Episcopal）大主教管区的主教也是康宁玻璃董事会的成员。所有这些都使该集团具有备受推崇的尊贵气质，而这正是保险公司高管必须穿戴的。正如我们将看到的，除了詹姆斯-霍顿之外，基思-芬顿和约翰-哈珀都是康宁董事会成员，他们经营着大都会人寿保险公司。

300人委员会中的这一个单位的大规模联网和相互联系将使我们很好地了解阴谋者的等级制度所拥有的巨大权力，在他们面前，所有的膝盖都要屈服，包括美国总统的膝盖，不管他是谁。

值得注意的是，这家美国公司（数百家公司之一）是如何与英国特勤局、加拿大、远东和南非联系在一起的，更不用说其官员和企业高管网络触及美国商业和政治的各个方面。

虽然大都会人寿保险公司不能与300人委员会中的巨无霸--意大利国家保险公司相提并论，但它还是很好地说明了霍顿家族的权力是如何在美国和加拿大的商业领域延伸的。从R.H.Macy（其员工不再佩戴红色康乃馨以纪念该公司与共产主义的关系）、加拿大皇家银行、国民和威斯敏斯特银行、Intertel（一个恶毒的私人情报机构）、加拿大太平洋公司、《读者文摘》、RCA、AT&T、哈佛商学院、W.R. Grace航运公司、Ralston Purina公司、美国钢铁公司、Irving信托公司、纽约联合爱迪生公司和美国广播公司，霍顿家族的电网延伸到香港上海银行。

美国另一家成功的兰克公司是信诚保险集团。作为战略轰炸调查的一部分，Reliance为美国塔维斯托克研究所使用的洗脑、意见形成、投票、调查和系统分析建立了最初的结构基础。总部设在费城的信义保险公司建立了公司结构，使战略轰炸调查得以转向反对美国人民，虽然他们不知道，但在过去45年里，他们一直遭受野蛮的心理战。

在这场对美国的攻击中，关键人物之一是 Wilkie, Farr and Gallagher律师事务所的David Bialkin，300人委员会。 Bialkin多年来领导反诽谤联盟（ADL）。ADL是由军情六处在美国成立的英国情报机构，由塔维斯托克的索尔-斯坦伯格和埃里克-特里斯特负责。索尔-斯坦伯格是伦敦雅各布-德-罗斯柴尔德家族的美国代表和商业伙伴。

Reliance公司是卡尔-林德纳的总部，他在伊莱-布莱克从纽约一栋摩天大楼的44层的窗户 "坠落 "时接替了他。信实公司与波士顿和新奥尔良的强大的联合水果公司有关，该公司的负责人是马克斯-菲斯伯，在被抢走一只羊之前，他是底特律黑社会的一个知名人物。联合水果公司长期以来一直是向美国运输海洛因和可卡因的运输商，这要归功于快速美国公司的米斯布拉姆-里克利斯的专业知识，他组织了从加拿大到美国的运输。请记住，这一切都在一家公司的保护伞下，该公司与无数的小公司和业务相联系，使300人委员会能够完全控制众多的业务，每个业务都被仔细地纳入电网。

信义集团是母公司的一个分支，其职能是通过调查员和意见领袖的网络对美国人民进行洗脑，并利用运筹学与塔维斯托克研究所建立直接联系。另一家关联公司是Leasco，它与AT&T、Disclosure Incorporated、Western Union International、Imbucon Ltd和Yankelovich, Skelly and White紧密相连。

丹尼尔-扬科维奇是美国企业民意调查/舆论结构的皇帝，用爱德华-伯纳斯的话说，这是一个提供 "关于实质性社会、经济和政治问题的公众意见 "的庞大机器。正是这个庞大的机构将大多数从未听说过萨达姆-侯赛因、隐约知道伊拉克是中东某地的国家的美国人，变成了为他的血和消灭伊拉克这个国家而嚎叫的人。

杨克洛维奇充分利用了他在第二次世界大战期间获得的所有知识。作为第二代战士，杨克洛维奇无人能及，这就是为什么由他的公司进行的ABC民意调查总是处于 "民意 "的最前沿。美国人口被当作德国工人阶级住房的目标，以攻击现实感的方式进行。当然，这种技术是包括中情局在内的某些情报团体的标准训练。

扬科维奇的任务是摧毁美国的传统价值观，用新时代和水瓶座时代的价值观取代它们。作为300人委员会的最高舆论领袖，没有人可以怀疑杨克洛维奇做了一个出色的工作。

解释所用方法和预期结果的最佳方式可能是引用约翰-奈斯比特的工作，正如他在 "趋势报告 "中所解释的那样。奈斯比特一直是林登-约翰逊、伊士曼-柯达、IBM、美国运通、政策研究中心、大通曼哈顿、通用汽车、路易斯-哈里斯民意调查、白宫、人寿保险协会、美国红十字会、美孚石油、B.P.以及300人委员会的众多公司和机构的顾问。 他的方法源自军情六处的塔维斯托克程序，当然并非独一无二。

"我将简单介绍一下我们的方法。在为客户制定趋势报告时，我们主要依靠跟踪当地事件和行为的系统。我们对这一公司的向上流动印象非常深刻，所以我们跟踪当地发生的事情，而不是华盛顿或纽约发生的事情。事情从洛杉矶、坦帕、哈特福德、威奇托、波特兰、圣地亚哥和丹佛开始。这是一个自下而上的社会。

"用于确定这些趋势的跟踪概念起源于第二次世界大战。在战争期间，情报专家试图找到一种方法，以获得公众舆论调查通常会提供的关于敌国的信息。在保罗-拉扎斯菲尔德和哈罗德-拉斯韦尔的领导下，开发了一种方法，通过分析每日新闻的内容来监测这些社会中发生的事情。

"虽然这种监测公众思想的方法仍然是情报界的选择，但国家每年花费数百万美元对世界各地的报纸做内容分析。

这种跟踪社会变化的系统之所以如此有效，是因为报纸上的 "新闻孔 "是一个封闭的系统。由于经济原因，报纸上用于新闻的版面并不随时间变化。

"因此，当一些新的东西被引入这个信息洞时，一些东西或一些东西的组合必须出来或被省略。这里涉及的原理被归类为封闭系统中的强制选择。在这种被迫的情况下，社会增加了新的关注，而忘记了旧的关注。我们一直在跟踪哪些被添加，哪些被放弃。

"很明显，社会就像人一样。我不知道这个数字是多少，但一个人在任何时候都只能在脑子里保留一定数量的问题和担忧。如果增加了新的问题或关切，有些就必须放弃。我们记录了美国人放弃了什么，他们又拿回了什么。

"美国正在迅速从一个大规模的工业社会转向一个信息社会，最终的影响将比19世纪从农业社会转向工业社会的影响更深远。从1979年起，美国的头号职业成为办公室工作人员，取代了体力劳动者和农民。在这最后一句话中，包含了美国的简史"。

奈斯比特是罗马俱乐部的成员，因此是300人委员会的高级职员，也是扬克洛维奇、斯凯利和怀特公司的高级副总裁，这并不是巧合。奈斯比特所做的不是预测趋势，而是做趋势。我们已经看到美国的工业基础是如何被摧毁的，首先是钢铁工业。1982年，我写了一本名为《钢铁工业之死》的书，我在书中认为，到1990年代中期，美国的钢铁生产将下降到一个不归路，汽车和住房行业也将随之而来。

所有这一切都发生了，我们今天（1992年）看到的是经济衰退，其原因不仅是错误的经济政策，而且是蓄意计划破坏我们的工业基础--随之而来的是破坏独特的美国中产阶级--国家的骨干--他们依靠逐步的工业扩张来实现增长和稳定就业。

这是1991年1月开始的经济衰退变成大萧条的原因之一，我们在20世纪60年代和70年代所知道的美国，可能永远不会再回来。经济至少要到1995-96年才能从1991年的萧条中走出来，届时美国将成为一个与经济衰退初期完全不同的社会。[23]。

在这场针对美国的战争中，舆论制造者发挥了重要作用；我们需要研究300人委员会在促成这些深刻变化中的作用，以及社会工程师如何利用中央系统分析来阻止舆论表达隐形政府政策以外的内容。这一切是如何开始的，在哪里开始的？

从我在伦敦白厅陆军部收集和审查的有关第一次世界大战的文件来看，皇家国际事务研究所受300人委员会的委托，对战争信息的操纵进行了研究。这项任务交给了诺斯克利夫勋爵、罗斯梅尔勋爵和阿诺德-汤因比，后者是军情六处在RIIA的代理人。罗斯梅尔勋爵的家族拥有一份报纸，用来支持政府的各种立场，因此，人们认为媒体可以改变公众的看法，特别是在日益增长的反对战争的队伍中。

该项目被安置在以韦尔斯利公爵的名字命名的韦灵顿宫。被招募来协助罗斯米尔勋爵和诺斯克里夫的美国专家包括爱德华-伯纳斯和沃尔特-李普曼。该小组举行了 "头脑风暴 "会议，以开发动员群众参战的技术，特别是在工人阶级中，他们的儿子有望以创纪录的数量前往佛兰德斯的战场。

---

[23]科尔曼博士的预言已经成真。看一下电子商务。不适用。

利用罗斯梅尔勋爵的日记，测试了新的操纵技术，经过大约6个月的时间，人们发现这些技术是成功的。研究人员发现，只有极少数人了解推理的过程和观察问题的能力，而不是对问题发表意见。根据罗斯梅尔勋爵的说法，这就是87%的英国公众对待战争的态度，同样的原则不仅适用于战争，也适用于一般社会中每一个可以想象的问题。

这样一来，非理性被提升到公众意识的高度。然后，操纵者利用这一点来破坏和转移公众对支配任何特定情况的现实的注意力，现代工业社会的问题变得越复杂，就越容易提供越来越大的注意力，所以最终由熟练的操纵者创造的大众的绝对不重要的意见取代了科学事实。

在实实在在地偶然得出这样一个深刻的结论后，操纵者在战争期间接二连三地进行了测试，因此，尽管有数十万年轻的英国人在法国的战场上被屠杀，但几乎没有人反对这场血腥的战争。当时的记录显示，1917年，就在美国参战之前，首当其冲的英国工人阶级中有94%的人不知道他们为什么而战，只知道被操纵的媒体所创造的形象，即德国人是一个可怕的种族，一心要摧毁他们的君主和国家，应该从地球上抹去。

当然，一切都没有改变，因为在1991年，我们有完全相同的情况，由新闻媒体制造，允许布什总统公然违反宪法，在87%的美国人民的完全同意下，对伊拉克国家发动种族灭绝战争。伍德罗-威尔逊可以说是--如果这句话合适的话--跳上了舆论操纵者的行列，并利用它来推进他的控制者豪斯上校在他耳边说的事业。

根据威尔逊总统的指示，或者说是豪斯上校的指示，克里尔委员会成立了，就目前可以确定的是，克里尔委员会是美国第一个使用RIIA投票和大众宣传的技术和方法的组织。在惠灵顿宫完善的心理战实验在二战期间同样成功，并在1946年开始的针对美国的大规模心理战中不断使用。方法没有改变，只有目标。现在，攻击的重点不再是德国工人阶级住房，而是美国中产阶级。

正如通常的情况一样，阴谋家们无法抑制他们的喜悦。第一次世界大战后，准确地说，是在1922年，李普曼在一本名为《公共舆论》的书中详细介绍了RIIA所做的工作。

> "舆论处理的是间接的、不可见的和混乱的事实，而且没有任何明显的东西。公众意见所指的情况只被称为意见，人类头

脑中的形象，对自己、对他人、对其需求、目标和关系的形象，就是他们的公众意见。这些形象，由一群人或代表群体的个人采取行动，构成了大写的 "公共意见"。他们头脑中的内在形象常常误导人与外部世界的关系"。

难怪当披头士乐队抵达我们的海岸并被强加给一个毫无戒心的国家时，李普曼被选来让美国人民 "爱上 "他们。再加上广播和电视夜以继日的宣传，披头士乐队只用了较短的时间就 "流行 "起来了。电台从想象中的听众那里收到数百个关于披头士音乐的请求，这种技术导致了 "前10名 "排行榜和评级的建立，然后在1992年逐渐升级为 "前40名排行榜"。

1928年，李普曼的同胞爱德华-伯纳斯写了一本名为《公众舆论的结晶》的书，1928年，他的第二本书出版了，书名就叫《宣传》。在这本书中，伯纳斯描述了他在惠灵顿之家的经历。伯纳斯是操纵大师威尔斯（H.G. Wells）的密友，威尔斯的许多准小说被伯纳斯用来帮助他制定大规模精神控制技术。

威尔斯并没有因为他在改变下层社会方面的领导作用而感到尴尬，主要是因为他是英国皇室成员的亲密朋友，并与当时一些最高级的政治家，如爱德华-格雷爵士、霍尔丹勋爵、罗伯特-塞西尔等人相处了很长时间。犹太人塞西尔家族控制了英国君主制，因为塞西尔成为伊丽莎白一世女王的私人秘书和情人，还有里奥-阿梅里、军情六处的哈福德-麦金德和后来的伦敦经济学院院长，他的学生布鲁斯-洛克哈特将成为布尔什维克革命期间列宁和托洛茨基的军情六处控制人，甚至还有伟人本人阿尔弗雷德-米尔纳爵士。威尔斯最喜欢的地方之一是久负盛名的圣厄明斯酒店，这是系数俱乐部的聚会场所，这个俱乐部只有经过认证的绅士才能进入，他们每个月在这里聚会一次。上述所有的人都是会员，灵魂俱乐部的成员也是如此。威尔斯声称，任何国家都可以被打败，不是通过直接对抗，而是通过了解人类的思想--他称之为 "隐藏在人格背后的精神背景"。

有了这样强大的支持，Bernays感到有足够的信心来启动他的*宣传计划*。

> "随着文明变得越来越复杂，*对隐形政府的需求也越来越显示出来*（强调），人们发明和开发了技术手段，*通过这些手段可以治理舆论*（强调）。有了印刷厂和报纸、电话、电报、无线电和飞机，思想可以在整个美国迅速传播，甚至瞬间传

播"。

伯纳斯还没有看到，接下来的电视会做得多好。

"有意识地和明智地操纵群众的有组织的习惯和意见是民主社会的一个重要因素。那些操纵这个看不见的社会机制的人构成了一个看不见的政府，这个政府才是我们国家真正的管理力量。"

为了支持他的立场，伯纳斯引用了威尔斯（H. G. Wells）在《*纽约时报*》上发表的文章，其中威尔斯热情地支持现代通信手段 "开辟了一个政治进程的新世界，它将记录和维持共同的目标，以对抗（隐形政府）的变态和背叛。

继续介绍《*宣传手册*》中的启示。

"我们被管理，我们的思想被塑造，我们的品味被形成，我们的想法被提出，主要是由我们从来没有听说过的人管理。无论人们选择对这种情况采取什么态度，事实是，在我们日常生活的几乎每一个行为中，无论是政治还是商业，在我们的社会行为或道德思想中，我们都被相对少数的人所支配，他们是我们一亿二千万人中微不足道的一部分（1928年），他们了解大众的心理过程和社会模式。是他们拉动了控制公众思想的线，是他们驾驭了旧的社会力量，发明了约束和引导世界的新方法。"

伯纳斯没有胆量告诉世人谁是 "他们"，谁是 "控制公众思想的绳索......"，但在本书中，我们将通过揭示 "相对少数的人"--300人委员会的存在，来弥补他有意的疏忽。 伯纳斯的工作得到了CFR的赞赏，CFR的成员投票让他负责CBS。威廉-佩利成为他的 "学生"，并最终取代了伯纳斯，他对制造舆论的新科学有了透彻的了解，这使哥伦比亚广播公司成为这一领域的领导者，哥伦比亚广播公司网络电视和电台从未放弃过这一角色。

伯纳斯所说的 "相对少数人 "的政治和财政控制是通过一些秘密社团进行的，特别是共济会的苏格兰仪式，也许最重要的是通过耶路撒冷圣约翰骑士团，这是一个由英国君主亲自挑选的官员组成的古老社团，他们在对委员会的持续控制至关重要的领域拥有专业知识。

在我1986年出版的《*耶路撒冷圣约翰会*》一书中，我对该会的描述如下

> "......因此,它不是一个秘密社团,除非它的目标在内部理事会中被歪曲了,例如吊袜带骑士团,它是英国皇室的卖淫寡头创造的,这是对耶路撒冷圣约翰主权骑士团所代表的嘲讽。
>
> "作为一个例子,我们发现无神论者彼得-卡林顿勋爵自称是英国圣公会的基督徒,但却是奥西里斯教团和其他恶魔教派,包括共济会的成员,他在温莎城堡的圣乔治教堂被英国女王伊丽莎白二世册封为骑士,她是黑袍贵族,也是她深深鄙视的英国圣公会的首脑。"

卡林顿被300人委员会选中,以推翻罗得西亚政府,将安哥拉和西南非洲的矿产资源置于伦敦市的控制之下,摧毁阿根廷,并将北约变成一个受300人委员会支配的左翼政治组织。

我们看到附着在耶路撒冷圣约翰基督教会上的另一张奇怪的面孔,我使用奇怪这个词是因为它在《旧约》的希伯来原文中用来指个人的血统,是路易斯-莫蒂默-布卢姆菲尔德少校,这个人帮助策划了约翰-肯尼迪的谋杀。我们看到这个 "奇怪 "的人自豪地戴着马耳他十字勋章的照片,这个十字勋章也是戴在骑士团袖子上的。

我们已经被洗脑,相信英国王室只是一个美好的、无害的、多姿多彩的机构,我们没有意识到这个名为英国君主制的机构是多么腐败,因此非常危险。骑士团是由最腐败的官员组成的最内部圈子,他们完全背叛了国家、人民对他们的信任。

骑士团是300人委员会的负责人,是伊丽莎白二世女王最信任的 "枢密院"。几年前,当我研究耶路撒冷圣约翰会时,我去了牛津,与其中一位大师交谈,他是研究英国古代和现代传统的专家。他告诉我,吊袜带骑士团是陛下的耶路撒冷圣约翰最尊贵骑士团的内部成员,是精英中的精英。让我说,这不是真正的基督教战士彼得-杰拉德创立的原始秩序,但它是许多优秀机构的典型,这些机构被接管并从内部摧毁,而在不了解情况的人看来却是原始的。

从牛津大学出来,我去了维多利亚和阿尔伯特博物馆,获得了帕默斯顿勋爵的文件,他是中国鸦片王朝的创始人之一。帕麦斯顿,像他的许多同类一样,不仅是共济会员,而且是诺斯替主义的忠实仆人......像现在的 "王室 "一样,帕麦斯顿假装是一个基督徒,但实际上是撒旦的仆人。许多撒旦教徒成为英国贵族的统治者,并从中国的鸦片贸易中发了财。

我从印有维多利亚名字的博物馆文件中了解到,她在1885年改变了耶路撒冷圣约翰骑士团的名称，以打破该骑士团创始人彼得-杰拉德的天主教联系，并将其更名为 "耶路撒冷最尊贵的新教骑士团"。所有在中国的鸦片贸易中发了财的寡头家族都可以入会，所有完全颓废的家族都在 "新秩序 "中获得一席之地。

这些可敬的绅士中的许多人负责从加拿大监督美国的禁酒令时代，其几个成员在加拿大提供威士忌，并将其运往美国。这群人中有300人委员会成员厄尔-海格，他把他的威士忌特许权给了老乔-肯尼迪。禁酒令和满足酒精需求的酒厂都是英国王室通过300人委员会进行的创造。 这是一个实验，成为今天毒品贸易的先驱，从禁酒令时代学到的教训正被应用于即将合法化的毒品贸易。

加拿大是远东海洛因供应商使用的最重要路线。英国君主制确保这些信息永远不会被公开。伊丽莎白女王通过她的权力，通过总督（人们不禁要问，现代加拿大人如何能接受这样一个古老的安排）来统治加拿大，总督是女王的个人代表，然后通过枢密院（殖民时代的另一个古老的遗留物）和耶路撒冷圣约翰骑士团来控制加拿大贸易的所有方面。反对英国统治的声音被压制。加拿大有一些世界上最严格的法律，包括英国上议院的犹太成员强加给该国的所谓 "仇恨犯罪 "法律。目前，在加拿大有四项重大审判处于不同阶段，涉及被指控犯有 "仇恨罪 "的人。这些案件是芬塔案、基格斯特拉案、祖德尔案和罗斯案。任何敢于试图展示犹太人控制加拿大的证据的人（Bronfmans行使）都会被立即逮捕，并被指控为所谓的 "仇恨犯罪"。这让我们了解到300人委员会的影响范围，它实际上是坐在这个世界上的一切之上。

300人委员会在圆桌会议的支持下创建了国际战略研究所（IISS），这一点得到了证实。该机构是军情六处和塔维斯托克的黑色宣传和湿作业（情报部门对流血行动的掩护名称）的载体，[24] 核和恐怖主义，在世界媒体以及政府和军事机构中传播。

IISS成员包括来自87个主要新闻机构和协会的代表，以及来自国际报纸和杂志的138名编辑和专栏作家。现在你知道你最喜欢的专栏作家从哪里获得所有的信息和意见。请记住杰克-安德森、汤姆-威克、山姆-唐纳森、约翰-钱学森、玛丽-麦格利、西摩-赫什、

---

[24] 从字面上看，你必须弄湿的工作......NDT。

弗洛拉-刘易斯和安东尼-刘易斯等等。国际情报局提供的信息，特别是那些为黑化侯赛因总统、为即将对利比亚发动的攻击辩护和谴责巴解组织而准备的脚本，都是专门为这个场合量身定做的。西摩-赫什（Seymour Hersh）发表的马伊莱大屠杀故事直接来自国际情报局，以防我们误以为像赫什这样的人自己做研究。

国际战略研究所不过是李普曼和贝奈斯所定义的最高级别的舆论制造者。报纸不写书，而是报道由选定的专栏作家提出的意见，而IISS的创建不仅是为了创造意见，而且是为了更迅速地传播这些意见和情景，并使之比书本所能达到的更广泛的受众。IISS是一个很好的例子，说明了300人委员会各机构的联网和对接。

创建国际情报局的想法是在1957年的比尔德伯格会议上产生的。人们会记得，比尔德伯格会议是军情六处在皇家国际事务研究所的指导下创建的。这个想法来自于特威德斯穆尔勋爵的儿子阿拉斯泰尔-布坎。布坎当时是主席，是RIIA董事会的成员，也是圆桌会议的成员，据说与英国王室关系非常密切。正是这次会议欢迎工党领袖丹尼斯-希利加入其行列。其他参与者包括弗朗索瓦-杜肯，他的导师让-莫奈-杜肯在塔维斯托克哥伦布中心的H.V.迪克斯的指导下领导三边委员会。

这个巨大的宣传和舆论机器的董事会成员包括以下人员。

> 弗兰克-基特森（Frank Kitson），爱尔兰共和军PROVISIONALS的前控制人，也就是在肯尼亚发动毛姆人叛乱的人。

> Lazard Frères，由Robert Ellsworth代理。

> N.M. Rothschild，由John Loudon代理。

> 保罗-尼兹，施罗德银行的代表。

尼采在军备控制协议问题上发挥了非常重要和实质性的作用，这些问题一直是在RIIA的领导下进行的。

> C.*纽约时报》*的L.Sulzberger。

> 斯坦斯菲尔德-特纳，中情局前局长。

> 彼得-卡尔沃科雷西，企鹅出版社的代表。

> 皇家国际事务研究所，由Andrew Schoenberg代理。

> 专栏作家和记者，由弗洛拉-刘易斯、德鲁-米德尔顿、安东尼-刘易斯、马克斯-弗兰克尔代表。

> 丹尼尔-埃尔斯伯格。

> 亨利-基辛格。

> 罗伯特-鲍伊，中情局国家情报评估的前主任。

1957年比尔德伯格会议之后，基辛格奉命在曼哈顿开设了一个圆桌会议办公室，其核心成员是海格、埃尔斯伯格、哈尔帕林、施莱辛格、麦克纳马拉和麦克邦迪兄弟。基辛格被命令用圆桌会议的成员填补尼克松政府的所有高级职位，他们忠于RIIA，因此也忠于英国女王。基辛格选择了尼克松总统的老巢皮埃尔酒店作为他的行动中心，这绝非巧合。

圆桌会议-基辛格行动的意义在于此。在RIIA主席安德鲁-肖博格的命令下，所有涉及情报的机构都被阻止向尼克松总统提供信息。这意味着，基辛格和他的团队在向总统公布之前，收到了所有的情报，包括国外和国内的，执法和安全方面的，包括联邦调查局的第五部门。这确保了军情六处在美国控制的所有恐怖行动都没有机会被披露。这是Halperin的领域。

利用这种方法，基辛格立即确立了他在尼克松总统任期内的霸权地位，在尼克松被基辛格集团羞辱并被赶下台后，基辛格以前所未有的权力出现，这是水门事件之前和之后都没有的。其中一些很少列出的权力是。

基辛格下令由哈尔佩林起草《国家安全决定备忘录1号》，他通过圆桌会议圈子直接从RIIA获得了实际的措辞。备忘录指定基辛格为美国的最终权威，主持核查小组的工作。所有的SALT谈判都是由相同的机构进行的，由保罗-尼采、保罗-瓦恩克和日内瓦军备控制团的一群叛徒领导。

此外，基辛格还被任命为越南问题特别研究小组成员，该小组负责监督和评估所有报告，包括来自越南的情报报告，包括民事和军事报告。基辛格还要求并得到了对 "第40委员会 "的监督，这是一个超级秘密机构，其工作是决定何时何地开展秘密活动，然后监测其启动的行动的进展。

同时，基辛格命令联邦调查局进行雪崩式的窃听，甚至对他最亲密的助手进行窃听，以便给人留下他知道一切的印象。他的大部分随行人员都被告知他们正在被窃听。这几乎适得其反，一位名叫亨利-布兰登的军情六处特工被命令进行窃听，但基辛格并未告知。布兰登冒充*伦敦时报*的记者，基辛格差点被解雇，因为在*伦敦时报*没有人这样做。

埃尔斯伯格闯入事件和随后的尼克松水门事件的完整故事太长了，在此不一一介绍。可以说，从埃尔斯伯格在剑桥大学时被招募的那天起，基辛格就控制了他。埃尔斯伯格一直是越南战争的坚定支持者，但他逐渐被 "转化 "为激进的左翼活动家。他的 "皈依 "比圣保罗的大马士革路经历更神奇。

美国新左派的整个光谱是英国特勤局（MI6）通过圆桌会议和政策研究所（IPS）的代理人进行的。正如它对所有有共和制基础的国家所做的那样，这些国家的政策需要改变，IPS发挥了领导作用，就像今天在南非和韩国一样。IPS的许多工作在我1990年出版的《重新审视IPS》一书中得到了解释。

IPS有一个主要功能，就是挑拨离间，传播错误信息，从而造成混乱。其中一个针对美国青年的方案，重点是毒品。通过一系列IPS的幌子，诸如向尼克松的车队投掷石块和大量的爆炸事件，有效地营造了一种欺骗的气氛，使大多数美国人相信美国受到了克格勃、GRU和古巴IMB的威胁。据传，这些假想的特工中有许多人通过乔治-麦戈文与民主党有密切联系。这实际上是军情六处名副其实的典型的造谣活动。

哈尔德曼、埃利希曼和尼克松最亲密的助手们都不知道发生了什么，结果白宫发表了一系列声明，称东德、苏联、朝鲜和古巴正在训练恐怖分子并为他们在美国的行动提供资金。我怀疑尼克松对IPS了解多少，更不用说怀疑它对他的总统职位有什么影响。在海湾战争期间，我们也遭受了同样的错误信息，当时有传言说各方的恐怖分子即将入侵美国并炸毁眼前的一切。

尼克松总统简直被蒙在鼓里。他甚至不知道基辛格的学生大卫-杨在白宫地下室工作，监督 "泄密"。杨是牛津大学的毕业生，也是基辛格通过米尔班克-特威德律师事务所等圆桌会议资产的长期伙伴。尼克松总统在军情六处代表皇家国际事务研究所和英国皇室的指导下部署的反对他的力量面前不堪一击。就水门事件而言，尼克松唯一有罪的地方是他对周围发生的事情一无所知。当詹姆斯-麦考德向约翰-西里卡法官'认罪'时，尼克松应该在心里意识到，麦考德在玩一个双重游戏。他应该当场把基辛格与麦考德的关系叫出来。这将会给工作带来麻烦，使整个军情六处-水门事件的行动脱轨。

尼克松并没有滥用他的总统权力。他的罪行是没有捍卫美利坚合众国的宪法，没有指控凯瑟琳-梅耶-格雷厄姆夫人和本-布拉德利阴谋叛乱。凯瑟琳-梅尔-格雷厄姆女士的血统是最令人怀疑的，正如《谋杀案》中的 "杰西卡-弗莱彻 "会很快发现的那样。但即使知道这一点，格雷厄姆女士在圆桌会议上的控制者也会拼命保守这个秘密。*华盛顿邮报*的作用是通过制造一个又一个的 "启示 "来保持沸腾，从而造成公众对尼克松总统的不信任气氛，尽管没有一丝证据表明他有任何不法行为。

然而，它显示了新闻界的巨大力量，正如李普曼和贝奈斯正确地预料到的那样，长期被怀疑谋杀丈夫菲利普-L-格雷厄姆的格雷厄姆夫人--官方归类为 "自杀"--应该保留一些可信度。其他应该被指控为叛乱和叛国的叛徒是基辛格、海格、哈尔帕林、埃尔斯伯格、杨、麦考德、约瑟夫-卡利法诺和IPS的乔姆斯基以及那些去麦考德家烧掉他所有文件的中情局特工。需要再次重申的是，水门事件与其他许多我们在此没有空间包括的行动一样，表明了300人委员会对美国的全面控制。

尽管尼克松与厄尔-沃伦和一些建造沃伦房子的黑帮分子混在一起，但这并不意味着他应该因水门事件而蒙羞。我不喜欢尼克松是因为他愿意在1972年签署臭名昭著的反弹道导弹条约，以及他与勃列日涅夫的关系过于亲密。少数派委员会最令人遗憾的错误之一是，它没有揭露康宁集团可怕的私人情报机构INTERTEL在向爱德华-肯尼迪 "泄露 "水门事件的大部分内容方面所扮演的肮脏角色，我们已经见过这个机构了。像INTERTEL这样的私人情报机构没有权利在美国存在。他们是对我们隐私权的威胁，是对世界各地所有自由人的侮辱。

错还在于那些本应保护尼克松总统的人，在他周围撒下了那种用来孤立他的铁网。尼克松身边的情报人员对英国情报行动的严密性一无所知；事实上，他们根本不知道水门事件完全是英国的一次情报行动。水门事件的阴谋是针对美利坚合众国的政变，刺杀约翰-F-肯尼迪也是如此。尽管这一事实在今天没有得到承认，但我相信，当所有的秘密文件最终被打开时，历史将记录下两个政变，一个针对肯尼迪，一个针对尼克松，确实发生了，而且它们带来了对美国共和国赖以生存的机构最猛烈的强奸和攻击。

最应该被称为叛徒和犯有叛乱罪的个人是亚历山大-海格将军。这位文职上校的笔杆子生涯并不包括指挥部队作战，却突然被高层无形的平行政府推到了风口浪尖。尼克松总统曾形容他是一个上厕所都要征求基辛格同意的人。

海格是圆桌会议的产物。他被著名成员约瑟夫-卡利法诺注意到，他是女王陛下在美国最信任的代表之一。民主党全国代表大会的法律顾问约瑟夫-卡利法诺（Joseph Califano）在入室盗窃发生前一个月，实际上已经采访了水管工之一的阿尔弗雷德-鲍德温（Alfred Baldwin）。卡利法诺傻乎乎地写了一份关于他与鲍德温谈话的备忘录，其中详细介绍了麦考德的背景以及麦考德为什么选择鲍德温作为 "团队 "的一员。

更重要的是，卡利法诺的备忘录包含了尼克松和连任委员会之间谈话的窃听记录的所有细节，这些都是在闯入事件发生之前。卡利法诺本应因多种联邦罪行而被起诉；相反，他在犯罪活动中毫发无伤。狡猾的萨姆-埃尔文拒绝让少数派律师弗雷德-汤普森在水门事件听证会上提出这一极具偏见的证据--理由是它 "过于推测"。

在圆桌会议的要求下，基辛格将海格从上校晋升为四星上将，这是美国军事史上有史以来最突飞猛进的一次，在此期间，海格超越了280名美国陆军将军和高级军官。

在海格的 "晋升 "期间，以及由于海格的 "晋升"，25名高级将领被迫辞职。作为对他背叛尼克松总统和美国的奖励，海格随后被授予北大西洋公约组织（NATO）部队总司令的职位，尽管他是有史以来最没有资格担任该职位的指挥官。同样，他被来自北约国家和美国的400名高级将领所压制。

当他的任命消息传到苏联武装部队最高司令部时，奥尔加科夫元帅从波兰和东德召回了他的三名华沙条约组织高级将领，大家欢欣鼓舞，碰杯喝香槟，直到深夜。在海格担任北约部队指挥官的整个任期内，苏联武装部队的精英专业干部，那些从来都是职业军人的人，对海格极为蔑视，公开称他为 "北约办公室经理"。他们知道，海格的任命归功于RIIA，而不是美国军队。

但是，在他的军事晋升将他带出华盛顿之前，亚历山大-海格与基辛格一起，几乎摧毁了美国总统的办公室和他的政府。据我所知，基辛格和海格在水门事件后留下的混乱局面从未被记录在案。在RIIA的坚持下，海格在1973年4月的政变后几乎接管了美国政府的运作。通过从布鲁金斯学会、政策研究学会和对外关系委员会引进100名精心挑选的圆桌会议代理人，海格将华盛顿最重要的100个职位都安排给了像他一样受制于外国势力的人。在随后的失败中，尼克松政府受到损害，美国也随之受到损害。

除了虔诚的陈词滥调和捍卫宪法的姿态之外，参议员萨姆-埃尔文为改变美国所做的事情比尼克松总统所做的任何事情都要多，美国还没有从水门事件这一几乎致命的伤口中恢复过来，这一行动由300人委员会发起，由皇家国际事务研究所、圆桌会议和美国的军情六处特工实施。

尼克松总统先是被孤立，被叛徒包围，然后被迷惑的方式完全遵循了塔维斯托克的方法，即根据塔维斯托克的首席理论家库尔特-卢因博士制定的方法对一个人进行完全控制。我在本书的其他地方详细介绍了Lewin的方法，但鉴于对理查德-M-尼克松总统的案例研究，我认为值得重复。

> "通过恐怖策略来瓦解士气的主要技巧之一正是这种战术：让人对自己的处境和可以期待的事情处于一种迷茫状态。此外，如果在严厉的纪律措施和良好待遇的承诺之间频繁摇摆，以及传播相互矛盾的消息，使这种情况的认知结构完全不清楚，个人甚至可能不再知道某个计划会使他或她走向或远离目标。在这种情况下，即使是有明确目标并愿意承担风险的人，也会因为内心严重冲突而瘫痪，不知道该怎么做。

基辛格和海格完全按照塔维斯托克的培训手册行事。其结果是，尼克松总统感到困惑、迷茫、惊恐和士气低落，他唯一的行动方案--海格告诉他--就是辞职。1983年，我写了两本书，《塔维斯托克研究所：阴险和致命》和《塔维斯托克研究所：英国对美国政策的控制》，25，内容是根据落入我手中的塔维斯托克秘密手册。塔维斯托克研究所的方法和行动在这两本书中都有详细介绍。

---

25 见《塔维斯托克人际关系研究所》中这些书的更新，Omnia Veritas有限公司，www.omnia-veritas.com。

塔维斯托克的方法被成功地应用于赶走尼克松总统，以至于这个国家的人民完全相信阴谋家的谎言、歪曲和捏造的情况的诽谤是事实，而事实上水门事件是一个彻头彻尾的邪恶谎言。指出这一点很重要，因为我们肯定没有看到 "水门 "式行动的结束。

据称尼克松总统犯下的可被弹劾的罪行是什么，以及所谓的支持这些指控的 "烟枪 "证据是什么？首先，"吸烟枪"。这篇小说是基辛格和海格围绕6月23日的磁带创作的，海格迫使尼克松把磁带交给莱昂-贾沃斯基。

海格花了几个小时说服尼克松总统，这盘磁带将使他沉沦，因为它 "毫无疑问地 "证明了尼克松犯有严重的错误行为，而且他是水门事件中的同谋者。尼克松总统的第一反应是告诉海格："把事情闹大是完全荒谬的。"但海格继续工作，直到尼克松确信，仅凭6月23日的这段特殊录音，他无法在参议院面前成功地为自己辩护！。

海格是如何完成他的任务的？海格按照他的圆桌会议监督员为他准备的剧本，让他的工作人员打了一份未经编辑的 "吸烟枪 "录音稿[26] 。事实上，磁带上没有任何东西是尼克松总统无法解释的。海格感觉到了这一点，于是在众议院和参议院中尼克松最热心的支持者以及共和党的高层中传阅了他未经授权和未经编辑的录音记录。掺杂着对 "吸烟枪 "和它肯定会产生的 "破坏性 "影响的想法。从尼克松的亲信口中说出来，这份记录就像老鹰打了一群鸽子一样；尼克松的支持者们惊慌失措，纷纷躲避。

在他的煽动和叛乱之后，海格把国会议员查尔斯-威金斯召到他的办公室，他是尼克松的坚定支持者，曾同意在众议院领导斗争以避免弹劾程序。在一个公然的谎言中，海格告诉威金斯："这场战斗已经失败。在这之后，维金斯失去了为尼克松辩护的兴趣，认为尼克松本人已经同意退出了。海格随后以同样的方式对待参议员格里芬，他是总统在参议院的主要支持者之一。由于海格的煽动和叛国活动，格里芬参议员立即写信给尼克松总统，要求他辞职。

三个月前，圆桌会议控制的政策研究所，詹姆斯-沃伯格的孩子、

---

[26] "冒烟的枪"，这个词是无可辩驳的证据的同义词。

创始人和成员马库斯-拉斯金，利用英国特勤局的宣传报纸《*纽约时报*》5月25日，向尼克松总统发出了完全相同的最后通牒，要求他辞职。水门事件的悲剧是美国向野蛮主义不可逆转的过渡中的一步，它正笼罩着美国，使我们走向一个世界政府/新世界秩序。美国现在处于与意大利相同的阶段，当时阿尔多-莫罗试图把它从他创造的不稳定中拯救出来。

尼克松被指控有什么不法行为？约翰-多尔的直率完全适合他提出针对总统的弹劾条款的任务，他是美国有史以来最大的非法国内监视和反情报行动之一的作者和完成者。

作为部门间情报组（IDIU）的负责人，杜尔从联邦政府的每一个可以想象的机构收集信息，包括国内税收局。该方案与政策研究所有联系。多尔职业生涯的亮点之一是向中央情报局--法律禁止其从事国内监控--提供1万至1.2万个他怀疑是政治异见者的公民的名字，以便进一步调查。

1974年7月18日，这位伟大的法律卫士带着有分寸的浮夸，发表了对尼克松总统的 "指控"，这一情节被全国电视转播。然而，没有一丝一毫的证据表明尼克松做了任何应受谴责的事情，从而导致对他的弹劾；事实上，杜尔对尼克松的所谓 "罪行 "的可悲的列举是如此微不足道，以至于诉讼程序超越了这一点，令人惊讶。伪造所得税，未经授权轰炸柬埔寨，以及一个模糊的 "滥用权力 "的指控，这些指控在法庭上是不会得到支持的，这就是杜尔能做的最好的事情。1974年8月8日，尼克松总统辞职时，美国像以往一样不稳定。

在我们的经济和财政政策中，这一点最为突出。1983年，国际银行家们在弗吉尼亚州的威廉斯堡开会，制定了一项战略，为美国的银行系统彻底解体做准备。这一计划中的事件是为了推动美国参议院接受国际货币基金组织（IMF）对我国货币和财政政策的控制。华尔街摩根担保公司的丹尼斯-韦瑟斯通说，他相信这是美国能够自救的唯一途径。

这一建议得到了迪奇利小组的认可，该小组于1982年5月在伦敦的迪奇利公园发起成立。1983年1月10日和11日，这群外来者在华盛顿特区开会，违反了《谢尔曼反托拉斯法》和《克莱顿法》，密谋颠覆美利坚合众国的货币和金融自由主权。美国司法部长知道这次会议及其目的。他没有指控这群人阴谋实施联邦犯罪，而只是另眼相看。

根据上述法律，阴谋的证据是重罪定罪的全部要求，而且有充分的证据表明发生了阴谋。但由于迪奇莱基金会是应皇家国际事务研究所的要求召开的，并由圆桌会议主办，司法部没有人有勇气按照那些宣誓维护美国法律的人的要求采取行动。

旨在控制美国财政和货币政策的迪奇利计划是哈罗德-利弗爵士的创意，他是犹太复国主义的热心支持者，英国王室的亲信和300人委员会的成员。 哈罗德-利弗爵士是巨型企业集团UNILEVER的董事，该公司是300人委员会的主要公司。勒夫的计划要求扩大国际货币基金组织的影响力，使其能够影响包括美国在内的所有国家的中央银行，并引导它们进入一个单一的世界政府银行的手中。

这是IMF成为全球银行体系最终仲裁者的重要一步。在1月份的绝密会议之前，1982年10月举行了另一次会议，世界上最大的36家银行的代表参加了这次会议，他们聚集在纽约的Vista酒店。10月26日至27日的研讨会的安保工作与大苹果公司所见过的任何事情一样严格。迪奇利集团的这次早期会议也违反了美国法律。

哈罗德-利弗爵士在会上发言说，必须在2000年之前结束国家主权这一古老的残余。

"哈罗德爵士说："美国很快就要意识到，当国际货币基金组织控制了美国之后，它的情况不会比任何第三世界国家好。

代表们后来被告知，指定国际货币基金组织作为美国财政政策的监督者的计划正在准备中，将在2000年之前提交给美国参议院。

Rimmer de Vries代表摩根担保公司发言说，现在是美国成为国际清算银行成员的时候了。"美国在过去50年中的犹豫不决需要重新考虑，"德弗里斯说。一些英国和德国的银行家担心可能违反美国法律，说迪奇莱小组不过是一个解决汇率问题的委员会。费利克斯-罗哈廷还谈到，非常有必要修改美国的银行法，以便国际货币基金组织能够在该国发挥更大的作用。Rohatyn曾是罗马俱乐部银行Lazard Frères的负责人，该银行是鹰星集团的一部分，我们之前已经见过。

圆桌会议代表威廉-奥格登和维尔纳-斯坦格热情地发言，赞成将美国的财政主权交给国际货币基金组织和国际清算银行。代表P2

共济会银行Alpha Ranking Group的代表表示，在实现新世界秩序的任何进展之前，必须迫使美国服从 "世界银行的更高权威"。

1983年1月8日，在他们1月10-11日的大会议之前，罗马俱乐部的主要成员汉斯-沃格尔在白宫受到了接待。罗纳德-里根总统曾邀请乔治-舒尔茨、卡斯帕-温伯格、乔治-肯南和莱恩-柯克兰参加他与沃格尔的会谈，沃格尔向里根总统解释了迪奇莱集团的目的和目标。从那天起，里根总统转身与300人委员会的各个机构合作，推动国际货币基金组织和国际清算银行成为美国国内和国外货币政策的权威。

300人委员会的隐形政府对美国施加了巨大的压力，迫使其改变方式--变得更糟。美国是最后的自由堡垒，除非我们的自由被剥夺，否则走向一个世界政府的进程将被大大减缓。像一个世界政府这样的事业是一项庞大的工程，需要大量的技巧、组织能力、对政府及其政策的控制。唯一能够承担这项巨大任务并有成功希望的组织是300人委员会，而且我们已经看到它在完全成功方面走了多远。

这首先是一场精神斗争。不幸的是，基督教会已经变成了由无限糟糕的世界教会理事会（WCC）管理的社会俱乐部，其起源不是在莫斯科，而是在伦敦市，正如我们在本书末尾的图表中看到的那样，该图表给出了一个世界政府教会的结构。这个机构创建于20世纪20年代，是一个世界政府政策的载体，也是300人委员会长期规划能力的一个纪念碑。

另一个在结构和设计上与世界基督教协进会相似的腐败组织是忧思科学家联盟，由三边委员会创建，由卡内基捐赠基金、福特基金会和阿斯彭研究所资助。正是这个团体领导了阻止美国建立对苏联宇宙球的有效威慑的斗争，这种天基激光束武器可以从太空摧毁美国或其他地方的选定目标。

美国的SDI计划是为了应对苏联宇宙飞船带来的威胁，尽管保证说 "共产主义已经死亡"，但这种威胁仍然存在。苏联发言人格奥尔基-阿尔巴托夫在关注科学家联盟的一次会议上说，他们必须反对SDI计划，因为如果SDI计划开始运作，"这将是一场军事灾难"。年复一年，忧思科学家联盟反对所有包括重要的SDI计划资金的预算，直到1991年底，甚至没有足够的资金来资助仍然需要的额外研究，更不用说将该系统送入轨道。关心世事科学家联盟由英国皇家国际事务研究所管理,并被英国情报部门MI6的特工严重渗透。

在美国,生活中没有一个方面不被300人委员会这个无形的政府所监控,不被引导到 "正确 "的方向,不被操纵和控制。 没有一个民选官员或政治领导人不受其管辖。到目前为止,没有人能够挑战我们的秘密统治者,他们会毫不犹豫地对任何人进行 "丑化",包括美利坚合众国的总统。

从1776年,杰里米-边沁和威廉-佩蒂,谢尔本伯爵,刚刚从他们策划和指导的法国大革命的胜利中走出来,被英国王室招募,将他们的综合经验用于殖民者;到1812年,英国人洗劫和烧毁了华盛顿,销毁了可能揭露新生的美利坚合众国的背叛的秘密文件;到尼克松总统的水门事件和肯尼迪总统被暗杀;300人委员会的手都清晰可见。这本书试图让美国人民看清这个可怕的事实:我们*不*是一个独立的国家,而且只要我们被一个无形的政府--300人委员会所统治,我们就*永远*不可能成为一个独立的国家。

过去和现在受300人委员会直接影响的机构/组织

- 当代问题学院。
- 非洲基金。
- 国际发展署。
- 阿尔伯特-普列文基金会。
- 以色列世界联盟。
- 美国公民自由联盟
- 美国种族关系委员会。
- 美国国防协会。
- 美国新闻学会。
- 美国保护联盟。
- 反诽谤联盟。
- 阿拉伯局。
- 阿拉伯高级委员会。
- ARCA基金会。
- Armour研究基金会。
- 军备控制和外交政

- 社会调查研究所。
- 未来研究所。
- 世界秩序研究所。
- 毒品、犯罪和司法问题研究所。
- 阿尔法间。
- 美洲社会发展研究所。
- 国际战略研究学会。
- 宗教间和平座谈会。
- 伊尔根。
- 马耳他骑士团。
- 国联。
- 物流管理学院。
- 伦敦英国犹太人代表委员会。
- 伦敦经济学院。
- 玛丽-卡特油漆公

策

> 核心小组。

> Arthur D.利特公
  司。

> 亚洲研究所。

> 阿斯彭研究所。

> 人本主义心理学协
  会。

> 增援研究中心。

> 希尔什男爵基金。

> 巴特尔纪念研究
  所。

> 伯杰国家基金会。

> 柏林未来研究中
  心。

> Bilderbergers。

> 黑色秩序。

> 抵制日货会议。

> 英国纽芬兰公司。

> 英国皇家学会。

> 国际英联邦合作局
  兄弟会。

> 革命的宣传。

> 加拿大犹太人大
  会。

> 圣约翰大教堂，纽
  约。

司。

> 马萨诸塞州技术学
  院。

> 梅隆研究所。玄学
  会。

> 米尔纳集团。

> Mocatto金属公司。

> Pelerin山协会。

> 有色人种协进会。

> 关于军事/工业综合
  体的国家行动研
  究。

> 国家生产力研究所
  中心。

> 全国教会理事会。

> 国家民意研究中
  心。

> 国家培训实验室。

> 新民主联盟。

> 新世界基金会。

> 纽约兰德研究所。

> NORML。北大西洋
  公约组织
  （NATO）。

> 奇数人。耶路撒冷
  的圣约翰骑士团。

> 金色黎明骑士团。
  OXFAM。

- 行为科学高级研究中心。
- 宪法权利中心。
- 古巴研究中心。
- 民主制度中心。
- 国际政策中心。
- 响应式法律研究中心。
- 基督教社会主义联盟。
- Cini基金会。
- 罗马俱乐部。共同体信息。
- 未来三十年的委员会。
- 十四国委员会。
- 国民士气委员会。
- 制定世界宪法的委员会。
- 共产主义联盟。
- 工业组织大会。
- 外交关系委员会。
- David Sassoon公司。
- 德比尔斯联合矿场。
- 布鲁塞尔民主联盟。

- 牛津大学Univac。
- 太平洋研究中心。
- Palisades基金会。
- 半岛和东方航海公司（P&O.）。
- PERMINDEX。
- 普林斯顿大学。
- 兰德公司。
- 兰德社会科学学院。
- 三角区研究机构。
- 罗德奖学金委员会。
- 力拓锌业公司。
- 河滨教堂裁军计划。
- 圆桌会议。
- 皇家国际事务研究所。
- Russell Sage基金会。
- 旧金山基金会。
- Sharps Pixley病房。
- 社会科学研究委员会。
- 社会主义国际。
- 美国社会主义党。

- 东印度 300 人委员会。
- 经济和社会控制（ECOSOC）。
- 环境基金。
- 环境测量学公司。
- 埃萨伦研究所。
- 费边社。
- 美国犹太复国主义者联合会。
- 基督教社会秩序的团契。
- 和解团契。
- 福特基金会。
- 福特汉姆大学机构
- 教育研究。
- 国家进步基金会。
- 加兰基金。
- 德国马歇尔基金。
- 以色列人的管理机构
- 宗教团体。
- 海湾南部研究所。
- 哈格纳。哈佛大学。
- 地狱火俱乐部。
- 霍勒斯-曼恩联盟。
- 宗教研究促进会。
- 天堂协会（TRIADS）。
- 苏联国家科学和技术委员会。
- 斯坦福研究所。
- 斯德哥尔摩国际和平研究所。
- 孙逸仙学会。
- 系统开发公司。
- 塔维斯托克人类关系研究所。
- Tempo公司。
- 高等十二级国际。
- 公共议程基金会。
- 生活质量研究所。
- 神学研究会。
- 图勒协会。
- 跨大西洋理事会。
- 三边委员会。
- 罗马俱乐部的美国协会。
- 美国和平研究所。
- 关心的科学家联盟。
- 训研所。
- 宾夕法尼亚大学沃

- 哈德逊公会。
- 哈德逊研究所。
- 哈德逊湾公司。
- 伦敦大学帝国学院。
- 工业基督教团契。
- 大脑研究所。
- 太平洋关系研究所。
- 政策研究学院。

- 顿商学院。
- 沃伯格，詹姆斯-P. 和家人。
- 西方培训实验室。
- 威尔顿公园。
- 基督教妇女节制联盟。
- 黄宏汉公司。
- 在美国工作研究所。
- 世界基督教协进会。

特殊基金会和利益集团

- 阿拉伯局。
- 亚里士多德学会。
- 亚洲研究所。
- 伯特兰-罗素和平基金会。
- 英美加拿大公司。
- 永恒之爱的兄弟关系。
- 剑桥的使徒们。
- 加拿大Histadrut运动。
- 加拿大太平洋有限公司

- 濒危民族协会。
- 英伦置业有限公司
- 安宁疗护公司
- International Brotherhood of Teamsters.
- 国际红十字会。
- 耶路撒冷基金会，加拿大。
- 基辛格事务所。
- 九龙商会。
- 美洲国家组织。
- 华侨事务委员会。

> 加勒比-中美洲行动小组。
> 中国光大控股有限公司
> 中国人民外交学会。
> 南美洲理事会。

> 美国无线电公司（RCA）。
> 香港皇家警察。YMCA。

银行

> 美国运通。
> Banca de la Svizzera d'Italia.
> Banca Andioino.
> Banca d'America d'Italia.
> Banca Nazionale del Lavoro.

> BCCI。[27]加拿大帝国商业银行。
> Centrust银行。
> 渣打银行。
> 查特豪斯-杰普特银行。
> 大通曼哈顿银行。

---

[27]BCCI。这家银行多次被指控严重参与世界各地的毒品资金的洗钱活动。其结构包含了300人委员会的所有业务。 其公司结构很有意思。中东利益集团，35%的股份由：

> 巴林的统治家族。
> 沙迦的统治家族。
> 迪拜的统治家族。
> 沙特阿拉伯的统治家族。

> 伊朗的统治家族。
> 一群中东商人。
> BCCI开曼群岛41%。
> 美国银行24%。

BCCI开曼群岛公司和BCCI卢森堡公司在迈阿密、博卡拉顿、坦帕、纽约、旧金山和洛杉矶设立了代理办事处。

- 私人银行。
- 安布罗西亚诺银行。
- 加勒比银行。
- 墨西哥商业银行。
- Banco Consolidato.
- Banco d'Espana.
- 哥伦比亚银行。
- Banco de Commercio.
- 伊比利亚-美洲银行。
- 国民银行。
- Estada银行。
- Banco Internacional.
- Banco Latino.
- 墨西哥商业银行。
- 古巴国家银行。
- 巴拿马国家银行和较小的巴拿马银行。
- 曼谷商业d'Italian。
- 曼谷大都会银行。
- 马什雷克银行。
- 美国银行。
- 国际清算银行。
- Hapoalim银行。

- 化学银行。
- 花旗银行。
- 亚特兰大公民和南方银行。
- 迈阿密城市国民银行。
- 克拉里顿银行。
- 克利夫兰国家城市银行。
- 企业银行和信托公司。
- 信用和商业美国控股。
- 信用和商业控股。
- 荷属安的列斯群岛。
- 瑞士信贷。
- 克罗克国家银行。德诺夫里兹，斯伦贝谢，马莱银行。
- 德累斯顿银行。
- 杜塞尔多夫全球银行。
- 利特克斯银行。
- Ljubljanska银行。
- 劳埃德银行。
- 海洋米德兰银行。
- 米德兰银行。

- Bank Leu.
- Leumi银行。
- 曼谷银行。
- 波士顿银行。
- 加拿大银行。
- 信用和商业银行
- 东亚银行。
- 国际。
- 英格兰银行。
- 埃斯坎比亚银行。
- 日内瓦银行。
- 爱尔兰银行。
- 伦敦银行和墨西哥。
- 蒙特利尔银行。
- 诺福克银行。
- 新斯科舍银行。
- 俄亥俄州银行。
- Bruxelles-Lambert银行。
- 阿拉伯商业银行。
- 国际信贷银行。
- 巴黎银行和荷兰。
- 法国和意大利的南美银行。
- 巴黎路易-德雷福斯

- 摩根银行。
- Morgan & Co.
- 摩根格林费尔德银行。
- Narodny银行。
- 克利夫兰国家银行。
- 佛罗里达州国家银行。
- 国家威斯敏斯特银行。
- Orion银行。
- 帕拉维西尼银行有限公司
- 共和国国民银行。
- 加拿大皇家银行。
- 施罗德银行。
- 塞利格曼银行。
- 上海商业银行。
- 宋氏银行。
- 标准银行和渣打银行。
- 标准银行。
- 瑞士银行公司。
- 瑞士以色列贸易银行。
- 贸易发展银行。

银行。

- ➤ 私人银行业务。
- ➤ 南美银行。
- ➤ 巴克莱银行。
- ➤ 巴林兄弟银行。
- ➤ 巴内特-班克斯。
- ➤ Baseler Handeslbank.
- ➤ 巴塞尔银行监管委员会。

- ➤ 联合银行。
- ➤ 以色列联合银行。
- ➤ 瑞士联合银行。
- ➤ 万应银行。
- ➤ 怀特韦尔德银行。
- ➤ 世界银行。
- ➤ 拿骚的世界商业银行。
- ➤ 世界贸易银行。
- ➤ Wozchod Handelsbank.

注：除巴塞尔银行委员会外，上述每家银行都曾经并可能仍在参与毒品、钻石、黄金和军火交易。

法律协会和律师

- ➤ 美国律师协会。
- ➤ Clifford和Warnke。
- ➤ 库德特兄弟。

- ➤ 克拉韦斯、斯温和穆尔。
- ➤ 威尔基、法尔和加拉格尔。

会计师/审计师

- ➤ Price, Waterhouse.

美国的塔维斯托克机构

从国家卫生研究所获得合同。

- ➤ Merle Thomas Corporation

从美国海军获得合同，分析卫星数据。

> 瓦尔登研究

在污染控制领域工作。

> 规划研究公司，Arthur D.Little, G.E. "tempo", Operations Research Inc.

他们是350家左右进行研究和调查的公司之一，并向政府提出建议。它们是艾森豪威尔总统所说的 "公共政策可能面临的危险，它本身可能成为科学技术精英的俘虏 "的一部分。

> 布鲁金斯学院

将他的工作献给了他所谓的 "国家议程"。撰写了胡佛总统的方案、罗斯福总统的 "新政"、肯尼迪政府的 "新境界 "方案（偏离该方案使约翰-F-肯尼迪失去了生命）以及约翰逊总统的 "伟大社会"。布鲁金斯在过去70年里一直告诉美国政府如何开展业务，并继续代表300人委员会这样做。

> 哈德逊研究所

在赫尔曼-汗的领导下，这个机构在塑造美国人对政治和社会事件的反应、思考、投票和一般行为方式方面所做的工作，比除 "五大 "之外的任何其他机构都多。哈德森专门研究国防政策和与苏联的关系。他的大部分军事工作被列为机密。(他早期的一些论文题为 "老龄国家之间的稳定与安宁 "和 "美国国家安全政策问题的分析性总结"）。哈德森为自己的多样性感到自豪；他曾帮助美国宇航局开展太空项目，并帮助300人委员会推广新的青年时尚和理念、青年叛逆和异化，表面上由可口可乐公司资助。哈德森可以正确地被归类为300人委员会的洗脑机构之一。 他的一些核战争设想是非常有趣的阅读，如果你能得到这些资料，我推荐《6种基本热核威胁》和《热核战争的可能结果》以及他的一份更可怕的文件《以色列-阿拉伯核战争》。哈德森还为300家公司的委员会提供咨询，兰克、施乐、通用电气、IBM和通用汽车等等，但她最大的客户仍然是美国国防部，负责处理民防、国家安全、军事政策和军控问题。迄今为止，它还没有着手进行 "湿的NASA"，即国家海洋局。

> 国家培训实验室

NTL也被称为国际应用行为科学研究所。这个研究所无疑是一个基于库尔特-卢因原则的洗脑中心，其中包括所谓的T-小组（培训小组），这是一种人为的压力训练，参与者会突然陷入对恶毒指控的自我辩护。NTL是美国最大的教师团体--全国教育协会的所在地。

在正式谴责 "种族主义 "的同时，值得注意的是，NTL与NEA合作编写了一份文件，建议采用教育券，将难教的孩子与聪明的孩子分开，资金将根据难教的孩子与进展正常的孩子的数量来分配。这一建议没有被采纳。

> 宾夕法尼亚大学，沃顿金融和商业学院

沃顿商学院由塔维斯托克的 "大脑 "之一埃里克-特里斯特创立，已成为塔维斯托克在美国进行 "行为研究 "的最重要机构之一。沃顿吸引了美国劳工部等客户--它在沃顿计量经济预测协会有限公司教授如何制作 "熟 "的统计数据。随着1991年的结束，我们对这种方法的需求很高，因为有数百万人的失业人数超过了USDL的统计数据。

沃顿商学院的经济模型被美国和西欧的每家大公司以及国际货币基金组织、联合国和世界银行所采用。沃顿大学培养了乔治-舒尔茨和艾伦-格林斯潘等杰出人才。

> 社会调查研究所

这是塔维斯托克的智囊们--兰斯-利克特、多尔文-卡特赖特和罗纳德-利珀特建立的研究所。其研究包括 "社会变革的人类意义"、"转型中的青年 "和 "美国人如何看待自己的心理健康"。该研究所的客户包括福特基金会、美国国防部、美国邮政局和美国司法部。

> 面向未来的研究所

它不是一个典型的塔维斯托克机构，因为它由福特基金会资助，但它的长期预测方法来自所有智囊团之母。未来研究所预测了它认为将在50年内发生的变化。该机构应该能够预测社会经济趋势，并指出任何偏离其认为正常的情况。未来研究所认为，现在进行干预并为未来做出决定是可能的，也是正常的。德尔菲小组决定什么是正常的，什么是不正常的，并准备立场文件，将政府 "引向 "正确的方向，以防止团体制造民间动乱。[这些可能是要求废除累进税或要求不侵犯其 "持枪权 "的爱国团体。] 该研究所建议采取的行动包括：放宽堕胎法、毒品使用和进入城市地区的汽车收费、在公立学校教授避孕知识、要求枪支登记、同性恋合法化、为学生的学业成绩支付报酬、国家控制分区、为计划生育提供奖励，以及最后但并非最不重要的，以柬埔寨波尔布特的方式提议在农村地区建立新社区。可以看出，未来研究所的许多目标已经实现得比较好。

> ➤ 政策研究学院（IPS）

作为 "三巨头 "之一，IPS自詹姆斯-P-沃伯格和罗斯柴尔德实体在美国成立以来，在伯特兰-罗素和英国社会主义者的支持下，通过其在美国的网络，包括伦纳德-伍德科克在其中发挥了领导作用（即使是幕后）的工业民主联盟，已经塑造和重塑了美国的政治，国外和国内。工业民主联盟的主要地方参与者包括 "保守派 "杰恩-柯克帕特里克（Jeane Kirkpatrick）、欧文-苏尔（ADL）、尤金-罗斯托（军备控制谈判专家）、莱恩-柯克兰（工党领袖）和阿尔伯特-香克。

仅供参考：IPS于1963年由马库斯-拉斯金和理查德-巴尼特成立，他们都是塔维斯托克学院的毕业生。大部分资金来自罗斯柴尔德在美国的合伙人，如詹姆斯-沃伯格家族、斯特恩家族基金会和塞缪尔-鲁宾基金会。塞缪尔-鲁宾是一名注册的共产党员，他盗用了法贝热的名字[法贝热是 "俄罗斯皇室的珠宝商"]，并以法贝热的名字发了财。

IPS的目标来自于英国圆桌会议制定的方案，而该方案又来自于塔维斯托克研究所，其中最引人注目的是在美国建立 "新左派"，作为一个民众运动。IPS是为了制造冲突和动乱，像不可控制的野火一样传播混乱，扩散左翼虚无主义社会主义的 "理想"，支持无限制地使用各种毒品，成为打击美国政治机构的 "大棒"。

巴内特和拉斯金控制的人员包括黑豹组织、丹尼尔-埃尔斯伯格、国家安全委员会成员哈尔帕林、地下气象员、文塞拉莫和候选人乔治-麦戈文的竞选人员等。对于IPS及其控制人员来说，没有什么项目是太大的，他们可以承担和管理。

以 "绑架 "基辛格的阴谋为例，该阴谋掌握在巴基斯坦裔英国军情六处情报人员埃克巴尔-艾哈迈德手中，并通过 "托洛茨基"（伦敦的托洛茨基恐怖分子）进行了审核。这个 "阴谋 "被联邦调查局 "发现 "了，所以它不可能走得太远。随后，艾哈迈德成为IPS最具影响力的机构之一--跨国研究所的主任，当南非的BOSS（国家安全局）情报人员揭发他与罗德斯-哈里-奥本海默奖学金和英美两国在南非的采矿利益有直接联系时，该研究所像变色龙一样，将其原名改为种族关系研究所。BOSS同时也给南非基金会抹黑。

通过其在国会山的许多强大的游说团体，IPS毫不留情地使用其 "大棒 "来打击国会。IPS有一个游说者网络，所有的游说者据说都是独立运作的，但实际上是有凝聚力的，因此，国会议员被看似不同的各种游说者从四面八方围困着。通过这种方式，IPS过去和现在都能够成功地影响个别众议员和参议员，使其投票支持 "趋势，事情的发展方向"。通过利用国会山的关键人物，IPS能够渗透到我们立法系统的基础设施和它的运作方式。

仅举一个具体的例子来说明我所说的：1975年，IPS的一位官员说服了众议员John Conyers(D-Michigan)和47位众议员，要求IPS准备一份预算研究报告，反对Gerald Ford总统编制的预算。虽然没有通过，但该请求在1976年、1977年和1978年被重新提出，并有新的提案人。

然后在1978年，五十六名国会议员签署了赞助IPS预算研究的协议。这是由马库斯-拉斯金准备的。拉斯金的预算要求削减50%的国防预算，一个 "将与私人住房和抵押贷款市场竞争并逐步取代 "的社会主义住房计划，一个国家卫生服务，"彻底改变教育系统，破坏资本主义对知识分配的控制"，以及其他一些激进的想法。

IPS对军备控制谈判的影响是促使尼克松在1972年签署叛国的反弹道导弹条约的主要因素，该条约使美国在近十年内对洲际弹道导弹攻击几乎毫无抵抗力。IPS成为，并且至今仍是最有声望的 "智囊团 "之一，控制着我们这些人愚蠢地认为是由我们的立法者作出的外交政策决定。

通过赞助国内的活动，与国外的革命者保持联系，组织 "五角大楼文件 "等胜利，围攻企业结构，弥合地下运动和可接受的政治活动之间的信誉差距。通过渗透宗教组织，利用它们在美国挑拨离间，如在宗教的幌子下进行激进的种族政治，利用既定的媒体传播IPS的思想，然后支持他们，IPS没有辜负它成立时的作用。

> 斯坦福研究所

杰西-霍布森（Jesse Hobson），斯坦福研究所的第一任所长，在

1952年的一次演讲中，明确指出了该机构要遵循的路线。斯坦福可以说是塔维斯托克统治美国期间皇冠上的 "宝石 "之一。该委员会成立于1946年，在第二次世界大战结束后立即成立，由查尔斯-安德森担任主席，重点关注大学的发展。该会议由查尔斯-安德森（Charles A. Anderson）主持，重点是研究精神控制和 "未来科学"。查尔斯-F-凯特林基金会（Charles F. Kettering Foundation）制定了 "不断变化的人的形象"，而这正是 "水瓶座阴谋 "的基础，它被列入斯坦福大学的框架中。

斯坦福的一些主要客户和合同最初集中在国防工业，但随着斯坦福的发展，其服务的多样性也在增加。

➢ 行为科学在研究管理中的应用

➢ 科学和技术办公室。

➢ SRI经济情报方案。

➢ 美国国防部国防研究与工程局。

➢ 美国国防部航空航天研究办公室。

使用斯坦福服务的公司包括富国银行、Bechtel公司、惠普公司、美国银行、McDonnell-Douglas公司、Blyth、Eastman Dillon和TRW公司。斯坦福大学最秘密的项目之一是关于化学和细菌战（CBW）武器的大量工作。斯坦福研究中心与至少200个小型 "智囊团 "有联系，它们对美国生活的各个方面进行研究。这被称为ARPA网络，代表着可能是最广泛的控制全国每个人的环境的努力的出现。目前，斯坦福大学的计算机与2500个 "姐妹 "研究控制台相连，包括中央情报局（CIA）、贝尔电话实验室、美国陆军情报局、海军情报局（ONI）、RANI、MIT、哈佛和UCLA。斯坦福大学发挥了关键作用，因为它是 "图书馆"，为ARPA的所有文件编目。

其他机构"--在这里可以发挥想象力--被允许在SRI "图书馆 "中搜索关键词和短语，查阅资料，并将自己的主文件与斯坦福研究中心的文件进行更新。例如，五角大楼广泛使用SRI主文件，毫无疑问，其他美国政府机构也是如此。五角大楼的 "指挥和控制 "问题是由斯坦福大学解决的。

虽然这项研究表面上只适用于武器和士兵，但绝对不能保证同样的研究不能，也不会被用于民用领域。斯坦福大学因愿意为任何人做任何事情而臭名昭著，我相信如果国税局被完全曝光，因揭露其实际工作而产生的敌意很可能会迫使国税局关闭。

> 马萨诸塞州技术学院，阿尔弗雷德-P-斯隆管理学院

这个伟大的机构没有被普遍认为是塔维斯托克的一部分。大多数人认为它是一个纯粹的美国机构，但事实远非如此。麻省理工学院-阿尔弗雷德-斯隆可以大致分为几组。

> 当代技术。

> 劳资关系。

> Lewin团体心理学。

> NASA-ERC计算机研究实验室。

> 海军研究办公室小组，心理学。

系统动力学。Forrestor和Meadows撰写了罗马俱乐部的零增长研究报告，题为"增长的极限"。

麻省理工学院的客户包括如下。

> 美国管理协会。

> 美国红十字会。

> 经济发展委员会。

> GTE。

> 国防分析研究所

> (IDA)。

> 美国国家航空航天局。

> 国家科学院。

> 全国教会理事会。

> 西尔维尼亚。

> TRW。

> 美国陆军。

> 美国国务院。

> 美国海军。

> 美国财政部。

> Volkswagen公司。

国际开发协会的工作范围非常广泛，需要数百页的篇幅来描述它所从事的活动。

> 兰特研究与发展公司

毫无疑问，兰德公司是对塔维斯托克研究所贡献最大的智囊团，当然也是RIIA控制美国各级政策的最负盛名的工具。兰德公司已经开始运作的具体政策包括：我们的洲际弹道导弹计划、美国外交政策的主要分析、太空计划的煽动者、美国核政策、公司分析、数百个军事项目、中央情报局（CIA）与使用改变精神的药物如佩奥特、LSD（长达20年的MK-Ultra秘密行动）的关系。

兰德公司的客户包括如下。

> 美国电话和电报公司（AT&T）。

> 国际商业机器公司（IBM）。

> 大通曼哈顿银行。

> 国家科学基金会。

> 共和党。

> TRW。

> 美国空军。

> 美国能源部。

> 美国卫生部。

使用兰德公司服务的公司、政府机构和非常重要的组织简直数以万计，要把它们都列出来将是一项不可能完成的任务。在兰德公司的"专长"中，有一个研究小组负责预测热核战争的时间和方向，并根据其调查结果制定许多方案。兰德公司曾被指控受苏联委托制定美国政府的投降条件，这一指控一直延伸到美国参议院，在那里被参议员赛明顿接手，然后沦为建制派媒体倾泻的轻蔑文章的受害者。洗脑仍然是兰德公司的主要职能。

综上所述，美国主要的塔维斯托克机构在各个层面，包括政府、军队、企业、宗教组织和教育领域从事洗脑工作，具体如下。

> 布鲁金斯学会。

> 哈德逊研究所。

> 政策研究学院。

> 马萨诸塞州技术学

> 国家培训实验室。

> 兰德研究与发展公司。

> 斯坦福研究所。

院。

> 宾夕法尼亚大学沃顿商学院。

根据我的一些消息来源，这些机构雇用的总人数约为50,000人，资金接近100亿美元。

300国委员会的一些主要全球机构和组织

> 美国人支持安全的以色列。

> Biblical Archaeology Review.

> Bilderbergers。

> 英国石油公司。

> 加拿大外交关系研究所。

> 基督教原教旨主义。

> 外交关系委员会，纽约。

> 埃及勘探协会。

> 帝国化学工业公司。

> 国际战略研究学会。

> 骷髅会。

> 巴勒斯坦探索基金。

> 可怜的圣殿骑士团。

> 圣殿山基金会。

> 无神论者俱乐部。

> 第四种意识状态俱乐部。

> 金色黎明的神秘教团。

> 米尔纳集团。

> 纳西族的王子们。

> 麦格纳特勋章。

> 神乱的秩序。

> RIIA。

> 圆桌会议。

> 三边委员会。

> 普世共济会。

> 普遍的犹太复国主义。

> 维克斯军备公司。

> 华伦委员会。

> 水门事件委员会。

> 威尔顿公园。

- 荷兰皇家壳牌公司。

- 社会主义国际。

- 南非基金会。

- 塔维斯托克人类关系研究所。

- 世界基督教协进会。

过去和现在的300人委员会成员

- 阿伯加维米，侯爵。

- Acheson, Dean.

- Adeane, Lord Michael.

- Agnelli, Giovanni.

- 阿尔巴，奥尔丁顿公爵，主。

- Aleman, Miguel.

- Allihone, T. E.教授

- 阿尔索普家族的继承人。

- 阿莫里，霍顿。

- 安德森，查尔斯-A。

- Anderson, Robert O.

- 安德烈亚斯，德韦恩。

- 阿斯奎斯，主。

- 阿斯特，约翰-雅各

- 凯瑟克，威廉-约翰斯顿。

- Keynes, John Maynard.

- 金佰利，主。

- 金，亚历山大博士。

- Kirk, Grayson L.

- 基辛格，亨利。

- 基钦纳，霍拉迪奥勋爵。

- 科恩斯坦姆，马克斯。

- Korsch, Karl.

- 兰伯特，皮埃尔男爵。

- Lawrence, G.

- 拉扎尔。雷曼，刘易斯。

- 勒夫，哈罗德爵

布和他的继任者，华尔道夫。

- 奥朗泽布，后人。
- 奥斯汀，保罗。
- 巴科，拉努夫爵士
- Balfour, Arthur.
- Balogh, Lord.
- 班克罗夫特，斯托蒙男爵。
- 巴林。
- Barnato, B.
- 巴兰，约翰爵士。
- Baxendell, Sir Peter.
- 萨瓦的比阿特丽斯，公主。
- 比弗布鲁克，勋爵。
- 贝克，罗伯特。
- 贝利，哈罗德爵士。
- Beit, Alfred.
- 班恩，安东尼-韦奇伍德。
- Bennet, John W.
- 贝纳通，吉尔伯托或卡罗交替出现。
- 伯蒂，安德鲁。
- 贝桑特，沃尔特爵士。

- Lewin, Dr. Kurt.
- Linowitz, S.
- 李普曼，沃尔特。
- 利文斯通，罗伯特-R. 家庭代表。
- 洛克哈特，布鲁斯。
- 洛克哈特，戈登。
- 劳登，约翰爵士。
- 卢扎托，皮耶帕罗。
- 克拉什芬的麦凯勋爵。
- 麦凯-塔莱克，休爵士。
- 麦金德，哈福德。
- MacMillan, Harold.
- 马西森，雅尔丁。
- 马志尼，盖斯比。
- McClaughlin, W. E.
- McCloy, John J.
- McFadyean, Andrew 爵士。
- 麦格希，乔治。
- McMillan, Harold.
- 梅隆，安德鲁。
- 梅隆，威廉-拉里默

士。

- 贝瑟尔，尼古拉斯勋爵。
- Bialkin, David.
- Biao, Keng.
- 宾汉姆，威廉。Binny, J. F.
- 布朗特，威尔弗雷德。
- 博纳卡西，佛朗哥-奥西尼。
- 博彻，弗里茨。
- 布拉德肖，桑顿。
- 勃兰特，威利。
- 布鲁斯特，金曼。
- Buchan, Alastair.
- 巴菲特，沃伦。
- 布利特, 威廉-C.
- 布鲁尔-莱顿，爱德华。
- 邦迪，麦乔治。
- 邦迪，威廉。
- 布什，乔治。
- 卡博特，约翰。家庭代表。
- Caccia, Baron Harold Anthony.
- 卡德曼，约翰爵

或家族代表。

- 迈耶，弗兰克。
- Michener, Roland.
- Mikovan, Anastas.
- Milner, Lord Alfred.
- 密特朗，弗朗索瓦。
- 莫奈，让。
- 蒙塔古，塞缪尔。
- 蒙特菲奥雷，塞巴格勋爵或休主教。
- Morgan, John P.
- 莫特，斯图尔特。
- 山，布莱恩-爱德华爵士。
- 山，丹尼斯爵士。
- 蒙巴顿，路易斯勋爵。
- Munthe, A., 或家庭代表。
- Naisbitt, John.
- Neeman, Yuval.
- 纽比金，大卫。
- 尼科尔斯，贝瑟尔的尼古拉斯勋爵。
- 诺曼，蒙塔古。
- Lotherby的O'Brien, Lord.

- 士。
- 卡利法诺，约瑟夫。
- 卡灵顿，主。
- 卡特，爱德华。
- Catlin, Donat.
- Catto, Lord.
- 卡文迪什，维克多-C-W，德文郡公爵。
- 张伯伦，休斯顿-斯图尔特。Chang, V. F.
- 切奇林，格奥尔基或指定家庭。
- 丘吉尔，温斯顿。
- Cicireni, V.或指定的家庭。
- Cini，Vittorio伯爵。
- 克拉克，霍华德。
- Cleveland, Amory.
- 克利夫兰，哈兰德。
- 克利福德，克拉克。
- 科博尔德，主。
- Coffin, Reverend William Sloane.

- 奥格尔维，安格斯。
- Okita, Saburo.
- 奥尔德菲尔德，莫里斯爵士。
- 奥本海默，欧内斯特爵士，以及他的继任者哈里。
- Ormsby Gore, David (Lord Harlech).
- Orsini, Franco Bonacassi.
- Ortolani, Umberto.
- Ostiguy, J.P.W.
- Paley, William S. Pallavacini.
- Palme, Olaf.
- 帕默斯顿。
- Palmstierna, Jacob.
- 包玉刚
- Pease, Richard T.
- Peccei, Aurellio.
- 皮克，埃德蒙德爵士。
- Pellegreno, Michael, Cardinal.
- 帕金斯，纳尔逊。
- Pestel, Eduard.
- 彼得森，鲁道夫。

> 康斯坦丁，橙色之家。

> 库珀，约翰。命名的家庭。

> Coudenhove-Kalergi，伯爵。

> 考德雷，主。

> 考克斯，珀西爵士。

> 克罗默，伊夫林-巴林勋爵。

> Crowther, Sir Eric.

> 康明，曼斯菲尔德爵士。

> 柯蒂斯，莱昂内尔。

> d'Arcy, William K.

> 达维尼翁，艾蒂安伯爵。

> 丹纳，让-杜罗克。

> Davis, John W. de Benneditti, Carlo.

> 德布劳内，德克。

> 德-冈茨伯格，阿兰男爵。

> 来自拉马特，沃尔特少将。

> De Menil, Jean.

> 德弗里斯，里默。

> Petterson, Peter G.

> Petty, John R.

> 菲利普，王子，爱丁堡公爵。

> 皮尔西，乔治。

> 平乔特，吉福德。

> 普拉特，查尔斯。

> 普华永道，指定代表。

> Radziwall.

> 雷尼尔，王子。

> Raskob, John Jacob.

> 雷卡纳蒂。

> 里斯，约翰。

> 里斯，约翰-罗林斯。

> 雷尼，约翰爵士。

> 雷廷格,约瑟夫.

> 罗兹，塞西尔-约翰。

> 洛克菲勒，大卫。

> 角色，伊普斯登的埃里克勋爵。

> 罗森塔尔，莫顿。

> Rostow, Eugene.

> 罗斯梅尔，主。

> Rothschild Élie de 或 Edmond de 和/或

- de Zulueta, Sir Philip.
- d'Aremberg, Charles Louis侯爵。
- 德拉诺。家庭代表。
- Dent, R.
- Deterding, Sir Henri.
- di Spadaforas，Guitierez伯爵（继承人）。
- 道格拉斯-霍姆，艾力克爵士。
- 德雷克，埃里克爵士。
- Duchêne, François.
- 杜邦公司。爱德华，肯特公爵。
- 艾森伯格，肖尔。
- 艾略特，尼古拉斯。
- 埃利奥特，威廉-扬德尔。
- Elsworthy, Lord.
- 农夫，维克多。
- Forbes, John M.
- Foscaro, Pierre.
- 法国，阿诺德爵士。

Baron de Rothschild

- 朗西，罗伯特博士。
- 罗素，约翰勋爵。
- 罗素，伯特兰爵士。
- 圣古埃斯，让。
- 索尔兹伯里，侯爵夫人
- 罗伯特-加斯科因-塞西尔。
- 谢尔本，莱斯-索尔兹伯里，主。
- 塞缪尔，马库斯爵士。
- Sandberg, M. G.
- 萨诺夫，罗伯特。
- 施密特海尼，斯蒂芬或替代兄弟托马斯，亚历山大。
- 勋伯格，安德鲁。
- 施罗德。
- 舒尔茨，乔治。
- Schwartzenburg, E.
- 肖克罗斯，哈特利爵士。
- Sheridan, Walter.
- 希罗亚克，鲁宾。

- 弗雷泽,休斯爵士。
- 丹麦国王弗雷德里克九世,代表该家族。
- Frères, Lazard.
- 弗雷斯科巴尔迪,兰贝托.
- 弗里堡,迈克尔。
- Gabor, Dennis.
- 加勒廷,阿尔伯特。家庭代表
- 加德纳,理查德。
- 格迪斯,奥克兰爵士。
- 格迪斯,雷伊爵士。
- 乔治,劳埃德。
- Giffen, James.
- Gilmer, John D.
- 朱斯蒂尼亚尼,贾斯汀。
- 格莱斯顿,勋爵。
- 格洛斯特,公爵。
- 戈登,沃尔特-洛克哈特。
- Grace, Peter J.
- 格林希尔,丹尼斯-

- Silitoe, Percy爵士。
- 西蒙,威廉。
- Sloan, Alfred P.
- 斯穆特兹,扬。
- 斯贝尔曼。
- 斯普鲁尔,罗伯特。
- Stals, Dr. C.
- 斯坦普,家庭的主要代表。
- 钢,大卫。
- 斯蒂格,乔治。
- 斯特拉斯莫尔,主。
- Strong, Sir Kenneth.
- Strong, Maurice.
- 萨瑟兰。
- Swathling,主。
- Swire, J. K.
- Tasse, G. 或指定的家庭。
- Temple, Sir R.
- 汤普森,威廉-博伊斯。
- Thompson, Lord.
- Thyssen-Bornamisza。

阿瑟勋爵。

➤ 格林希尔，丹尼斯爵士。

➤ 格雷，爱德华爵士。

➤ Gyllenhammar, Stones.

➤ 哈康，挪威国王。

➤ 海格，道格拉斯爵士。

➤ 海尔森，主。

➤ 霍尔丹，理查德-伯多纳。

➤ 哈利法克斯，主。

➤ 霍尔，彼得-维克斯爵士。

➤ 汉布罗，乔斯林爵士。

➤ 汉密尔顿，西里尔.

➤ 哈里曼，艾弗里。

➤ 哈特，罗伯特爵士。

➤ Hartman, Arthur H.

➤ Healey, Dennis.

➤ Helsby, Lord.

➤ 英国女王伊丽莎白二世陛下。

➤ 朱莉安娜女王陛

➤ 汉斯-亨里希男爵。

➤ 特里维林，汉弗莱勋爵。

➤ 特纳，马克爵士。

➤ 特纳，特德。

➤ 泰伦，主。

➤ 乌尔基蒂，维克多。

➤ Van Den Broek, H.

➤ 范德比尔特。

➤ 万斯，赛勒斯。

➤ Verity, William C.

➤ 威斯特，阿穆尔勋爵。

➤ 维克斯，杰弗里爵士。

➤ 维利尔斯，杰拉尔德-海德交替家庭。

➤ Volpi, Count.

➤ 冯-芬克，奥古斯特男爵。

➤ von Hapsburg, Archduke Otto, House of Hapsburg-Lorraine.

➤ 瓦伦堡，彼得或家庭代表。

➤ Von Thurn and Taxis, Max.

- 下。
- 贝娅特丽克丝公主殿下。
- 玛格丽特女王殿下。
- 黑森,大公的后裔,家族的代表。
- Heseltine, Sir William.
- Hoffman, Paul G.
- 荷兰,威廉。
- 布拉干萨家族。
- 霍亨索伦家族。
- 房子,曼德尔上校。
- 豪,杰弗里爵士。
- Hughes, Thomas H.
- 雨果,蒂曼。
- Hutchins, Robert M.
- Huxley, Aldous.
- Inchcape, Lord.
- Jamieson, Ken.
- Japhet, Ernst Israel.
- Jay, John.家庭代表。
- Jodry, J. J.
- 约瑟夫,基思爵士。

- 王君正,君正博士。
- Warburg, S. C.
- 沃德-杰克逊,芭芭拉女士。
- 华纳,罗利。
- Warnke, Paul.
- 沃伦,厄尔。
- 沃森,托马斯。
- 韦伯,悉尼。
- 韦尔,大卫。
- 韦尔,安德鲁博士。
- 温伯格,卡斯帕爵士。
- 魏茨曼,Chaim.
- Wells, H. G.
- Wheetman, Pearson (Lord Cowdray).
- 怀特,迪克-戈德史密斯爵士。
- 惠特尼,直。
- 维斯曼,威廉爵士。
- 维特斯巴赫。
- 沃尔夫森,艾萨克爵士。
- 伍德,查尔斯。
- 杨,欧文。

> 卡茨，米尔顿。

> 考夫曼，阿什。

> 基思，肯尼思爵士。

> 凯瑟克，威廉-约翰斯顿爵士，或凯瑟克，H.N.L。

书目

1980年的项目，万斯，赛勒斯和扬克洛维奇，丹尼尔。

1984年，奥威尔，乔治。

二十年后：北约的衰落和对欧洲新政策的寻求》，拉斯金，马库斯和巴尼特，理查德。

空战与压力》，杰纳斯，欧文。

一个美国公司；联合水果的悲剧》，斯卡梅尔，亨利和麦肯，托马斯。

立法原则和道德概论》，班瑟姆，杰里米。在这部1780年的作品中，边沁指出，"自然界将人类置于两个主宰者的管理之下，即痛苦和快乐....。他们在我们所做的一切中管理我们"。Bentham继续为法国大革命中雅各宾派恐怖分子的恐怖行为辩护。

LEUMI银行的年度报告，1977年。

在那个时间点上：参议院水务委员会的内部故事》，汤普森，弗雷德。伯纳德-巴克，水门事件的窃贼之一，告诉我在哪里可以找到汤普森，他是埃尔文委员会的少数派顾问。我与巴克的会面发生在离佛罗里达州珊瑚城的珊瑚城乡村俱乐部相当近的一家A&P超市外。巴克说，汤普森当时和他的法律伙伴在一起，他正在科勒尔盖布尔斯短暂地探望他的母亲，那里离A&P超市只有5分钟路程。我去了那里，见到了汤普森。我去了那里，见到了汤普森，他对埃尔文对他（汤普森）可以承认的证据施加如此严格的限制表示失望。

BAKU AN EVENTFUL HISTORY, Henry, J. D.

末日之兽》，奥格雷迪，奥利维亚-玛丽亚。这本了不起的书详细介绍了一系列历史人物，包括威廉-C-布利特，他与劳埃德-乔治合谋，从欧盟下面拉出地毯。

白俄将领德涅金和朗格在他们把布尔什维克红军控制在失败的边缘的时候。他还提供了很多关于完全腐败的石油工业的信息。特别令人感兴趣的是他提供的关于摩西-蒙特菲奥雷爵士的信息，他是古代威尼斯黑人蒙特菲奥雷贵族。

BRAVE NEW WORLD》，奥尔德斯-赫胥黎。

英国在中国的石油政策，欧文，大卫-爱德华。

英国的石油政策，F.S.特纳。

CECIL RHODES, Flint, John.

塞西尔-罗德斯，《一个帝国的解剖学》，马洛，约翰。

跨大西洋不平衡与合作问题会议，拉帕波特，阿纳托尔博士。

与捷尔任斯基的对话，雷利，悉尼。关于未公布的英国特勤局文件。

创造一种特殊的行为结构，卡特赖特，多尔文。

CRYSTALLISING PUBLIC OPINION, Bernays, Edward.

DEMOCRATIC IDEALS AND REALITY, Mackinder, Halford.

埃尔文，参议员山姆。在我看来，除了在水门事件听证会上阻挠引入重要证据外，埃尔文在以宪法权威自居的同时，还不断背叛这个国家，反对援助基于信仰的学校，引用埃弗森案的司法意见。厄文是一名苏格兰礼教共济会成员--我相信这解释了为什么他被授予水门事件委员会主席的职务--最终获得了荣誉，获得了著名的苏格兰礼教 "个人权利的支持 "奖。1973年，埃尔文在参议院餐厅举办了一次午餐会，以纪念克劳森大指挥官。

EVERSON VS.Board of Education, 33 O U.S. I, 1947.

FRANKFURTER PAPERS, Box 99 and Box 125, *"HUGO BLACK CORRESPONDENCE."*

新哥伦比亚百科全书》（ *GNOSTICISM* ）、*曼哈顿教*（*MANICHEISM*）、*天主教（CATHARISM）*。

MANLL的目标，Lazlo，Ernin。

GOD'S BANKER, Cornwell, Rupert.这本书概述了P2和罗伯托-卡尔维的谋杀案--P2共济会。

人的质量, Peccei, A.

International journal of electronics.

*音乐社会学导论》，*阿多诺，西奥。阿多诺被希特勒赶出了德国，因为他对狄俄尼索斯崇拜的音乐实验。他被奥本海默家族转移到英国，英国皇室为他提供了戈登斯顿学校的设施和支持。正是在这里，阿多诺完善了 "Beatlemusic Rock"、"Punk Rock"、"Heavy Metal Rock "和所有今天被称为音乐的颓废的喧嚣。有趣的是，选择 "披头士 "这个名字是为了显示现代摇滚乐、伊希斯崇拜和古埃及的宗教象征--疤痕虫之间的联系。

*来自火星的入侵，*坎特利尔。在这本书中，坎特里尔以H.G.威尔斯的 "世界战争 "为例，分析了在奥森-威尔斯的大规模歇斯底里实验后，人们在恐慌中逃离的行为模式。

*对肯尼迪刺杀事件的调查，关于吉姆-加里森调查结果的无委托报告。*巴黎，弗拉门德。

IPS REVISITED, Coleman, Dr John.

*揭开ISIS的面纱，古代和现代科学和神学的万能钥匙，*布拉瓦茨基，海伦娜夫人。

*约翰-雅各布-阿斯托尔，*商人，波特，肯尼思-维金斯。

JUSTICE BLACK'S PAPERS, Box 25, General Correspondence, Davies.

*国王的制造者，国王的破坏者，塞西尔家族的故事，*科尔曼，约翰博士。

*解放神学。*这些信息来自胡安-路易斯-塞贡多的工作，而塞贡多又大量借鉴了卡尔-马克思的著作。塞贡多野蛮地攻击了天主教会反对解放神学的指示，这些指示载于1984年8月6日发表的 "关于'解放神学'某些方面的指示"。

LIES CLEARER THAN TRUTH, Barnett, Richard（IPS的创始成员）。McCalls杂志，1983年1月。

*McGRAW HILL集团，联合新闻网。*麦格劳-希尔公司旗下28家杂志的部分报道，以及美联社的文章。

*一个英国特工的回忆》，*洛克哈特，布鲁斯。这本书解释了布尔

什维克革命是如何从伦敦被控制的。洛克哈特是米尔纳勋爵的代表，他去俄国监督米尔纳对列宁和托洛茨基的投资。洛克哈特可以在第一时间接触到列宁和托洛茨基，尽管列宁经常有一个满是高级官员和外国代表的等候室，其中一些人已经等了五天要见他。然而，洛克哈特从来不需要等待超过几个小时就能见到这些人中的任何一个。洛克哈特携带了一封由托洛茨基签署的信，通知所有布尔什维克官员，洛克哈特具有特殊地位，任何时候都要给予他最大的合作。

MIND GAMES, Murphy, Michael.

MISCELLANEOUS Old RECORDS, India House Documents, London.

MK ULTRA LSD实验，中情局档案1953-1957。

先生。威廉-塞西尔和伊丽莎白王后，阅读，科尼尔斯。

谋杀, 安斯林格, 亨利.安斯林格曾一度是缉毒局的头号特工，他的书对美国政府所谓的禁毒战争提出了强烈的批评。

MY FATHER, A REMEMBRANCE, Black, Hugo L., Jr.

全国教会理事会，约瑟夫森，伊曼纽尔在他的书 "洛克菲勒，国际主义者"。

石油帝国主义，国际石油斗争》，费舍尔，路易斯。

GEORGE BIRDWOOD爵士的论文，印度馆文件，伦敦。

EASDEA TITLE I READING ACHIEVEMENT TESTS 中的模式，斯坦福。研究所。

POPULATION BOMB, Erlich, Paul.

FREDERICK WELLS WILLIAMSON教授，印度馆文件，伦敦。

公共议程基金会。1975年由赛勒斯-万斯和丹尼尔-扬克洛维奇创立。

公共意见，李普曼，沃尔特.

通过技术的革命，Coudenhove Kalergi，伯爵。

洛克菲勒，国际主义者。约瑟夫森详细介绍了洛克菲勒家族如何利用他们的财富渗透到美国的基督教会，以及他们随后如何利用他们的头号代理人约翰-福斯特-杜勒斯--他与他们有亲属关系--来

维持他们对这个国家教会生活的各个方面的控制。

蒙哥马利，海德，*ROOM3603*。该书介绍了英国情报部门军情六处的一些行动细节，该部门由威廉-斯蒂芬森爵士从纽约的RCA大楼领导；但是，正如 "封面故事 "通常的做法，实际事件被省略了。

特殊关系：和平与战争中的美国》，惠勒-本尼特，约翰爵士。

Step to the ECOLOGY of the MIND, Bateson, Gregory.贝特森是塔维斯托克在新科学领域最重要的五位科学家之一。在晚年，他在制定和管理塔维斯托克46年的反美战争中发挥了重要作用。

STERLING DRUG。威廉-C-布利特是其董事会成员，也是I.G. Farben的董事会成员。

TECHNOTRONIC ERA, Brzezinski, Z.

美国境内的恐怖主义，包括对美国情报机构的袭击：联邦调查局档案#100-447935，#100-447735，和#100-446784。

开罗文件》，海加尔，穆罕默德。海加尔是埃及新闻业的祖师爷，纳赛尔采访周恩来时他也在场，在采访中，中国领导人发誓要对英国和美国在中国的鸦片贸易进行报复。

前面的障碍, Peccei, A.

布鲁斯-洛克哈特爵士的日记》，洛克哈特，布鲁斯。

THE ENGINEERING OF CONSENT, Bernays.在这本1955年的书中，伯纳斯概述了说服目标群体改变他们在重要问题上的想法的操作方法，这些问题能够而且确实改变了一个国家的国家方向。该书还讨论了释放精神病学冲击部队的问题，例如在女同性恋者组织、环保团体、堕胎权利团体等中发现的那些人。"精神冲击部队 "是由塔维斯托克人际关系研究所的创始人约翰-罗林斯-里斯提出的一个概念。

联邦预算和社会重建，IPS研究员Raskin和Barnett。要求IPS进行替代性预算研究和/或支持该研究的国会议员名单太长，无法在此列出，但其中包括汤姆-哈克尼斯，亨利-鲁斯，帕特里夏-施罗德，莱斯-阿斯平，特德-魏斯，唐-爱德华兹，芭芭拉-米库尔斯基，玛丽-罗斯-奥卡，罗纳德-德卢姆斯和彼得-罗迪诺等著名人物。

克拉克-赫胥黎夫妇。

英格兰药品贸易》，罗恩特里。

JESUITS, Martin, Malachi.

后来的塞西尔》，罗斯，肯尼斯。

THE LEGACY OF MALTHUS, Chase, Allan.

可持续发展的管理，克利夫兰，哈兰。克利夫兰受北约委托，就罗马俱乐部旨在摧毁美国工业基础的后工业、零增长社会项目的成功程度进行报告。这份令人震惊的文件应该被每一个爱国的美国人阅读，他们感到迫切需要解释为什么美国自1991年以来一直处于深度经济萧条。

统治印度的人》，伍德鲁夫，菲利普。

公开阴谋》，威尔斯，H.G.在这本书中，威尔斯描述了在新世界秩序（他称之为新共和国）中，将如何处理 "无用的吃货"，即过剩的人口。

> "新共和国的人将不惧怕面对或施加死亡......他们将有一个理想，使杀戮变得有价值；像亚伯拉罕一样，他们将有杀戮的信念，他们将不迷信死亡.....。我预见到，他们会认为有一部分人是通过痛苦、怜悯和忍耐才存在的，只要他们不繁殖，而且我预见到没有理由反对他们，当这种痛苦被滥用时，他们就会毫不犹豫地杀人......所有这样的杀戮都将使用鸦片剂......如果在未来的法典中使用威慑性的刑罚，那么威慑性的刑罚既不是死亡，也不是肢解身体......而是科学地造成的良好的痛苦。"

美国有一支非常庞大的威尔斯皈依者队伍，一旦新世界秩序成为现实，他们会毫不犹豫地遵循威尔斯的指令。沃尔特-李普曼是威尔斯最热心的追随者之一。

THE POLITICS OF EXPERIENCE, Laing, R.D. Laing是Tavistock的员工心理学家，在Andrew Schofield领导下，是董事会成员。

THE POLITICS OF HEROIN IN SOUTH EAST ASIA, McCoy, Alfred W., Read, C.B. and Adams, Leonard P.

中国的问题》，罗素，伯特兰。

帕格沃斯会议》，伯特兰-罗素。在20世纪50年代初，罗素领导了

一场对俄罗斯进行核攻击的运动。当它被发现时，斯大林警告说，他将毫不犹豫地进行实物报复。罗素改变了主意，一夜之间成了和平主义者，催生了 "禁止炸弹"（CND）的核裁军运动，帕格沃什的反核科学家就是从那里产生的。1957年，第一个小组在新斯科舍省的赛勒斯-伊顿（Cyrus Eaton）家中聚会，他是一位长期的美国共产主义者。帕格沃什研究员致力于反核和环境问题，是美国发展核武器努力中的一根刺。

圆桌运动和帝国联盟》，肯德尔，约翰。

流行音乐产业的结构；唱片被挑选出来供公众消费的过滤过程，社会研究所。 本书解释了 "热门排行榜"、"前十名"--现在扩大到 "前四十名"--以及其他欺骗听众的游戏规则，使他们相信他们所听到的是 "他们 "喜欢的东西

JEREMY BENTHAM的作品，Bowering，John。本瑟姆是他那个时代的自由主义者，也是美国独立战争结束时英国首相谢尔本勋爵的代理人。本瑟姆认为人不过是一种普通的动物，本瑟姆的理论后来被他的门徒大卫-休谟采纳。关于动物的本能，休谟写道。

> "......我们如此迅速地将其推崇为非同寻常和不可解释的。但是，如果我们考虑到我们与野兽共同拥有的、整个生活行为所依赖的实验推理本身，只不过是一种本能，或在我们不知不觉中作用于我们的机械力量，我们的惊讶也许会停止或减少......虽然本能不同，但它仍然是一种本能。"

时间视角与士气, Levin B.

TOWARD A HUMANISTIC PSYCHOLOGY, Cantril.

TREND REPORT, Naisbitt, John.

美国国会众议院内部安全委员会，关于政策研究所（IPS）和五角大楼文件的报告。 1970年春天，联邦调查局特工威廉-麦克德莫特（William McDermott）去找当时兰德的最高安全官员理查德-贝斯特（Richard Best），警告他埃尔斯伯格可能已经拿走了兰德的越南研究材料，并在兰德的办公场所外复制了这些材料。贝斯特带麦克德莫特去见哈利-罗文博士，他是兰德公司的负责人，也是埃尔斯伯格最亲密的朋友之一。罗文告诉联邦调查局，国防部的调查正在进行中，在他的保证下，联邦调查局显然放弃了对埃尔斯伯格的调查。事实上，没有进行任何调查，国防部也从未进

行过调查。埃尔斯伯格在兰德公司保留了他的安全许可，并公然继续删除和复制有关越南战争的文件，直到他在五角大楼文件事件中被曝光，该事件震撼了尼克松政府的根基。

理解男人的社会行为》，坎特里尔。坎特里尔是位于旧金山的人本主义心理学协会的主要创始人，该协会教授塔维斯托克方法。正是在这种类型的机构中，纯科学和社会工程之间的界限变得完全模糊。社会工程 "一词涵盖了塔维斯托克（Tavistock）所使用的方法的所有方面，以使群体对社会、经济、宗教和政治事件的取向发生巨大变化，并对目标群体进行洗脑，使其相信所表达的意见和所采纳的观点是他们自己的。被选中的人接受了同样的塔维斯托克式治疗，导致他们的个性和行为发生了重大变化。这对国家舞台的影响过去是，现在仍然是，具有破坏性的，是使美国进入衰落和堕落的黄昏状态的主要因素之一，这个国家在1991年底发现自己处于这种状态。我在1987年出版的《美利坚合众国的黄昏、衰落和灭亡》一书中报告了这一国家状况。人类心理学协会是由亚伯拉罕-马塞洛夫于1957年创立的，是罗马俱乐部的一个项目。里斯-利赫特和罗纳德-利珀特称其为科学知识使用研究中心，他们受罗马俱乐部委托在塔维斯托克建立了另一个决策研究中心。该中心由罗马俱乐部的唐纳德-迈克尔指导。该中心主要以1940年在普林斯顿大学设立的民意研究办公室为基础。正是在那里，坎特里尔传授了许多今天的民意调查员所使用的技术。

未出版的书信，吉卜林，鲁德亚德。吉卜林是威尔斯的弟子，和他一样，相信法西斯主义是控制世界的一种手段。吉卜林采用十字架作为他的个人标志。这个十字架后来被希特勒采用，并在稍作修改后，成为纳粹党的标志。

未出版的信件，威尔斯，H.G.给出了威尔斯如何将《*世界战争*》的版权卖给RCA的有趣细节。

谁拥有蒙特利尔》，奥本，亨利。

光明会和对外关系委员会（CFR）。

作者：MYRON C.法根。

(一份笔录)

关于作者

戏剧界名人录》 指南[28] ，一直是戏剧界的权威性圣经。它从不赞美偏爱，不说谎话，不颂扬任何人。它始终是一部不偏不倚的戏剧男女史。他只列出了那些在剧院这个唯一的试验场中证明自己价值的人。BROADWAY: 这个 "名人录 "列出了Myron C.的戏剧。法根编剧、导演和制作……戏剧、喜剧、情节剧、神秘主义、寓言、闹剧--其中许多是当时最响亮的[29] 。他于1907年来到百老汇，当时19岁，是美国戏剧史上最年轻的剧作家。在随后的几年里，他为当时的大多数伟大人物写剧本和导演剧本……莱斯利-卡特夫人、威尔顿-拉克耶、弗里茨-莱伯、阿拉-纳齐莫娃、杰克-巴里摩尔、老道格拉斯-费尔班克斯、E.H.南方、朱莉娅-马洛、海伦-摩根，等等，等等。他指导过查尔斯-M-弗罗曼、贝拉斯科、亨利-W-萨维奇、李-舒伯特、亚伯-埃兰格、乔治-M-科汉等。1925年至1930年期间，他创作、亲自导演并制作了12个剧本：《白玫瑰》、《大拇指》、《两个不知名的陌生人》、《错位》、《迷人的魔鬼》。"小火箭"、"吉米的妻子们"、"伟大的力量"、"不检

---

[28] *剧院中的名人，* 以**译者注**为原版。

[29] "成功 "无损检测。

点"、"南希的私事"、"聪明的女人 "和 "彼得的飞机"。[30]

早年，费根还担任过*联合报社*的 "戏剧编辑"，包括《*纽约环球报*》和各种赫斯特报纸。但在1916年，他从剧院 "休假"，担任共和党总统候选人查尔斯-埃文斯-休斯的 "公共关系主任"--他拒绝了1928年为胡佛竞选提供的类似职位；因此，费根先生的职业生涯涵盖了戏剧、新闻和国家政治，而且他是所有这些领域公认的专家。

1930年，费根先生来到好莱坞，在当时由已故总统杰克-肯尼迪的父亲约瑟夫-P-肯尼迪拥有的Pathé电影公司，以及20th 世纪福克斯和其他好莱坞电影公司担任 "编剧-导演"。但他也继续在百老汇的传奇领域工作。

1945年，在约翰-T.的敦促下。南加州大学（U.S.A.S.）新闻社的记者，"罗斯福神话"、"当我们睡觉时"、"珍珠的真实故事 "的著名作者弗林，写了一篇文章。

费根先生参加了在华盛顿特区举行的一次会议，在那里他看到了一套微缩胶片和雅尔塔秘密会议的录音，当时只有富兰克林-罗斯福、阿尔杰-希斯、哈里-霍普金斯、斯大林、莫洛托夫和维辛斯基参加，他们策划了将巴尔干半岛、东欧和柏林交给斯大林的阴谋。这次会议的结果是，费根先生写了两个剧本：《红色彩虹》（他在其中揭示了整个阴谋）和《盗贼天堂》（他在其中揭示了这些人如何策划建立 "联合国"，作为所谓共产主义世界政府的 "工具"）。

同时，费根先生发起了一个人的讨伐行动，揭露好莱坞的红色阴谋，制作有助于揭露 "单 世界政府 "阴谋的电影。因此，"电影教育协会 "诞生了。这个组织 "C.E.G. "的工作成果(1947年，由费根先生领导的）是国会听证会，其中300多名好莱坞最著名的明星、作家和导演（以及广播和电视）被揭露为红色阴谋的主要活动分子。就在那时，臭名昭著的 "好莱坞十杰 "[31]，被送入监狱。

---

[30]"白玫瑰》、《大拇指》、《两个不知名的陌生人》、《错位》、《迷人的魔鬼》、《小喷火》、《吉米的女人》、《伟大的力量》、《轻率》、《南希的私情》、《聪明的女人》和《彼得高飞》。

[31]"好莱坞十杰"，**译者注**。

这是十年来最轰动的事件!

从那时起,费根先生将他所有的时间和精力投入到每月为 "C.E.G. "撰写 "新闻公报 "[32],他在其中继续进行斗争,提醒美国人民注意破坏美利坚合众国主权和在联合国 "一个世界政府 "中奴役美国人民的阴谋。

在他耸人听闻的录音中(这份记录);他揭示了两个世纪前由一个名叫亚当-韦肖普特的叛教的天主教牧师发起的奴役统一世界的阴谋的开始,他在罗特希尔德家族的资助下,创造了他所谓的: "ILLUMINATI"。费根先生描述了(有文件证据)这个 ILLUMINATI如何成为罗斯柴尔德家族实施 "一个世界政府 "计划的工具,以及过去两个世纪的每一场战争是如何由这些 ILLUMINATI煽动的。他描述了一位名叫雅各布-H-希夫(Jacob H. Schiff)的人是如何被罗斯柴尔德家族派到美国来推进 ILLUMINATI阴谋的,以及希夫如何努力控制民主党和共和党的。希夫如何引诱我们的国会和总统,以获得对我们整个货币体系的控制,并制造所得税的毒瘤,以及希夫和他的同谋者如何创建 "外交关系委员会 "[33],以控制我们的民选官员,以便逐步将所得税提高到更高的水平。

因此,美国已经成为"联合国 "政府主持下的统一世界的一个附属实体。

简而言之,这段录音(记录)是世界历史上最有趣、最恐怖--也是最真实的--阴谋的故事。任何热爱我们国家的人,热爱上帝的人,想要拯救基督教的人,而基督教是ILLUMINATI所要摧毁的,想要拯救我们的儿子不至于死在韩国、越南、南非和现在的中东战场上的人,都应该听听这段录音。绝对毫无疑问的是,任何听到(读到)这个惊人故事的人都会加入到拯救我们国家和我们国家青年的战斗中来。

迈伦-费根的录音发生在20世纪60年代。请花时间来 "核实 "本文件中的陈述。我们并不期望你相信费根先生的话。我们建议你访问你所在州的法律和保管图书馆。本文件中列出的电话号码和地

址可能已经过期，因为费根先生已经不在了。

"联合国是如何以及为什么处于摧毁美国主权并在联合国的一个世界独裁中奴役美国人民的大阴谋的中心，这个问题对绝大多数美国人民来说是一个完全未知的谜。对我们国家和整个自由世界的可怕危险缺乏了解的原因很简单。这个大阴谋的幕后策划者绝对控制了我们所有的大众媒体，特别是电视、广播、新闻和好莱坞。我们都知道，我们的国务院、五角大楼和白宫厚颜无耻地宣称，他们有权利和权力来管理新闻，不是告诉我们真相，而是告诉我们他们想要我们相信的东西。他们在大阴谋主子的授意下夺取了这一权力，其目的是对人们进行洗脑，让他们接受假的和平诱饵，把美国变成联合国这个世界政府的一个附属单位。

"首先，不要忘记，美国在朝鲜打的所谓联合国警察行动，我们的15万儿子在其中被杀和致残，是阴谋的一部分；正如国会在越南未宣布的战争；以及对罗得西亚和南非的阴谋，也是联合国策划的阴谋的一部分。然而，对所有美国人来说，对所有死在朝鲜和现在死在越南的男孩的母亲来说，最重要的是知道我们在华盛顿的所谓领导人，我们选举他们来捍卫我们的国家和我们的宪法，是叛徒，他们背后是一个相对较小的群体，他们的唯一目的是奴役整个世界和人类，实现他们的撒旦计划，建立一个世界政府。

"为了让你非常清楚地了解这个撒旦的阴谋，我将回溯到18世纪中叶的开始，并说出将这个阴谋付诸行动的人的名字，然后我将把你带回现在，带到这个阴谋的现状。现在，作为一个额外的信息，一个由联邦调查局使用的术语，让我澄清"他是自由主义者"这句话的含义。敌人，一个世界的阴谋家，抓住了"自由主义"这个词来掩盖他们的活动。自由主义听起来是如此天真无邪和人道主义。那么，请确保自称是自由主义者或被描述为自由主义者的人，实际上不是一个"红色"。

"这个撒旦的阴谋是在1760年代发起的，当时它以"光明会"的名义出现。这个光照会是由某个亚当-韦肖普特组织的，他生为犹太人，皈依天主教，成为一名天主教牧师，然后在当时新组织的罗斯柴尔德家族的要求下，解除石膏，组织了光照会。自然，罗斯柴尔德家族为这一行动提供了资金，从那时起，从法国大革命开始，所有的战争都是由光照派推动的，他们以各种名义和伪装进行活动。我说 "以各种名义 "和 "以各种伪装"，是因为在光明会被揭露并出名后，魏索普和他的同谋者开始以其他各种名义活动。在美国，第一次世界大战后，他们立即创建了所谓的 "对外关系委员会"，俗称CFR，而这个CFR实际上是幻觉派在美国的工具和他们的等级制度。最初的光照会阴谋家背后的大脑是外国人，但为了掩盖这一事实，他们中的大多数人将自己原来的姓氏改为听起来像美国人的名字。例如，迪伦夫妇，克拉伦斯和道格拉斯-迪伦（美国财政部的一名秘书）的真名是拉波斯基。我以后会再来讨论这些问题。

"在英国也有一个类似的光照派机构，以 "皇家国际事务研究所 "的名义运作。(在法国、德国和其他国家也有类似的光照派秘密组织，以不同的名称运作，所有这些组织，包括CFR，都在不断地建立众多的子公司或前沿组织，渗透到各个国家事务的各个阶段）。但在任何时候，这些组织的运作都是由国际主义银行家指导和控制的，而国际主义银行家又是由罗斯柴尔德家族控制的（这种控制的主要代理人之一是国际BAR协会及其分裂团体，如美国BAR协会。值得注意的是，现在世界上几乎每个国家都有律师协会，一直在推动联合国。我有一份美国BAR提交的1947年协议的副本，其中承诺BAR将在全美范围内支持和促进联合国）。

"罗斯柴尔德家族的一个分支资助了拿破仑；罗斯柴尔德家族的另一个分支资助了拿破仑战争中的英国、德国和其他国家。

"拿破仑战争结束后，光照派立即认为，所有国家都是如此穷困潦倒和厌恶战争，他们会很乐意找到任何解决办法。因此，罗斯柴尔德的走狗们组织了他们所谓的维也纳会议，在那次会议上，他们试图建立第一个国际联盟，这是他们建立单一世界政府的第一次尝试，他们的假设是，所有欧洲政府的首脑都深深地欠着他们的债，他们会自愿或不自愿地充当傀儡。但俄国沙皇嗅到了这一阴谋，并将其彻底炸毁。愤怒的内森-罗斯柴尔德，当时的王朝首脑，发誓有一天他或他的后代会摧毁沙皇和他的整个家族，他的后代在1917年实现了这一威胁。在这一点上，应该牢记，光照会的建立不是为了在短期内运作。通常情况下，任何类型的阴谋家都会参与阴谋，希望在有生之年实现自己的目标。但光照会的情况并非如此。当然，他们希望在有生之年实现他们的目标，但套用 "演出必须继续 "的说法，光照派的运作是非常长期的。无论需要几十年甚至几个世纪，他们都致力于让这口锅继续沸腾，直到他们希望阴谋得到实现。

"现在，让我们回到光明会的诞生。亚当-韦肖普特（Adam Weishaupt）是一位受过耶稣会训练的教会法教授，在英戈尔施塔特大学任教，当时他离开了基督教，接受了路西法的阴谋。正是在1770年，职业放贷人，即当时新组织的罗斯柴尔德家族，聘请他修改和更新犹太复国主义的古老协议，从一开始就旨在给耶稣基督命名的 "撒旦的会堂"[他们是 "那些自称为犹太人却不是的人" - 启示录2.9]，最终统治世界，以便通过撒旦的专制主义，将路西法的意识形态强加给最后的社会大灾难后剩下的人类。1776年5月1日，魏索普特完成了他的任务er 。现在你知道为什么5月1日er ，至今都是所有共产主义国家的伟大节日[5月1日er ，也是美国律师协会宣布的 "法律日"]。[5月1日的庆祝活动 er [Baal/Bealtaine]可以追溯到比这更久远的历史，选择这一天是出于古老的原因，它源于异教；对Baal的崇拜，围绕着对撒旦的崇拜。正是在这一天，即1776年5月1日，er ，魏索普特完成了他的计划，并正式组织了光照会来实施它。这个计划要求摧毁所有现有的政府和宗教。这将通过将魏索普特称为 "goyim"[民族成员]或人类牲畜的人民群众划分为在政治、社会、经济和其他问题上人数不断增加的对立阵营来实现--这正是我们今天国家的状况。然后，对立的阵营将被武装起来，事件将引导他们战斗，削弱并逐渐摧毁国家政府和宗教机构。我再说一遍，今天世界的状况。

"在这一点上，让我指出光照派计划的一个关键特征。当他们控制世界的计划，即《锡安长老会议定书》被发现和曝光时，他们将把所有犹太人从地球上抹去，以转移对他们的怀疑。如果你认为这很牵强，请记住，他们允许希特勒，他自己是一个自由社会主义者，由腐败的肯尼迪家族、沃伯格家族和罗斯柴尔德家族资助，焚烧60万犹太人。

"为什么阴谋家们选择 "光明会 "一词来指定他们的撒旦组织？韦索普特自己说，这个词来自路西法，意思是："光明的持有者"。利用谎言说它的目的是建立一个世界性的政府，让那些有精神能力的人统治世界，防止未来的所有战争。简而言之，用 "地球和平 "作为诱饵，就像1945年的阴谋家用同样的诱饵 "和平 "把联合国强加给我们一样，韦索普特在罗斯柴尔德家族的资助下，我重复一遍，招募了大约2000名有偿追随者。他们当中有艺术和文学、教育、科学、金融和工业方面最聪明的人。然后他建立了大东方会，共济会，这将是他们的秘密总部，我再次重申，在这一切中，他是根据罗斯柴尔德家族的命令行事。韦索普特要求他的光照会成员的行动计划的主要特点是做以下事情来帮助他们完成目标。

➤ 利用金钱和性腐败来获得对已经在各级政府和其他领域处于高位的男人的控制。一旦有影响力的人落入伊利诺伊州的谎言、欺骗和诱惑，他们就会被政治勒索和其他形式的压力所束缚，受到经济破产、公开曝光和财政损失的威胁，甚至自己和心爱的家人的死亡。

你是否意识到在我们目前的华盛顿政府中，有多少高级官员是以这种方式被CFR控制的？你是否意识到国务院、五角大楼、所有联邦机构甚至白宫中有多少同性恋者是以这种方式控制的？

➤ 光明会和各学院和大学的院系要从有国际倾向的良好家庭中找出智力超群的学生，并推荐他们接受国际主义的特别培训。这种培训将通过向伊利诺伊州选定的人颁发奖学金来提供。

"这让你对'罗德奖学金'的含义有了一个概念。这意味着被灌输接受只有一个世界的政府才能结束反复发生的战争和冲突的想法。这就是联合国被卖给美国人民的方式。

"我们国家最引人注目的罗兹学者之一是参议员威廉-J-富布赖特，有时被称为半边天。[34]他记录的所有选票都是幻影派的选票。所有这些学者都必须首先被说服，然后确信具有特殊才能和头脑的人有权统治那些天赋较低的人，理由是大众不知道什么在财政上、精神上和心灵上对他们最有利。除了罗德奖学金和其他类似的奖学金外，现在还有三所特殊的朔方学校，分别位于苏格兰的戈登斯敦、德国的塞勒姆和希腊的安纳夫赖塔。这三所学校是众所周知的，但还有一些学校是保密的。英国伊丽莎白女王的丈夫菲利普亲王在罗斯柴尔德家族的亲戚路易斯-蒙巴顿勋爵的鼓动下在戈登斯敦接受教育（*查尔斯王子也是如此*），后者在第二次世界大战结束后成为英国舰队的海军司令。

➤ 所有被骗到光照派控制下的有影响力的人，以及接受过特别教育和培训的学生，都将被用作代理人，作为专家和专业人

---

[34] 双关语，"半懂不懂的/开明的"。

员被置于所有政府的幕后，向领导人建议采取政策，从长远来看，这些政策将为光照派世界阴谋的秘密计划服务，使他们被选举或任命的政府和宗教遭到破坏。

"你知道此刻有多少这样的人在我们的政府中活动吗？罗斯克、麦克纳马拉、休伯特-汉弗莱、富布赖特、基克尔，以及其他许多人。

➤ 也许魏索普特计划中最重要的指令是获得对新闻界的绝对控制，在当时，新闻界是唯一的大众传播手段，向公众发布信息，以便所有的新闻和信息都能被扭曲，使大众相信一个世界的政府是解决我们许多不同问题的唯一办法。

"你知道谁拥有和控制我们的大众媒体吗？我来告诉你。实际上，好莱坞的每家电影院都是由雷曼、库恩、勒布公司、高盛和其他国际主义银行家所拥有。所有的国家电台和电视台都由这些国际主义银行家拥有和控制。所有大都市的报纸和杂志连锁店以及新闻机构，如美联社、联合报、国际报等也是如此。所有这些媒体的所谓领导人只是国际主义银行家的幌子，而这些银行家又构成了CFR的等级制度，即今天美国的光照派。

"现在你能理解为什么五角大楼的新闻官西尔维斯特如此厚颜无耻地宣称政府有权利对人民撒谎。他真正的意思是，我们的CFR控制的政府有能力向被洗脑的美国人民撒谎并被他们相信。

"让我们再次回到光明会的早期。由于英国和法国在18 世纪末是两个最大的世界强国，魏索普特命令光照派煽动殖民战争，包括我们的革命战争，以削弱大英帝国，并组织将于1789年开始的法国革命。然而，1784年，一个真正的天意使巴伐利亚政府掌握了光照会存在的证据，如果法国政府不拒绝相信，这个证据本可以拯救法国。这就是神的这一行为如何产生的。正是在1784年，魏书生为法国革命下达了命令。一位名叫茨威格的德国作家把它变成了书的形式。它包含了光明会的全部历史和魏索普特的计划。这本书的副本被寄给了由罗伯斯庇尔领导的法国光照派，魏索普特曾委托他们煽动法国革命。这位信使在从法兰克福前往巴黎的途中经过雷根斯堡时被雷电击中身亡。警方在他身上发现了颠覆性文件，并将其移交给了主管当局。在对这一阴谋进行彻底调查后，巴伐利亚政府命令警察突击检查魏索普特新组织的 "大东方 " 旅馆和他最有影响力的合伙人的住所。由此发现的所有其他证据使当局相信，这些文件是阴谋的真实副本，据此，光照派计划利用战争和革命来建立一个世界政府，他们打算以罗斯柴尔德家族为首，在政府建立后立即进行篡夺，与今天的联合国阴谋一模一样。

"1785年，巴伐利亚政府宣布光照派为非法组织，并关闭了 "大东方 "的会所。1786年；他们公布了阴谋的所有细节。该出版物的英文标题是："The Original Writings of the Order and the Sect of the Illuminati"。[35]整个阴谋的副本被寄给了欧洲所有的教会和国家首脑。但光照会的力量，实际上就是罗斯柴尔德家族的力量，是如此之大，以至于这一警告被忽视了。尽管如此，光照会[36]，成为一个肮脏的词，并转入地下。

"与此同时，魏索普特命令光照派渗透到 "蓝色共济会 "的会所中，并在所有秘密社团中形成自己的秘密社团。只有那些表明自己是国际主义者的共济会员，以及那些行为证明他们已经投靠了上帝的共济会员，才会加入光照会。从那时起，阴谋家们披上了慈善和人道主义的外衣，以掩盖他们的革命和颠覆活动。为了渗透到英国的共济会会所，魏索普特邀请约翰-罗比森来到欧洲。罗比森是 "苏格兰礼节 "的高级共济会会员。他是爱丁堡大学的自然哲学教授和爱丁堡皇家学会的秘书。罗比森没有上当受骗，认为光照会的目的是建立一个仁慈的独裁政权；但他把自己的反应保持得很好，以至于有人给了他一份魏索普特的修订阴谋书，让他研究和保存。

无论如何，由于法国的国家元首和教会首脑被欺骗，无视他们得到的警告，革命在1789年爆发了，正如魏书生所预言的。为了提醒其他政府注意他们所处的危险，罗比森在1798年出版了一本书，题为："毁灭所有政府和所有宗教的阴谋的证据"，但他的警告被忽视了，就像美国人民忽视了关于联合国和对外关系委员会（CFR）的所有警告一样。

"这里有一件事会让许多听到这句话的人目瞪口呆，很可能会感到愤怒；但有文件证据表明，我们自己的托马斯-杰斐逊和亚历山

[35]"光照会 "组织和教派的原始著作。

[36] 在当时被称为 "开明者"，这个词已经成为一种普遍现象。

大-汉密尔顿成为魏索普的学生。当魏索普特被政府取缔时，杰斐逊是他最坚定的支持者之一，正是杰斐逊将光照派渗透到新英格兰地区新组织的"苏格兰礼节"会所中。这就是证据。

"1789年，约翰-罗比森警告美国的所有共济会领导人，光照派已经渗透到他们的会所。1789年7月19日，哈佛大学校长戴维-帕彭向毕业班发出同样的警告，并向他们解释了光照派如何对美国政治和宗教施加影响。他给主要的共济会成员威廉-L-斯通上校写了三封信，概述了杰斐逊是如何利用共济会会所进行颠覆和照明的目的。这三封信现存于费城的维登堡广场图书馆。简而言之，民主党的创始人杰斐逊是光照派的成员，这至少部分解释了该党在当时的状况，由于共和党的渗透，我们今天没有任何忠诚的美国主义。俄国沙皇在维也纳会议上制造的这次灾难性的回击，丝毫没有摧毁光照派的阴谋。这只是迫使他们采取新的战略，意识到一个世界的想法在目前是不可能的。罗斯柴尔德家族决定，为了让这个阴谋继续下去，他们必须通过加强对欧洲国家货币体系的控制来实现。

"早些时候，通过一个诡计，滑铁卢战役的结果被伪造了，罗斯柴尔德散布了一个故事，说拿破仑打了一场恶仗，这在英国的股票市场上引发了可怕的恐慌。所有的股票几乎都跌到了零，内森-罗斯柴尔德以几乎一分钱的美元价值购买了所有的股票。这使他完全控制了英国和几乎整个欧洲的经济。因此，在维也纳会议崩溃后，罗斯柴尔德立即迫使英国建立了一个新的"英格兰银行"，他对其有绝对的控制权，就像他后来通过雅各布-希夫所做的那样；他设计了我们自己的"联邦储备法"，使罗斯柴尔德家族秘密控制了美国的经济。但现在，让我们先看一下光照派在美国的活动。

"1826年，威廉-摩根船长决定，他有责任告知所有共济会员和普通公众关于光照会的真相，他们的秘密计划，他们的目标，并揭示阴谋的首脑身份。光明会很快对摩根进行了缺席审判，并判定他犯有叛国罪。他们命令一个叫理查德-霍华德（Richard Howard）的英国照明师执行他们作为叛徒的死刑判决。摩根受到警告并试图逃往加拿大，但霍华德在边境附近追上了他，确切地说，是在尼亚加拉峡谷附近，他在那里将其杀害。一位名叫艾弗里-艾伦（Avery Allen）的人在纽约所作的宣誓书中证实了这一点，根据该宣誓书，他在纽约圣约翰厅举行的"圣殿骑士"会议上听到了霍华德关于处决的报告。他还讲述了如何安排将霍华德送回英国。

艾伦的这份宣誓书已在纽约市存档。很少有共济会员和普通民众知道，对这一谋杀事件的广泛反对导致了美国北部管辖区约一半的共济会员的分离。为讨论此事而举行的会议的记录副本仍然存在于安全的手中，所有这些秘密强调了光照派大脑的力量，以防止这种可怕的历史事件在我们的学校中被教授。

"19世纪50年代初，光照会在纽约市举行了一次秘密会议，一位名叫赖特的英国光照会成员出席了会议。在场的人了解到，光照派正在组织将虚无主义者和无神论者与所有其他颠覆性团体联合起来，组成一个被称为共产主义的国际团体。正是在这个时候，"共产主义"这个词第一次出现，它注定要成为最终的武器和恐吓词，以恐吓整个世界，并将受恐吓的人民赶入伊利诺伊州的统一世界计划。这个项目："共产主义"将被用来使光照派煽动未来的战争和革命。富兰克林-罗斯福的直系祖先克林顿-罗斯福、霍勒斯-格里利和查尔斯-达纳，这些当时领先的报纸编辑，被任命为一个委员会的负责人，为这个新企业筹集资金。当然，大部分资金是由罗斯柴尔德家族提供的，当卡尔-马克思和恩格斯在英国苏荷区写《资本论》和《共产党宣言》时，这笔资金被用来资助他们。这清楚地表明，共产主义不是一种所谓的意识形态，而是一种秘密武器；是为光照派的目的服务的口号。

"韦索普特于1830年去世；但在他去世前，他准备了一个修订版的古老阴谋--光照派，以各种假名组织、资助、指导和控制所有国际组织和团体，让他们的代理人在最高领导岗位工作。在美国，我们有伍德罗-威尔逊、富兰克林-罗斯福、杰克-肯尼迪、约翰逊、罗斯克、麦克纳马拉、富布赖特、乔治-布什等作为主要的例子。此外，当卡尔-马克思在一群光照派的指导下撰写《共产党宣言》时，法兰克福大学的卡尔-里特教授在另一群人的指导下撰写反面教材。他们的想法是，那些掌管全球阴谋的人可以利用这两种所谓的意识形态之间的差异，使他们能够将越来越多的人类分成对立的阵营，以武装和洗脑他们，使他们互相争斗和毁灭。最重要的是，要摧毁所有的政治和宗教机构。里特开始的工作在他死后继续进行，并由所谓的德国哲学家弗雷德里克-威廉-尼采完成，他创立了尼采主义。这种尼采主义后来发展为法西斯主义，然后是纳粹主义，并被用来煽动第一次和第二次世界大战。

"1834年，意大利革命领袖吉塞普-马志尼被光照派选中，领导他们在全世界的革命计划。他一直担任这一职务，直到1872年去世。

但在他去世前几年，马志尼曾引诱一位名叫阿尔伯特-派克的美国将军加入光照会的行列。派克对建立一个世界政府的想法非常着迷，并最终成为这个路西法派阴谋的领导人。1859年至1871年间，派克为三次世界大战和世界各地的各种革命制定了军事计划，他认为这些计划将使阴谋在20世纪达到最后阶段。我再次提醒你们，这些阴谋家从来都不关心眼前的成功。他们还以长远的眼光来经营。派克在他位于阿肯色州小石城的家中完成了他的大部分工作。但几年后，由于马志尼在欧洲的革命活动，光照会的大东方会被怀疑和排斥，派克组织了他所谓的新改革派帕拉迪奥仪式。他建立了三个最高理事会：一个在南卡罗来纳州的查尔斯顿，一个在意大利的罗马，第三个在德国的柏林。他要求马志尼在世界各地的战略地点建立23个下属委员会。从那时起，这些都是世界革命运动的秘密总部。

"早在马可尼发明无线电之前，光照派的科学家就已经找到了一种方法，让派克和他的理事会的领导人进行秘密交流。正是由于发现了这个秘密，情报人员才得以了解看似不相关的事件，如奥地利王子在塞尔维亚被暗杀，是如何在世界各地同时发生并演变成战争或革命的。派克的计划既简单又有效。它设想共产主义、纳粹主义、政治犹太复国主义和其他国际运动将被组织起来，用来煽动三次世界大战和至少两次重大革命。

"第一次世界大战是为了使光照派能够摧毁俄国的沙皇主义，这是罗斯柴尔德在沙皇在维也纳会议上破坏其计划后所承诺的，并将俄国变成无神论共产主义的堡垒。幻觉派特工在英德帝国之间煽动的分歧将被用来煽动这场战争。一旦战争结束，共产主义将得到发展，并被用来摧毁其他政府，削弱宗教对社会的影响（尤其是天主教）。

"第二次世界大战，在必要的时候，要利用法西斯分子和政治上的犹太复国主义分子之间的争论来煽动，这里应该指出，希特勒是由克房伯、沃伯格家族、罗斯柴尔德家族和其他国际主义银行家资助的，希特勒对所谓的600万犹太人的屠杀根本没有困扰犹太国际主义银行家。这场大屠杀是必要的，以引起全世界德国人民的仇恨，从而挑起对他们的战争。简而言之，这场第二次世界大战是为了消灭纳粹主义，增强政治上的犹太复国主义的力量，以便在巴勒斯坦建立以色列国。

"在这次第二次世界大战中，国际共产主义将得到发展，直到它在力量上等同于统一的基督教国家。一旦达到这一点，它就会被控制住，直到最后的社会大灾难需要它。我们现在知道，罗斯福、丘吉尔和斯大林实施的正是这一政策，杜鲁门、艾森豪威尔、肯尼迪、约翰逊和乔治-布什都奉行同样的政策。

"第三次世界大战将由在任何新名称下运作的光照派代理人利用所谓的争议来煽动，他们现在在政治上的犹太复国主义者和穆斯林世界的领导人之间形成了两极。这场战争的方向是伊斯兰教和政治上的犹太复国主义（以色列人）将互相摧毁，同时，其余的国家，在这个问题上再次出现分歧，将被迫战斗到身体、心理、精神和经济上完全枯竭的状态。

"任何有思想的人都能怀疑，目前在中东和远东展开的阴谋是为了实现这一撒旦的目标？

派克本人在1871年8月15日给马志尼的一份声明中预言了这一切。派克说，第三次世界大战结束后，那些渴望不受挑战地统治世界的人将带来世界上有史以来最大的社会灾难。他引用自己写给马志尼的信中的话，这封信现在被编入英国伦敦的大英博物馆；他说。

> "我们将释放虚无主义者和无神论者，并带来一场巨大的社会灾难，这场灾难的所有恐怖将向所有国家清楚地表明绝对无神论的影响、野蛮和最血腥的混乱的起源。然后，在各个地方，人民将被迫抵御少数世界革命者，并将消灭这些文明的破坏者，而基督教的幻灭的人群，他们的思想这时将没有方向或指导，渴望一个理想，但不知道把他们的崇拜送到哪里，将通过最后暴露在阳光下的路西法的纯粹学说的普遍表现，得到真正的光明。一种表现，这将是基督教和无神论毁灭后的普遍反动运动的结果；两者都被征服，并被立即消灭。"

"马志尼在1872年去世后，派克让另一位革命领袖阿德里亚诺-莱米成为他的继任者。莱米则由列宁和托洛茨基继任，然后是斯大林。所有这些人的革命活动都是由英国、法国、德国和美国的国际银行家资助的，他们都是由罗斯柴尔德家族主导的。我们应该相信，今天的国际银行家，就像基督时代的货币兑换商一样，只是大阴谋的工具或代理人，但实际上他们是所有大众传播媒体的幕后策划者，让我们相信共产主义是所谓工人的运动。事实是，英国和美国的情报人员拥有真实的文件证据，证明国际自由主义者通过他们的国际银行，特别是罗斯柴尔德家族，为1776年以来的每一场战争和革命的双方提供资金。

"今天那些构成阴谋的人（美国的CFR和英国的RIIA）管理着我们的政府，他们通过美国的联邦储备系统等方法使政府处于高利贷状态，以引起战争，如越南（由联合国创建）。为了推进派克的幻觉计划，使世界进入阴谋阶段，无神论的共产主义和所有的基督教都可以在剩下的每个国家以及国际上被迫进行全面的第三世界战争。

"18世纪末的大阴谋的总部在德国法兰克福，在那里，梅耶-阿姆谢尔-鲍尔建立了罗斯柴尔德家族，他采用了罗斯柴尔德这个名字，并与其他国际金融家联合起来，他们简直是把自己的灵魂出卖给了魔鬼。1786年巴伐利亚政府揭露了这一事件后，阴谋家们将总部迁往瑞士，然后又迁往伦敦。自二战以来（罗斯柴尔德家族在美国的门徒雅各布-希夫去世后）；美国分部的总部设在纽约的哈罗德-普拉特大厦，洛克菲勒家族，原本是希夫的门徒，代表光照派接管了美国的金融操纵权。

"在阴谋的最后阶段；统一世界的政府将由独裁者国王、联合国负责人、CFR，以及一些已经证明对伟大阴谋的奉献的亿万富翁、经济学家和科学家组成。所有其他人都将被纳入一个巨大的混血人类联合体中；实际上是奴隶。现在让我告诉你，我们的联邦政府和美国人民是如何被吸入伟大的光照派阴谋中接管世界的，并始终牢记，联合国的创建是为了成为这个极权主义阴谋的工具。美国接管阴谋的真正基础是在我们的内战时期奠定的。正如我已经指出的那样，魏索普特和早期的主谋们并没有忽视过新世界；魏索普特早在革命战争时期就在这里安插了他的代理人。

"正是在内战期间，阴谋家们发起了他们的第一次具体努力。我们知道，杰斐逊-戴维斯的首席顾问朱达-本杰明是罗斯柴尔德的代理人。我们还知道，在亚伯拉罕-林肯的内阁中有罗斯柴尔德的代理人，他们试图说服他与罗斯柴尔德家族进行金融交易。但老安倍看穿了这个计划，断然拒绝了它，从而赢得了罗斯柴尔德家族永远的敌意，就像俄国沙皇在维也纳会议上破坏第一个国际联盟一样。对林肯遇刺事件的调查显示，刺客布斯是一个秘密阴谋集团的成员。由于一些高级官员参与其中，该组织的名称从未被披露，该案件成为一个谜，就像杰克（约翰-F）-肯尼迪的暗杀仍然是一个谜。但我相信它不会长久地保持神秘。无论如何，内战的结束暂时摧毁了罗斯柴尔德家族接管我们的货币体系的任何机会，正如它在英国和其他欧洲国家所做的那样。我说是暂时的，因为罗斯柴尔德家族和阴谋策划者从未放弃过，所以他们不得不重新开始，但他们没有浪费时间开始。

"内战结束后不久，一个自称为雅各布-H-希夫的年轻移民来到了纽约。雅各布是个年轻人，有罗斯柴尔德家族的任务。雅各布是一个拉比的儿子，他出生在德国法兰克福的一个罗斯柴尔德家族的房子里。我将更详细地介绍他的故事。重要的一点是，罗斯柴尔德在他身上不仅认识到一个潜在的金钱巫师，更重要的是，他还看到了雅各布身上潜藏的马基雅维利的品质，正如他所做的那样，这可以使他成为伟大的世界阴谋中的一个宝贵的职能部门。在伦敦的罗斯柴尔德银行接受了相对短暂的培训后，雅各布前往美国，并被指示购买一家银行的房子，这将是获得美国货币体系控制权的跳板。事实上，雅各布来到这里是为了执行四个具体的任务。

1.   而最重要的是，获得对美国货币体系的控制。

2.   找到有能力的人，只要付出代价，他们就会愿意为这个大阴谋充当走狗，并提拔他们在我们的联邦政府、我们的国会和美国最高法院以及所有联邦机构中担任高级职务。

3.   在所有国家的少数群体之间制造冲突，特别是白人和黑人之间。

4.   在美国掀起一场摧毁宗教的运动；但基督教是主要目标。

"在希夫出现的时候，库恩和勒布是一家著名的私人银行公司，雅各布正是在这家公司买的股票。在成为库恩和勒布公司的合伙人后不久，希夫与勒布的女儿特蕾莎结婚，然后买下了库恩的利益，并将公司迁至纽约。"库恩和勒布 "成为 "库恩、勒布和公司"，是国际银行家，罗斯柴尔德家族的代理人雅各布-希夫表面上是其唯一所有者。而在他的整个职业生涯中，这个犹大和马基雅弗利的混合体，美国伟大的光照派阴谋的第一继承人，一直冒充慷慨的慈善家和一个非常虔诚的人；光照派的政策是隐蔽性。

"正如我所说，阴谋的第一个主要步骤是抓住我们的货币体系。为了实现这一目标，希夫必须得到当时美国大银行分子的充分合作，这说起来容易做起来难。即使在那些年，华尔街是美国货币市场的核心，J.P.摩根是其独裁者。然后是费城的德雷克塞尔家族和比德勒家族。所有其他大大小小的金融家都在这三家公司的调子下跳舞，但尤其是摩根公司。这三个人是骄傲、傲慢、自大的权贵。

"在最初的几年里，他们对这个来自德国贫民区的留着小胡子的小个子完全蔑视，但雅各布知道如何克服这一点。他给他们扔了一些罗斯柴尔德的骨头。所说的骨头就是在美国发行理想的欧洲股票和债券。然后他发现，他的手中有一个更强大的武器。

"正是在我们的内战之后的几十年里，我们的工业开始发展。我们有大的铁路要建。石油、采矿、钢铁和纺织业像蘑菇一样涌现。所有这些都需要大量的资金，其中大部分必须来自国外，主要是来自罗斯柴尔德家族，而这正是希夫的杰出之处。他玩了一个非常狡猾的游戏。他成为约翰-D-洛克菲勒、爱德华-R-哈里曼和安德鲁-卡内基的守护神。他为洛克菲勒的标准石油公司、哈里曼的铁路帝国和卡内基的钢铁帝国提供资金。但是，他没有为库恩、勒布和公司垄断所有其他行业，而是向摩根、比德尔和德雷塞尔打开了罗斯柴尔德家族的大门。反过来，罗斯柴尔德为这三人安排建立了伦敦、巴黎、欧洲和其他分支机构，但总是与罗斯柴尔德的下属合作，罗斯柴尔德向所有这些人明确表示，希夫将是纽约的老板。

"因此，到了世纪之交，希夫严格控制了整个华尔街银行业兄弟会，在希夫的帮助下，包括雷曼兄弟、高盛和其他由罗斯柴尔德家族挑选的人经营的国际主义银行。简而言之，这意味着对国家货币权力的控制，然后它就准备好了巨大的一步--对我们国家货币体系的禁锢。

"根据我们的宪法，我们的货币体系的控制权完全属于我们的国会。希夫的下一个重要步骤是引诱我们的国会背叛这一宪法法令，将这一控制权交给伟大的光照派阴谋的等级制度。为了使这种投降合法化，使人民无力反抗，国会有必要通过特别立法。为了做到这一点，希夫将不得不把傀儡渗透到国会两院。傀儡们的力量足以推动国会通过这种立法。同样重要的是，如果不是更重要的话，他需要在白宫安插一个傀儡，一个没有诚信和顾忌的总统，他将签署这样的立法。要做到这一点，他必须控制共和党或民主党。民主党是更脆弱的，是两党中更有野心的。除了格罗弗-克利夫兰（Grover Cleveland）之外，自内战以来，民主党人还没有成功地将他们的人送入白宫。这有两个原因。

1.党的贫困。

2.有共和党思想的选民比民主党人多得多。

"贫困问题不是一个大问题，但选民问题是另一回事。但正如我之前所说，希夫是个聪明人。这里是他用来解决选民问题的残暴和谋杀的方法。他的解决方案强调了国际主义的犹太银行家们对自己的种族兄弟是多么的不关心，你会看到。突然，在1890年左右，俄罗斯各地爆发了一系列的大屠杀。几千名无辜的犹太人，包括男人、女人和儿童，被哥萨克和其他农民屠杀了。在波兰、罗马尼亚和保加利亚也爆发了类似的大屠杀，对无辜的犹太人进行了类似的屠杀。所有这些大屠杀都是由罗斯柴尔德的代理人煽动的。结果，来自所有这些国家的受惊吓的犹太难民涌向美国，这种情况持续了二、三十年，因为这些年的大屠杀一直在持续。所有这些难民都得到了由希夫、罗斯柴尔德家族及其所有附属机构设立的自封的人道主义委员会的帮助。

"总的来说，难民涌向了纽约，但希夫和罗斯柴尔德人道主义委员会想办法将他们中的许多人转移到其他大城市，如芝加哥、波士顿、费城、底特律、洛杉矶等。所有人都很快变成了 "归化公民"，并被教育登记为民主党人。因此，所有这些所谓的少数民族群体都成了他们社区中坚实的民主党选民群体，都被他们所谓的恩人所控制和操纵着。而在世纪之交后不久，他们就成为我们国家政治生活中的重要因素。这是希夫用来安插像纳尔逊-奥尔德里奇这样的人进入我们的参议院和伍德罗-威尔逊进入白宫的方法之一。

"在这一点上，请允许我提醒你们，当希夫被派往美国时，他的另一项重要任务是被指派给他的。我指的是通过建立少数民族群体和煽动种族冲突来破坏美国人民的团结的任务。通过将犹太难民从大屠杀中带入美国，希夫创造了一个随时可用于此目的的少数群体。但是，被大屠杀搞得人心惶惶的全体犹太人，不能指望他们制造必要的暴力来破坏美国人民的团结。但是，在美国本身，有一个已经构成的，即使仍处于休眠状态的少数群体，即黑人，他们可以被煽动起来进行示威、暴乱、抢劫、谋杀和任何其他形式的无政府状态--所需要的只是煽动和唤醒他们。这两个少数群体加在一起，经过适当的操纵，可以被用来在美国制造 "不和谐"，而这正是光明教派实现其目标所需要的。

"因此，在希夫和他的同谋者制定计划诱骗我们的货币体系的同时，他们也在制定计划，用爆炸性的、可怕的种族动荡来打击毫无戒心的美国人民，将人民撕成仇恨的碎片，在全国范围内制造混乱；特别是在所有大学校园；所有这些都受到厄尔-沃伦和我们在华盛顿特区的所谓领导人决定的保护。C.（记得沃伦委员会对约翰-F-肯尼迪总统的暗杀案）[37]。

当然，完善这些计划需要时间和无限的耐心。

"现在，为了消除所有的疑虑，我将花一些时间给你们提供这个反种族阴谋的文件证据。首先，他们必须建立领导层和组织，以吸引数以百万计的上当者、犹太人和黑人，他们会示威并进行骚乱、抢劫和无政府状态。因此，在1909年，希夫、雷曼夫妇和其他阴谋家组织并成立了全国有色人种促进会，也就是所谓的有色人种促进会。有色人种协进会的主席、理事和法律顾问一直都是由希夫任命的 "犹太白人"，今天依然如此。

"然后，在1913年，希夫集团组织了 "B'nai B'rith反诽谤联盟"，通常被称为 "ADL"，作为整个大阴谋的盖世太保和随从。今天，阴险的 "ADL "在我国各地有2000多个分支机构，并完全建议和控制有色人种协进会、城市联盟和全国所有其他所谓的黑人民权组织的每一个行动，包括马丁-路德-金、斯托克利-卡迈克尔、巴纳德-拉斯廷和其他同类型的领导人。此外，"ADL "还获得了许多百货公司、连锁酒店、电视和广播的工业赞助商以及广告公司的广告预算的绝对控制权，以便控制几乎所有的大众传播媒体，迫使所有忠诚的报纸歪曲和伪造新闻，进一步煽动黑人暴徒的无法无天和暴力，同时，也引起人们对他们的同情。这里是他们故意将黑人赶入无政府状态的阴谋开始的文件证据。

---

[37]肯尼迪在担任美国总统期间，成为一名基督徒。在他试图 "忏悔 "的过程中，他试图告知这个国家的人民（至少两次），美国总统办公室正被幻影派/CFR操纵着。同时，他停止了从联邦储备银行 "借入 "联邦储备券，并开始以美国的名义发行美国券（无利息）。正是这种美钞的发行导致了肯尼迪的 "暗杀"。

在宣誓就职后，林登-B.约翰逊停止发行美钞，恢复借用联邦储备银行的票据（以目前17%的利率借给美国人民）。约翰-F-肯尼迪时期发行的美国纸币是1963年系列的一部分，其票面上有一个 "红色 "印章。

"1910年左右，一个名叫以色列-曾威尔的人写了一部名为《熔炉》的剧本。这纯粹是煽动黑人和犹太人的宣传，因为这出戏本来是要展示美国人民如何歧视和迫害犹太人和黑人的。当时，似乎没有人意识到这是一部宣传剧。写得太巧妙了。宣传被很好地包裹在戏剧的真正伟大的娱乐中，它在百老汇大受欢迎。

"在那些日子里，传说中的钻石吉姆-布雷迪经常在一部受欢迎的戏剧开幕后在纽约著名的德尔莫尼科餐厅举办宴会。他为《熔炉》的演员、编剧、制片人和一些百老汇名人举办了这样一个聚会。那时，我已经在百老汇剧院留下了个人印记，我被邀请参加那个聚会。我遇到了萧伯纳和一个叫以色列-科恩的犹太作家。赞格兰威尔、肖和科恩是在英国创建费边社的人，并与一个名叫莫迪凯的法兰克福犹太人密切合作，后者改名为卡尔-马克思；但请记住，在那个时候，马克思主义和共产主义刚刚兴起，没有人对这两者给予关注，也没有人怀疑这三位真正杰出的作家的著作中有宣传成分。

"在那次宴会上，以色列-科恩告诉我，他当时正在从事写一本书，作为赞格威尔《熔炉》的后续。他的书名是 "20世纪的种族议程"（A Racial Agenda for the 20 Century）。当时我完全沉浸在我作为一个剧作家的工作中，尽管这个标题很有意义，但我从未想到它的真正目的，也没有兴趣去读这本书。但是，当我收到*华盛顿特区《晚星报》*1957年5月发表的一篇文章的剪报时，它突然以氢弹的力量击中了我。这篇文章一字不差地转载了以色列-科恩的《20世纪的种族计划》一书中的以下节选内容：[th]，我引述如下。

> "我们必须认识到，我们党最强大的武器是种族紧张。通过在黑暗种族的意识中宣传他们几个世纪以来一直受到白人的压迫，我们可以使他们坚持共产党的纲领。在美国，我们的目标是取得一场微妙的胜利。在煽动黑人少数群体反对白人的同时，我们将向白人灌输他们剥削黑人的罪恶感。我们将帮助黑人在生活的各个领域，在职业和体育及娱乐世界中上升到顶峰。有了这种威望，黑人将能够与白人结婚，并开始一个将美国交付给我们事业的进程。"

1957年6月7日的会议记录；由代表Thomas G. Abernethy撰写。

"因此，科恩书中这段话的真实性被完全确定。但在我心中唯一的问题是，它是否代表了共产党的官方政策或阴谋，或者只是科恩本人的个人表达。于是我寻找进一步的证据，并在共产党纽约分部1935年出版的一本官方小册子中找到了。

这本小册子的标题是：《苏维埃美国的黑人》。它敦促黑人起义，在南方形成一个苏维埃国家，并要求加入苏维埃联盟。它包含一个坚定的承诺，即起义将得到所有美国 "红军 "和所谓 "自由派 "的支持。在第38页，它承诺苏维埃政府将给予黑人比白人更多的福利，而且，这本官方的共产主义小册子再次承诺，我引用一下，"根据革命法，对黑人的任何歧视或偏见行为都将成为一种犯罪"。这一声明证明，1913年出版的以色列-科恩的书中的节选是共产党的官方法令，直接符合魏索普特和后来的阿尔伯特-派克公布的世界革命的光照计划。

"现在只有一个问题，那就是证明共产党政权是由美国的大脑雅各布-希夫和伦敦的罗斯柴尔德家族直接控制的。稍后我将提供证据，以消除任何怀疑，即我们所知道的共产党是由那些（资本家，如果你愿意注意的话）头脑，希夫，沃伯格家族和罗斯柴尔德家族创建的，他们策划并资助了整个俄国革命，谋杀了沙皇及其家人，列宁，托洛茨基和斯大林直接听命于希夫和其他他们应该打击的资本家。

"你能理解为什么臭名昭著的厄尔-沃伦和他同样臭名昭著的最高法院法官同伴在1954年做出了这个臭名昭著、背信弃义的取消种族隔离决定吗？这是为了帮助和唆使光明会的阴谋家在黑人和白人之间制造紧张和冲突。你能理解为什么同样是厄尔-沃伦发布的裁决，禁止在我们的学校进行基督教祈祷和圣诞颂歌吗？为什么肯尼迪也这么做？而你能明白为什么约翰逊和66名参议员不顾90%的美国人民的抗议，投票支持 "领事条约"，使我们整个国家向俄罗斯间谍和破坏者开放？这66名参议员都是20 世纪的本尼迪克特-阿诺德。

"要靠你们和所有美国人民迫使国会、我们的民选官员将这些美国叛徒绳之以法，进行弹劾，并在证明有罪后，对他们施加对帮助和教唆我们的敌人的叛徒所规定的惩罚。这包括对 "CFR "和他们所有的幌子，如 "ADL"、"NAACP"、"SNIC"，以及像马丁-路德-金这样的光照派工具实施严格的国会调查*。这样的调查将彻底暴露所有华盛顿特区和伊利诺伊州的领导人，以及他们所有的附属机构和子公司，作为执行伊利诺伊州阴谋的叛徒。他们将彻底揭露联合国是阴谋的纽带，并迫使国会将美国从联合国除名，将联合国从美国驱逐出去。事实上，它将摧毁联合国和整个阴谋。

"在结束这个阶段之前，我希望重申并强调一个关键点，如果你们希望为你们的孩子和他们的孩子拯救我们的国家，我敦促你们永远不要忘记。这一点是这样的。伍德罗-威尔逊、富兰克林-罗斯福、杜鲁门、艾森豪威尔和肯尼迪犯下的所有违宪和非法行为，以及现在约翰逊（以及现在的乔治-布什和比尔-克林顿）正在犯下的违宪和非法行为，正好与韦索普特和阿尔伯特-派克描述的幻影派阴谋家的古老阴谋相一致。叛徒厄尔-沃伦及其同样叛徒的最高法院法官所做的每一个恶性决定都直接符合光照会计划的要求。我们的国务院在罗斯克的领导下以及更早的约翰-福斯特-杜勒斯和马歇尔所犯下的每一个叛国罪，以及麦克纳马拉和他的前任所犯下的每一个叛国罪，都直接符合这个相同的幻影派接管世界的计划。同样，我们的国会成员，特别是签署领事条约的66名参议员所犯下的惊人的叛国罪，也是在光照派的授意下进行的。

"现在我将回到雅各布-希夫对我们的货币体系的干预以及随后的叛国行为。这也将揭示出希夫-罗斯柴尔德家族不仅控制了卡尔-马克思，还控制了列宁、托洛茨基和斯大林，他们在俄国创造了革命并建立了共产党。

"就在1908年，希夫决定接管我们的货币体系的时机已经到来。他在这次收购中的主要副手是爱德华-曼德尔-豪斯（Edward Mandel House）上校，他的整个职业生涯就是为希夫做行政主厨和跑腿的，还有伯纳德-巴鲁克和赫伯特-雷曼。那年秋天，他们在乔治亚州杰基尔岛的J.P.摩根拥有的杰基尔岛狩猎俱乐部举行了秘密会议。在场的有J.P.摩根、约翰-B.洛克菲勒、豪斯上校、参议员纳尔逊-奥尔德里奇、纽约国家城市银行的希夫、斯蒂尔曼和范德利普、W.和J.塞利格曼、尤金-迈尔、伯纳德-巴鲁克、赫伯特-雷曼、保罗-沃伯格--总之，所有美国的国际银行家。都是伟大的光明会阴谋的等级制度的成员。

"一周后，他们创建了所谓的联邦储备系统。奥尔德里奇参议员是本应在国会通过该法案的傀儡，但他们把该法案搁置起来，主要原因是：他们必须让他们的人和他们在白宫的听话的傀儡先签署《联邦储备法》。他们知道，即使参议院一致通过该法案，当时新当选的塔夫脱总统也会很快否决它。所以他们等待着。

"1912年，他们的人，伍德罗-威尔逊，被选为总统。威尔逊就职后，参议员奥尔德里奇立即推动《联邦储备法》在国会两院通过，威尔逊迅速将其签署为法律。这一令人发指的叛国行为发生在

1913年12月23日，即圣诞节前两天，当时除了几位代表和三位精心挑选的参议员外，所有国会议员都不在华盛顿。这种叛国行为是多么的令人发指？我将告诉你。

开国元勋们很清楚金钱的力量。他们知道，无论谁拥有这种权力，我们国家的命运都掌握在他手中。这就是为什么他们在宪法中规定只有国会--人民选出的代表--才应拥有这一权力时，谨慎地保护了这一权力。关于这一点的宪法语言是简短、扼要和具体的，载于第一条第8款第5段，界定了国会的职责和权力，我引用一下。

　　"铸造货币，调节货币和外国钱币的价值，以及度量衡标准"。

但是，在1913年12月23日那个悲惨的、令人难忘的臭名昭著的日子里，我们派往华盛顿维护我们利益的人，即众议员、参议员和伍德罗-威尔逊，把我们国家的命运交到了两个来自东欧的外国人手里，他们是犹太人雅各布-希夫和保罗-沃伯格。沃伯格是一个最近才来的移民，他在罗斯柴尔德的授意下来到这里，其明确目的是为这个肮脏的联邦储备法策划计划。

"今天，绝大多数美国人民认为，联邦储备系统是美国政府的一个机构。这是完全错误的。联邦储备银行的所有股票都由成员银行拥有，成员银行的负责人都是今天被称为 "CFR "的伟大的光照派阴谋的等级制度的成员。

"许多所谓的美国叛徒参与的这一叛国行为的细节对本文来说太长了；但所有这些细节都可以在一本名为《联邦储备的秘密》的书中找到[38]，作者是尤斯塔斯-穆林。在这本书中，穆林斯讲述了整个可怕的故事，并以无可争议的文件作为支持。除了是一个真正迷人和令人震惊的关于这一伟大背叛的故事外，每个美国人都应该把它作为一个重要的情报问题来阅读，因为当整个美国人民最终觉醒并摧毁整个阴谋时，在上帝的帮助下，这个觉醒的时刻一定会到来。

"如果你认为这些外国人和他们的美国纸币阴谋家，会满足于控制我们的货币体系，那么你将会受到另一个非常悲哀的打击。联邦储备系统使阴谋家完全控制了我们的货币体系，但它丝毫没有触及人民的收入，因为宪法明确禁止现在被称为20%以上的预扣

---

[38] 由Le Retour aux Sources出版，www.leretourauxsources.com

税。但是，光照会在一个统一的世界中的奴役计划包括没收所有私有财产和控制个人的赚钱能力。卡尔-马克思在他的计划中强调了这一特点，这将通过累进和分级的所得税来实现。正如我所说的，这种税不能合法地强加给美国人民。我们的宪法简明扼要地明确禁止这种做法。因此，只有宪法修正案才能赋予联邦政府这种没收的权力。

"好吧；对于我们的马基雅维利式的阴谋家来说，这也不是一个无法克服的问题。国会两院的同一位民选领导人和签署了臭名昭著的《联邦储备法》的伍德罗-威尔逊先生修改了宪法，使联邦所得税，即所谓的16 修正案，成为国家的法律。根据我们的宪法，两者都是非法的。简而言之，正是这些叛徒将《联邦储备法》和《16_00修正案》这两个叛国罪签署为法律。然而，似乎没有人意识到，16 修正案的目的是通过所得税条款抢劫，我是说抢劫人们的收入。

"直到第二次世界大战，伟大的人道主义者富兰克林-罗斯福对所有小额工资实行20%的预扣税，对较高收入实行高达90%的预扣税，策划者才充分利用这一规定。哦，当然，他忠实地承诺，这只是在战争期间；但对这样一个骗子来说，承诺又算得了什么呢？"1940年，他在竞选第三个任期时，不断宣称："我一再地说，我永远不会派美国男孩到外国土地上作战。"请记住，他在宣布这一声明时，甚至已经准备通过煽动日本人偷袭珍珠港来为他提供借口，使我们陷入第二次世界大战。

"在我忘记之前，让我提醒你，另一个名叫伍德罗-威尔逊的骗子在1916年使用了完全相同的竞选口号。他的口号是："重新选举一个能让你们的儿子远离战争的人"；完全相同的公式，完全相同的承诺。但是等等；正如阿尔-琼森常说的，"你还没有听到任何东西"。16 修正案的所得税陷阱是为了没收和窃取普通人的收入，也就是你和我。它的目的不是为了打击幻影帮、洛克菲勒家族、卡内基家族、雷曼家族和其他所有阴谋者的巨额收入。

"因此，通过这个16 修正案，他们一起创建了所谓的 "免税基金会"，这将允许阴谋家把他们巨大的财富变成这些所谓的 "基金会"，避免支付几乎所有的所得税。其借口是，这些 "免税基金会 "的收入将用于人道主义慈善事业。因此，今天我们有各种洛克菲勒基金会、卡内基和道曼基金、福特基金会、梅隆基金会以及数百个类似的 "免税基金会"。

"那么这些基金会支持什么样的慈善事业？好吧，他们资助了所有在全国范围内造成混乱和骚乱的民权团体（和环保运动）。他们资助马丁-路德-金。福特基金会资助了位于圣巴巴拉的 "民主制度研究中心"，俗称 "西莫斯科"，该中心由臭名昭著的赫钦斯、沃尔特-卢瑟、埃尔文-卡纳姆和其他同类人管理。

"简而言之；"免税基金会 "资助了那些为伟大的光照会阴谋做工作的人。而他们每年从普通牧民（你和我）的收入中没收的数千亿美元又是什么呢？好吧，首先，有一个 "对外援助 "的把戏，给了共产党人铁托数十亿，加上赠送数百架喷气式飞机，其中许多都给了卡斯特罗，加上培训共产党飞行员的费用，以便他们能更好地击落我们的飞机。几十亿到红色波兰。向印度提供数十亿美元。十亿到苏卡诺。向美国的其他敌人提供数十亿美元。这就是这个叛国的16 修正案对我们的国家和美国人民，对你、我和我们的孩子所做的事情。

"我们在CFR的幻术师控制的联邦政府可以给予所有亲红色世界的基金和组织 "免税地位"，如 "共和国基金"。但是，如果你或任何爱国组织过于公开地亲美，他们可以通过在你的所得税申报表中发现一个错位的逗号来恐吓和威胁你，对你进行处罚、罚款，甚至监禁。未来的历史学家会想，美国人民怎么会如此天真和愚蠢，允许《联邦储备法》和《16 修正案》这样大胆和无耻的叛国行为。嗯，他们并不天真，也不愚蠢。答案是：他们相信他们选出来的人能够保护我们的国家和我们的人民，他们对这两个背叛行为没有任何线索，直到每个背叛行为完成之后。

"正是伊利诺伊州控制的大众传播媒体使我们的人民一直保持着天真和愚蠢，没有意识到正在犯下的叛国罪。现在的大问题是："人民何时才能醒悟过来，像乔治-华盛顿和我们的开国元勋会对本尼迪克特-阿诺德那样对待我们今天的叛徒？".实际上，与我们现在华盛顿特区的叛徒相比，本尼迪克特-阿诺德是一个小叛徒。现在让我们回到随着《联邦储备法》的通过和16 修正案的通过而违反我们宪法的事件。威尔逊完全在他们的控制之下吗？

"大阴谋的策划者启动了下一个步骤，也是他们希望的最后一个步骤，以实现他们的一个世界政府。这些步骤中的第一个是第一次世界大战。为什么要打仗？很简单，一个世界政府的唯一借口是它应该确保和平。唯一能让人们为和平哭泣的是战争。战争给胜利者和失败者都带来了混乱、破坏和疲惫。它给两者都带来了经济上的毁灭。更重要的是，它破坏了两人的年轻男子之花。对于那些只剩下对自己爱子的记忆的伤心欲绝的老人（母亲和父亲）来说，和平是值得任何代价的，这也是阴谋家们赖以成功的撒旦阴谋的情感。[39]。

"在整个19世纪，从1814年到1914年，整个世界都处于和平状态。诸如 "普法战争"、我们自己的 "内战"、"日俄战争"等战争，可以被称为 "局部动乱"，并不影响世界其他地区。所有的大国都很繁荣，人民都有强烈的民族主义，并为自己的主权感到自豪。法国人和德国人准备生活在 "一个世界政府 "之下，或者是 "俄国人"、"中国人 "或 "日本人"，这是很难想象的。更不可想象的是，德皇威廉、弗朗茨-约瑟夫、沙皇尼古拉或任何其他君主会心甘情愿地、温顺地将其王位交给一个世界政府。但不要忘记，各国人民才是真正的力量，"战争 "是唯一能让人民渴望和要求 "和平 "的东西，从而确保一个世界的政府。但这必须是一场令人恐惧和可怕的破坏性战争。它不可能只是两个国家之间简单的局部战争；它必须是一场 "世界大战"。任何大国都不应该幸免于这种战争的恐怖和破坏。对 "和平 "的呼声必须是普遍的。[40]

"事实上，这就是19 世纪初由光明会和内森-罗斯柴尔德建立的格式。他们首先将整个欧洲拖入 "拿破仑战争"，然后又拖入罗斯柴尔德组织的 "维也纳会议"，该会议计划变成一个 "国际联盟"，作为他们一个世界政府的所在地；就像现在的 "联合国 "是为了成为

---

[39]这个问题的答案很简单：不要在 "他们 "的武装部队中服役，成为自称的精英的炮灰。如果你这样做，或者如果你允许你的孩子这样做，通过你所允许的无知，你应该得到你和他们将得到的东西。不适用。

[40]在'伟大的战争'--第一次世界大战--中丧失的生命比历史上任何其他战争都多。例如，在第一次世界大战--"结束所有战争的[所谓]战争"--[为什么发明了这个确切的短语？]中，一次战斗中被屠杀的人比第二次世界大战中的任何一次都多。过去看起来完全不符合逻辑的军事战略，现在却完全符合逻辑，如果你想尽可能多地杀死自己的人。其策略是命令英国士兵缓慢地向德国机枪行进，不要冲锋或迎击，结果造成了骇人听闻的屠杀。如果他们不听话，就会被放在由自己的同志组成的行刑队面前，因此在任何情况下他们都肯定会死。- 通过这个例子，你应该清楚地知道，光照会对屠杀数以百万计他们认为是 "无用的吃货 "的人完全没有顾虑，而且他们将毫无顾虑地屠杀更多的人，很快。不适用。

未来一个世界政府的所在地而建立的，上帝保佑。无论如何，这就是罗斯柴尔德家族和雅各布-希夫在1914年决定采用的计划，以实现其目标。当然，他们知道同样的计划在1814年就已经失败了，但他们认为这只是因为俄国沙皇把它变成了鱼雷。那么，目前1914年的阴谋家会消灭1814年的牛虻。他们将确保在他们策划的新的世界大战之后，不会有俄国沙皇在身边阻挠他们的行动。

"我会告诉你他们是如何完成发动世界大战的这第一步的。据历史记载，第一次世界大战是由一个微不足道的事件引发的，这种事件被魏索普特和阿尔伯特-派克纳入了他们的计划。那次事件是由光明会的大脑组织的对奥地利大公的暗杀。战争随之而来。它涉及到德国、奥地利、匈牙利及其盟国，即 "轴心国"，与法国、英国和俄罗斯（称为 "盟国"）的对抗。只有美国在前两年没有参与。

"到1917年，阴谋家们已经实现了他们的主要目标：整个欧洲都处于贫困状态。所有的人民都厌倦了战争，想要和平。一旦美国站在盟国一边，和平就会到来，这在威尔逊连任后立即发生。在那之后，只能有一个结果：盟军完全胜利。为了充分证实我的论断，早在1917年之前，在美国以雅各布-希夫为首的阴谋家就已经计划好了一切，让美国陷入这场战争。我将举出证据。

"当威尔逊在1916年竞选连任时，他的主要诉求是："重新选举那个能让你们的儿子远离战争的人。"但在同一次竞选中，共和党公开指责威尔逊长期以来一直致力于使我们卷入战争。他们声称，如果他被击败，他将在他剩下的几个月任期内做出这一决定，但如果他连任，他将等到选举之后。但在当时，美国人民将威尔逊视为 "神人"。好了，威尔逊再次当选，按照阴谋家的议程，他在1917年使我们陷入战争。他以卢西塔尼亚号的沉没为借口，这个沉没也是有计划的。1941年，在美国人民眼中同样是男神的罗斯福，以偷袭珍珠港为借口将我们扔进了第二次世界大战，采用了同样的手法。

"正如阴谋家们所预言的那样，盟军的胜利将消灭所有战败国的君主，并使其所有人民失去领导，感到困惑，迷失方向，为大阴谋想要建立的一个世界政府做好充分准备。但还会有一个障碍，也就是在拿破仑战争后的维也纳会议（和平集会）上阻碍了光照派和罗斯柴尔德家族的同一个障碍。这一次，俄国将像1814年一样站在胜利的一方，沙皇将牢牢占据他的王位。值得注意的是，沙皇政权下的俄罗斯是唯一一个幻影派从未成功站稳脚跟的国家，罗斯柴尔德家族也从未能够渗透到他们的银行利益中。即使可以说服他加入一个所谓的 "国际联盟"，但他永远不会，但根本不会选择一个世界政府，这是一个定论。

"因此，甚至在第一次世界大战爆发之前，阴谋家们就已经有了一个计划，正在制定中，以执行内森-罗斯柴尔德1814年的誓言，在战争结束前摧毁沙皇并暗杀所有可能的王位继承人。俄罗斯布尔什维克将成为他们在这个特定阴谋中的工具。从本世纪初开始，布尔什维克的领导人是尼古拉-列宁、列昂-托洛茨基以及后来的约瑟夫-斯大林。当然，这些并不是他们的真实姓氏。在战争爆发前，瑞士成为他们的避难所。托洛茨基的总部在纽约的下东城，那里主要居住着俄罗斯和犹太难民。列宁和托洛茨基都留着小胡子，不修边幅。在当时，这是布尔什维克主义的徽章。两人都生活得很好，但没有固定的职业。他们没有明显的生存手段，但他们仍然有很多钱。所有这些谜团都在1917年被解开。从战争一开始，纽约就发生了奇怪和神秘的事情。托洛茨基夜以继日地潜入和潜出雅各布-希夫的宫殿，而在这些夜晚中，会有来自纽约下东城的暴徒聚集。他们都是托洛茨基总部的俄罗斯难民，都在经历某种神秘的训练过程，被蒙上了一层神秘的面纱。没有人说话，尽管人们得知希夫在资助托洛茨基的所有活动。

"然后，突然间，托洛茨基消失了，还有他的大约300名训练有素的打手。事实上，他们是在公海上乘坐希夫租来的船，前往瑞士与列宁和他的团伙会合。船上还有2000万美元的黄金，打算用来资助布尔什维克接管俄国。为了迎接托洛茨基的到来，列宁准备在他的瑞士藏身处举办一个派对。来自世界最高阶层的人将被邀请参加这个聚会。其中有神秘的爱德华-曼德尔-豪斯上校，他是伍德罗-威尔逊的导师和瘫痪者，最重要的是，他是希夫的特别和机密信使。另一位预期的客人是德国沃伯格银行家族的沃伯格，他为德皇提供资金，德皇通过任命他为德国秘密警察的负责人来奖励他。此外，还有伦敦和巴黎的罗斯柴尔德家族、利特维诺夫、卡加诺维奇和斯大林（当时他是火车和银行抢劫团伙的头目）。他被称为 "乌拉尔地区的杰西-詹姆斯"。

"在这里，我必须提醒你，英国和法国当时已经与德国交战了很长时间，1917年2月3日，威尔逊已经与德国断绝了所有的外交关系。因此，沃伯格、豪斯上校、罗斯柴尔德家族和所有其他人都是敌人，当然，瑞士是中立地，敌人可以在这里见面并成为朋友，特别是如果他们有一个共同的项目。列宁的党几乎被一个不可预见的事件毁掉了。希夫租来的船在前往瑞士的途中被一艘英国军舰拦截并扣留。但希夫很快就命令威尔逊命令英国人把船和托洛茨基的打手以及黄金完整地释放出来。威尔逊听从了。他警告英国人，如果他们拒绝释放这艘船，美国就不会像他一年前忠实地承诺的那样在4月参战。英国人听从了这个警告。托洛茨基抵达瑞士，列宁的火车按计划离开；但他们仍然面临着通常难以逾越的障碍，那就是让列宁-托洛茨基这伙恐怖分子穿越俄国边境。好吧，这时德国秘密警察的负责人沃伯格兄弟介入了。他将所有这些暴徒装入密封的货运车厢，并为他们秘密进入俄罗斯做了所有必要的安排。剩下的就是历史了。俄罗斯发生了革命，罗曼诺夫皇室的所有成员都被谋杀了。

"我现在的主要目标是毫无疑问地确定，所谓的共产主义是伟大的光照派奴役整个世界的阴谋的一个组成部分。所谓的共产主义只是他们恐吓世界人民的武器和口号，征服俄罗斯和创造共产主义在很大程度上是由希夫和其他国际银行家在我们的纽约市组织的。一个奇妙的故事？是的，有些人甚至可能拒绝相信它。好吧，为了所有那些"托马斯"的利益，我将通过指出以下情况来证明这一点：就在几年前，赫斯特报纸的专栏作家查理-克尼克伯克发表了对雅各布的孙子约翰-希夫的采访，其中年轻的希夫证实了整个故事，并说出了老雅各布捐助的金额，即2000万美元。

"如果有人仍然对整个共产主义的威胁是由我们纽约市的大阴谋的大脑创造出来的有丝毫怀疑，我将引用以下历史事实。所有记录显示，当列宁和托洛茨基组织接管俄国时，他们是布尔什维克党的领导人。现在，"布尔什维主义"是一个纯粹的俄罗斯词汇。大脑意识到，除了俄罗斯人民，布尔什维克主义永远不可能作为一种意识形态出售给任何人。因此，1918年4月，雅各布-希夫派豪斯上校前往莫斯科，命令列宁、托洛茨基和斯大林将他们的政权名称改为共产党，并采用卡尔-马克思的《宣言》作为共产党的章程。列宁、托洛茨基和斯大林服从了，在这一年的1918年，共产党和共产主义的威胁产生了。所有这些都得到了《韦伯斯特大学词典》第五版的证实。

"简而言之；共产主义是由资本家创造的。因此，直到1918年11月11日，阴谋家的整个邪恶计划都在完美运作。包括美国在内的所有大国都厌倦了战争，满目疮痍，哀悼死者。和平是伟大的普遍愿望。因此，当威尔逊提议建立一个 "国际联盟 "以确保和平时，所有大国在没有俄国沙皇反对的情况下都跳上了这一行列，甚至没有停下来阅读这一保险单的小字。也就是说，除了一个国家，即美国，正是希夫和他的同谋者最不希望反叛的国家，而这正是他们在第一个阴谋中的致命错误。你看，当希夫把伍德罗-威尔逊送进白宫时，阴谋家们以为他们把美国纳入了传说中的囊中。威尔逊曾作为一个伟大的人道主义者完美地展现在公众面前。他被作为一个人神强加给美国人民。阴谋家们完全有理由相信，他能轻易说服国会购买枪支法案。

"国际联盟"，就像1945年的国会盲目购买 "联合国 "一样。但在1918年的参议院中，有一个人看穿了这个计划，就像俄国沙皇在1814年所做的那样。他是一个具有伟大政治地位的人，几乎和泰迪-罗斯福一样伟大，一样精明。他受到国会两院所有成员和美国人民的高度尊重和信任。这位伟大的爱国美国人的名字是亨利-卡伯特-洛奇，而不是今天这个自称小亨利-卡伯特-洛奇的冒牌货，直到他被揭穿。洛奇完全揭开了威尔逊的面纱，并将美国排除在"国际联盟 "之外。

注意:

此后不久，光照派制定了17项 ，以压制由联邦各州立法机构任命的参议员。以前，光照派控制了新闻界，现在他们控制了美国参议员的选举。在批准17年 修正案之前，幻影派/CFR对美国各参议员的个人立法机构几乎没有任何权力。

尽管17 修正案应该改变美国参议员的选举方法，但根据美国宪法第五条的最后一句话，它从未被批准。新泽西州和犹他州这两个州拒绝了该提案，其他九个州根本没有投票。虽然新泽西州和犹他州明确拒绝放弃他们在参议院的 "选举权"，其他九个没有投票的州也从未 "明确 "表示同意，但拟议的17 修正案没有得到通过所需的 "一致 "投票。此外，创建'提案'的决议没有得到参议院的一致通过，由于当时的参议员是由他们的州立法机构'任命'的，这些'反对'或'不投票'是代表他们各自的州投的。

"在这里，了解威尔逊的国际联盟失败的真正原因变得非常有意义。正如我已经说过的，希夫被派往美国是为了执行四项具体任务。

1.　　　而最重要的是，获得对美国货币体系的完全控制。

2.　　　正如魏索普特最初的光明会计划中所述，他必须找到合适的人作为大阴谋的爪牙，并将他们提升到我们联邦政府的最高职位；我们的国会、我们的美国最高法院，以及所有联邦机构，如国务院、五角大楼、财政部等。

3.　　　通过在全国少数民族群体之间制造冲突，特别是在白人和黑人之间制造冲突，破坏美国人民的团结，正如以色列-科恩的书中所述。

4.　　　在美国发起一场以基督教为主要目标或受害者的摧毁宗教的运动。

"此外，他还被有力地提醒了光照派计划的当务之急，即实现对所有大众媒体的完全控制，以便对人民进行洗脑，使其相信并接受大阴谋的所有计划。希夫被警告说，只有通过控制新闻界（当时我们唯一的大众传播媒介），他才能破坏美国人民的团结。

"希夫和他的同谋者在1909年创建了NAACP（全国有色人种促进会），并在1913年创建了B'nai B'rith的反诽谤联盟；两者都是为了制造必要的冲突，但在早期，反诽谤联盟的运作十分试探性。也许是因为担心被唤醒和激怒的美国人民采取类似大屠杀的行动，而有色人种协进会几乎处于休眠状态，因为它的白人领导人没有意识到他们必须发展像马丁-路德-金这样具有煽动性的黑人领导人，以唤起当时广大黑人的满意热情。

"此外，他，希夫，正忙于发展和渗透那些将在我们华盛顿政府的上层任职的傀儡，并获得对我们的货币系统的控制和建立 "16修正案"。他还非常忙于组织夺取俄国的阴谋。简而言之，他忙于所有这些任务，完全忽视了完全控制我们的大众传播媒体这一最高任务。这种忽视是威尔逊未能将美国拉入 "国际联盟 "的直接原因，因为当威尔逊决定到人民中去克服洛奇控制的参议院的反对意见时，尽管他作为一个伟大的人道主义者的声誉已经确立但却是虚假的，他面对的是一个坚实团结的人民和一个忠诚的媒体，他们唯一的意识形态是 "美国主义 "和美国的生活方式。在那些日子里，由于 "ADL "和 "NAACP "的无能和无效，没有有组织的少数民族团体，没有黑人问题，没有所谓的反犹太问题来影响人们的思想。没有左，没有右，没有狡猾的利用的偏见。因此，威尔逊关于 "国际联盟 "的呼吁被置若罔闻。这就是伍德罗-威尔逊的结局，他是阴谋家中伟大的人道主义者。他很快就放弃了他的讨伐行动，回到了华盛顿，不久后他就死了，成了一个梅毒患者，这就是作为通往一个世界政府走廊的 "国际联盟 "的终结。

"当然，这次失败让光明会阴谋的主谋们非常失望；但他们并没有放弃。正如我之前指出的，这个敌人从不放弃；他们只是决定重组并重新开始。这时，希夫已经非常年迈和衰老了。他知道这一点。他知道阴谋需要一个新的、更年轻和更积极的领导。因此，在他的命令下，豪斯上校和伯纳德-巴鲁克组织并成立了他们所谓的 "对外关系委员会"，这是光照派继续在美国活动的新名称。CFR "的领导层、官员和董事主要是由原来的幻觉者的后代组成；他们中的许多人放弃了他们的旧姓氏，获得了新的美国化名字。例如，我们有曾担任美国财政部长的狄龙，他的原名是拉波斯基。另一个例子是CBS电视网的主任波利，他的真名是帕林斯基。CFR成员约有1000人，包括美国几乎所有工业帝国的首脑，如美国钢铁公司总裁布拉夫、石油工业之王洛克菲勒、亨利-福特二世等等。当然，还有所有的国际银行家。此外，"免税 "基金会的负责人是CFR的官员和/或积极成员。简而言之，所有有为选举CFR选择的美国总统、国会议员、参议员提供资金和影响力的人，以及决定我们的各个国务卿、财政部、所有重要联邦机构的任命的人，都是CFR成员，而且他们都是非常听话的成员。

"现在，为了巩固这一事实，我将提到一些曾是CFR成员的美国总统的名字。富兰克林-罗斯福、赫伯特-胡佛、德怀特-艾森豪威尔、杰克-肯尼迪、尼克松和乔治-布什。其他总统候选人包括托马斯-杜威（Thomas E. Dewey）、阿德莱-史蒂文森（Adlai Stevenson）和巴里-戈德华特（Barry Goldwater），他是CFR下属机构的副主席。在各届政府的著名内阁成员中，我们有约翰-福斯特-杜勒斯、艾伦-杜勒斯、科德尔-赫尔、约翰-J-麦克劳德、摩根索、克拉伦斯-狄龙、罗斯克、麦克纳马拉，为了强调 "CFR "的 "红色"，我们还有阿尔杰-希斯、拉尔夫-邦奇、普斯沃斯基、哈利-德克斯特-怀特（真名魏斯）、欧文-拉蒂摩尔、菲利普-贾芬等人作为成员。等。同时，他们将数以千计的同性恋者和其他可塑性强的阴暗人物涌入每一个联邦机构，从白宫开始。你还记得约翰逊的好朋友詹金斯和鲍比-贝克吗？

"现在有很多工作是新的CFR必须要做的。他们需要大量的帮助。因此，他们的第一项工作是建立各种 "子公司"，为其指定特定目标。我无法说出这个记录上的所有附属机构，但这里有几个：外交政策协会（"FPA"）、世界事务委员会（"WAC"）、商业咨询委员会（"BAC"）、著名的 "ADA"（"美国人民主行动 "实际上由沃尔特-卢瑟领导）、芝加哥著名的 "13-13"；巴里-戈德华特曾经而且可能仍然是CFR其中一个附属机构的副主席。此外，CFR在联邦的每个州都设立了特别委员会，将各州的业务委托给这些委员会。

"同时，罗斯柴尔德家族在英国、法国、德国和其他国家建立了类似于CFR的控制集团，以控制世界上与CFR合作的条件，从而引发另一场世界大战。但CFR的第一项也是最重要的工作是完全控制我们的大众传播媒体。新闻界的控制权被交给了洛克菲勒。因此，最近去世的亨利-卢斯（Henry Luce）得到资助，创建了一些全国性的杂志，包括《生活》、《时代》、《财富》等，在美国吹捧 "苏联"。洛克菲勒家族还直接或间接地资助了科尔斯兄弟的 "外观杂志 "和连锁报纸。他们还资助一个叫山姆-纽豪斯的人在全国范围内购买和建立连锁报纸。而已故的尤金-迈尔，CFR的创始人之一，购买了《华盛顿邮报》、《新闻周刊》、《周刊》杂志和其他出版物。同时，CFR开始发展和培养一批新的无耻的专栏作家和社论--如沃尔特-李普曼、德鲁-皮尔逊、阿尔索普夫妇、赫伯特-马修斯、埃尔文-坎纳姆等作家。以及其他自称 "自由主义者 "的人，他们宣称 "美国主义 "是 "孤立主义"，"孤立主义 "是 "战争贩子"，"反共主义 "是 "反犹太主义 "和 "种族主义"。当然，这一切都需要时间，但今天我们的 "周报"，由爱国组织出版，完全由CFR的走狗控制，所以他们终于成功地把我们分成了一个争吵、争吵和仇恨的派别的国家。现在，如果你仍然想知道你在报纸上看到的有偏见的信息和赤裸裸的谎言，你现在有了答案。对于雷曼、高盛、库恩-罗伯斯和沃伯格，CFR给了他们接管电影业、好莱坞、广播和电视的任务，相信我，他们成功了。如果你仍然想知道埃德-莫罗斯和其他像他一样的人所做的奇怪宣传，你现在有了答案。如果你想知道你在电影院和电视机上看到的所有色情、性和混合婚姻影片（这些影片使我们的年轻人士气低落），现在你有了答案。

"现在，为了唤起你的记忆，让我们回溯一下。威尔逊的失败使把这个 "国际联盟 "变成阴谋家们所希望的一个世界政府的任何机会化为泡影；所以雅各布-希夫的阴谋必须重新开始，他们组织了CFR来做这件事。我们也知道，CFR在洗脑和破坏美国人民团结方面的这项工作做得多么成功。但正如希夫的阴谋一样，为他们的一个世界政府创造一个新的工具，需要另一场世界大战的高潮。一场比第一次世界大战更可怕、更具破坏性的战争，以使世界人民再次要求和平，要求结束所有战争的方法。但美国联邦储备委员会意识到，第二次世界大战的后果必须得到更仔细的计划，以便无法逃脱新的一个世界的陷阱--在新的战争中出现的另一个 "国联"。这个陷阱我们现在称为 "联合国"，他们想出了一个完美的策略，确保没有人能够逃脱。他们是这样做的。

1943年，在战争中，他们准备了联合国的框架，并把它交给了罗斯福和我们的国务院，由阿尔杰-希斯、帕尔沃斯基、道尔顿、特伦布尔和其他美国叛徒来孕育，从而使整个项目成为美国的宝贝。然后，为了让人们做好思想准备，纽约市将成为这个怪胎的苗圃。在那之后，我们几乎不能抛弃自己的孩子，不是吗？总之，阴谋家们就是这样认为的，而且确实如此。自由派的洛克菲勒为联合国大楼捐赠了土地。

"《联合国宪章》是由阿尔杰-希斯、帕尔沃斯基、道尔顿、特伦布尔和其他CFR走狗撰写的。1945年在旧金山举行了一次假的、所谓的联合国会议。大约50个国家的所有所谓代表在那里开会并迅速签署了《宪章》。卑鄙的叛徒阿尔杰-希斯带着《宪章》飞到华盛顿，高兴地把它提交给我们的参议院，而参议院（由我们的人民选举产生，以确保我们的安全）甚至没有阅读该《宪章》就签署了。问题是："即使在那时，我们的参议员中有多少人是背叛的CFR走狗？"。无论如何，人们就是这样接受了 "联合国 "这个 "圣地"。

一次又一次，我们对他们在柏林、朝鲜、老挝、加丹加、古巴和越南的错误感到惊讶、震惊、困惑和惊恐；这些错误总是有利于敌人，而不是有利于美国。根据概率法则，他们至少应该犯一两个对我们有利的错误，但他们从未这样做。答案是什么呢？答案是 "CFR "以及他们在华盛顿特区的附属机构和走狗所扮演的角色，所以我们知道，完全控制我们的外交关系政策是整个光照会一世界秩序阴谋成功的关键。这里有进一步的证据。

"早些时候，我完全确定希夫和他的团伙资助了犹太人列宁、托洛茨基和斯大林对俄罗斯的接管，并将其共产主义政权塑造成他们的主要工具，使世界处于动荡之中，并最终恐吓我们所有人在以联合国为首的一个世界政府中寻求和平。但阴谋家们知道，在整个世界接受共产主义政权为俄国合法的 "法律上的政府 "之前，"莫斯科帮 "不可能成为这样的工具。只有一件事可以实现这一点，即得到美国的承认。阴谋家们认为全世界都会效仿我们，所以他们诱使哈定、柯立芝和胡佛给予这种承认。但这三人都拒绝了。20世纪20年代末的结果是，斯大林的政权陷入了绝境。尽管有所有的清洗和秘密警察的控制，俄罗斯人民的抵抗力越来越强。利特维诺夫承认，在1931年和1932年，斯大林和他的整个团伙随时准备逃跑，这是一个被证实的事实。

"然后，在1932年11月，阴谋家们完成了他们最大的政变：他们把富兰克林-罗斯福送进了白宫，他狡猾、不择手段、完全没有良知。这个奸诈的骗子对他们耍了个花招。他甚至没有征求国会的同意，就非法宣布承认斯大林的政权。就像阴谋家们所计划的那样，整个世界都在效仿我们。自动地，这就扼杀了早先形成的俄国人民的抵抗运动。它自动发起了文明世界有史以来的最大威胁。其余的都是众所周知的，不必赘述。

"我们知道罗斯福和他的叛国的国务院是如何继续在我们国家并因此在全世界发展共产主义威胁的。我们知道他是如何实施整个珍珠港暴行的，以此为借口让我们匆忙加入第二次世界大战。我们都知道他与斯大林在雅尔塔的秘密会晤，以及在艾森豪威尔的帮助下，他如何将巴尔干和柏林交给莫斯科的。最后但并非最不重要的是，我们知道，20 世纪的本尼迪克特-阿诺德不仅带领我们沿着联合国这条新的走廊，进入一个世界政府的道路，而且还制定了在我国实施的所有安排。简而言之，从罗斯福入主白宫的那一天起，CFR的阴谋家们就完全控制了我们的对外关系机器，并牢牢确立了联合国作为光照派一世界政府的所在地。

"我想强调另一个非常重要的问题。威尔逊的 "国际联盟 "的失败使希夫和他的团伙意识到，仅仅控制民主党是不够的。是的!他们可以在共和党执政期间制造一场危机，就像他们在1929年所做的那样，由美联储制造的崩溃和萧条，这将使另一个民主党的傀儡回到白宫；但他们意识到，他们对我们的外交关系政策的控制出现四年的停顿，会扰乱他们阴谋的进展。这甚至可能使他们的整个战略脱轨，就像在罗斯福承认斯大林的政权而挽救它之前，它几乎做到了。

"从那时起，在威尔逊的失败之后，他们开始制定计划，接管我们的两个国家党。但他们对此有异议。他们需要在共和党内有傀僵的人力，也需要在民主党内有额外的人力，由于控制白宫里的人还不够，他们必须为这个人的整个内阁提供受过训练的傀儡。担任国务院、财政部、五角大楼、CFR、USIA等机构的负责人。简而言之，各个内阁的每个成员都应该是CFR选定的工具，比如罗斯克和麦克纳马拉，以及所有副部长和助理部长。这将使阴谋家们绝对控制我们的所有政策，包括国内政策，更重要的是国外政策。这一行动方案将需要一批训练有素的傀儡，随时准备应对行政改革和任何其他要求。所有这些走狗都必须是有国家声誉的人，享有人民的尊敬，但他们必须是没有荣誉、没有顾忌和没有良心的人。这些人应该很容易受到勒索。我不需要强调CFR是多么成功。不朽的乔-麦卡锡充分揭示了每个联邦机构都有成千上万的这种安全风险。斯科特-麦克劳德又曝光了数千人，你知道奥尔特加不得不付出的代价，而且还在付出代价，因为他在参议院委员会面前曝光了将古巴交给卡斯特罗的国务院的叛徒，他们不仅受到保护，而且得到了晋升。

"现在让我们回到一个世界政府阴谋的核心，以及为建立另一个'国际联盟'以容纳这样一个政府所需的演习。正如我之前所说，阴谋家们知道，只有另一场世界大战对他们阴谋的成功至关重要。它必须是一场可怕的世界大战，以至于世界人民会要求建立某种能够保证永恒和平的世界组织。但这样的战争是如何开始的呢？所有欧洲国家都处于和平状态。他们都没有与邻国发生任何争端，他们在莫斯科的代理人当然也不敢发动战争。甚至斯大林也意识到，这将意味着他的政权被推翻，除非所谓的"爱国主义"将俄罗斯人民团结在他身后。

"但阴谋家们必须要有一场战争。他们必须找到或制造某种事件来启动它。他们在一个自称"阿道夫-希特勒"的小个子、不显眼、令人厌恶的人身上找到了它。希特勒，一个穷困潦倒的奥地利家庭画家，曾是德国军队的一名下士。他把德国的战败当作个人的怨恨。他开始在德国的慕尼黑地区进行相关宣传。他开始谈论恢复德意志帝国的伟大和德国团结的力量。他主张恢复旧的德国军队，以便用它来征服整个世界。奇怪的是，希特勒，这个小小丑，可以发表火热的演讲，他有某种磁性。但新的德国当局不想再打仗，很快就把这位可憎的奥地利家庭画家扔进了监狱。

"啊哈!阴谋家们决定，"这里有一个人，"如果指导和资助得当，他可能是另一场世界大战的关键。因此，当他在监狱里时，他们要求鲁道夫-赫斯和戈林写一本书，他们称之为《我的奋斗》，并将其归于希特勒，就像利特维诺夫写《莫斯科任务》并将其归于约瑟夫-戴维斯，当时我们的驻俄大使和CFR的走狗。在《我的奋斗》中，希特勒的伪作者阐述了他的不满以及他将如何恢复德国人民以前的伟大。阴谋家们随后安排将这本书在德国人民中广泛传播，以创造狂热的支持者。当他出狱后（也是由阴谋家组织的），他们开始准备并资助他到德国其他地方发表他的淫秽演说。很快，他在其他退伍军人中聚集了越来越多的支持者，这些支持者很快就扩散到了群众中，他们开始在他身上看到了他们心爱的德国的救星。然后是他所称的 "他的褐衫军 "的领导和对柏林的进军。这需要大量的资金，但罗斯柴尔德家族、沃伯格家族和其他阴谋家提供了他所需要的所有资金。渐渐地，希特勒成了德国人民的偶像，然后他们推翻了冯-兴登堡的政府，希特勒成为新的元首。但这仍然不是发动战争的理由。欧洲和世界其他地区看着希特勒的崛起，但认为没有理由干预显然是德国内部的情况。当然，其他国家都没有把这看作是对德国发动新的战争的理由，而且德国人民还没有兴奋到对一个邻国，甚至是法国，采取可能导致战争的行动。阴谋家们明白，他们必须制造这样一种狂热，这种狂热将使德国人民抛弃谨慎，同时使整个世界感到惊恐。顺便说一句，《我的奋斗》实际上是卡尔-马克思的《没有犹太人的世界》一书的续篇。

"阴谋家们突然想起希夫-罗斯柴尔德团伙是如何在俄国组织大屠杀的，它屠杀了成千上万的犹太人，引起了全世界对俄国的仇恨，他们决定用这种同样不被允许的伎俩来煽动希特勒领导的新德国人民对犹太人的谋杀性仇恨。诚然，德国人民从未对犹太人有任何特别的感情，但他们也没有对他们有无尽的仇恨。这种仇恨必须被制造出来，所以希特勒必须创造它。这个想法对希特勒的吸引力更大。他认为这是一种成为德国人民的 "人神"（*基督*）*的*可怕方式。

"因此，在他的金融顾问、沃伯格家族、罗斯柴尔德家族和所有光照派的主谋们的干练激励和指导下，他将可恨的《凡尔赛条约》和战争后的金融毁灭归咎于犹太人。剩下的就是历史了。我们都知道希特勒的集中营和焚烧数十万犹太人的事情。不是600万，甚至不是阴谋家所声称的60万，但这已经足够了。让我再重复一遍，国际主义银行家们，罗斯柴尔德家族、希夫家族、雷曼家族、沃伯格家族、巴鲁克家族，对他们的种族兄弟是多么不关心，他们是他们邪恶计划的受害者。在他们眼里，希特勒对几十万无辜犹太人的屠杀根本就不影响他们。他们认为这是为了推进他们的幻觉世界的阴谋而做出的必要牺牲，就像在随后的战争中屠杀数百万人也是类似的必要牺牲。这里还有一个关于这些集中营的令人毛骨悚然的细节。这些集中营中的许多希特勒士兵刽子手被送到俄国学习酷刑和残暴的艺术，以加强暴行的恐怖性。

"所有这些都造成了世界范围内对德国人民的新的仇恨，但这仍然不是战争的理由。就在那时，希特勒被诱导提出 "苏台德地区 "的要求；你还记得张伯伦和当时的捷克斯洛伐克和法国外交官是如何向这一要求让步的。这一要求导致希特勒进一步要求在波兰和法国沙皇的领土上获得领土，但被拒绝。然后是他与斯大林的协议。希特勒曾大声疾呼他对共产主义的仇恨（哦，他是如何大肆抨击共产主义的）；但事实上，纳粹主义不过是社会主义（国家社会主义--纳粹），而共产主义事实上也是社会主义。但希特勒并没有考虑到这一切。他与斯大林达成了攻击和瓜分波兰的协议。当斯大林向波兰的部分地区进军时（这从未被归咎于他[伊利诺伊州的大脑看到了这一点]），希特勒从他那边对波兰发动了 "闪电战"。阴谋家们终于得到了他们的新的世界大战，这是一场多么可怕的战争。

"而在1945年，阴谋家们终于创建了 "联合国"，这是他们的一元世界政府的新家。而且，令人惊讶的是，整个美国人民都欢呼这套犯规的组合是 "圣物"。即使在关于联合国如何形成的所有真实事实被揭露之后，美国人民仍然继续崇拜这个邪恶的装备。即使在阿尔杰-希斯被揭露为苏联间谍和叛徒之后，美国人民仍然相信联合国。即使在我公开披露了希斯和莫洛托夫之间的秘密协议，即一个俄罗斯人将永远是军事秘书处的负责人，因此是联合国的真正主人。但大多数美国人仍然相信，联合国不会做错事。即使在D.李，"联合国 "的第一任秘书长在他的书中证实了希斯-莫洛托夫的秘密协议："为了和平事业"，瓦西利亚得到了联合国的休假，以便他能够指挥北朝鲜人和红色中国人，他们在我们自己的麦克阿瑟将军的命令下与所谓的联合国警察行动作战，而后者在联合国的命令下，被胆小的杜鲁门总统解雇，以阻止他赢得这场战争。尽管有15万名儿子在那场战争中被杀害和致残，但我们的人民仍然相信联合国；即使在1951年联合国（在麦克阿瑟将军领导下使用我们自己的美国士兵）被揭露没有遵守自己的规则之后，人民仍然将联合国视为实现和平的安全手段。

联合国司令部打着联合国的旗号，与我们的叛国者（和五角大楼）勾结，入侵了加州和德克萨斯州的许多小镇，以完善他们全面接管我国的计划。我们的大多数公民对此一笑置之，继续相信联合国是一个"圣地"。(而不是约柜)。

"你知道《联合国宪章》是由叛徒阿尔杰-希斯、莫洛托夫和维辛斯基撰写的吗？希斯和莫洛托夫在那份秘密协议中商定，联合国的军事首长将永远是由莫斯科任命的俄罗斯人？你知道吗，在雅尔塔的秘密会议上，罗斯福和斯大林在以CFR名义运作的光照派的授意下，决定将联合国置于美国本土？你知道《联合国宪章》的大部分内容都是从马克思的"宣言"和所谓的俄罗斯宪法中一字不差地复制过来的吗？你知道吗，只有那两位投票反对《联合国宪章》的参议员读过它？你知道自从联合国成立以来，共产主义的奴隶制已经从250,000增加到1,000,000,000了吗？你知道吗，自从联合国为确保和平而成立以来，至少有20场由联合国煽动的重大战争，就像它煽动对小罗得西亚和科威特的战争一样？你知道吗，在联合国的主持下，由于俄罗斯拒绝支付其份额，美国的纳税人被迫为联合国国库弥补了数百万美元的赤字。你知道吗，联合国从未通过决议谴责俄罗斯或其所谓的卫星，但总是谴责我们的盟友。你知道J.Edgar Hoover说："绝大多数共产党驻联合国代表团都是间谍的代理人"，66名参议员投票赞成一项 "领事条约"，将我们整个国家向俄罗斯间谍和破坏者开放吗？你知道吗，联合国正在帮助俄罗斯征服世界，除了在联合国大会上对每一次新的侵略进行辩论外，还阻止自由世界采取任何行动？你知道吗，在朝鲜战争时，联合国有60个国家，但95%的联合国部队是我们的美国子弟兵，而且几乎100%的费用是由美国纳税人支付的？

"而且你肯定知道，联合国在朝鲜战争和越南战争期间的政策是阻止我们赢得这些战争？你知道麦克阿瑟将军的所有作战计划都必须先送到联合国转达给北朝鲜和中国红军的指挥官瓦西亚，今后我们的儿子在联合国旗帜下进行的任何战争都应该由我们的儿子在联合国安理会的控制下进行吗？你知道联合国从来没有对占领匈牙利的8万名俄罗斯蒙古士兵做过什么吗？

"当匈牙利自由战士被俄国人屠杀的时候，联合国在哪里？你知道联合国及其维和部队把刚果交给了共产党人吗？你知道所谓的联合国和平部队被用来压制、强奸和杀害加丹加的白人反共分子吗？你知道在红色中国入侵老挝和越南的时候，联合国什么都没做吗？你知道吗，当尼禄入侵果阿和其他葡萄牙领土时，联合国什么都没做？你知道联合国对援助卡斯特罗有直接责任吗？它对数以千计的古巴年轻人被送往俄罗斯接受共产主义灌输的情况完全没有采取任何措施？

"你知道吗，阿德莱-史蒂文森说过，"自由世界必须期待在联合国失去越来越多的决定。"你知道联合国公开宣称其主要目标是 "世界政府"，这意味着 "世界法律"、"世界法院"、"世界学校 "和 "世界教会"，其中基督教将被禁止。

"你知道吗，联合国通过了一项法律，要解除所有美国公民的武装，并将我们的所有武装力量移交给联合国。这项法律是由 "圣人 "杰克-肯尼迪在1961年秘密签署的。你是否意识到这与《联合国宪章》第47条第3款的规定相吻合，我引用一下，"联合国军事参谋团应通过安全理事会负责对由安全理事会支配的所有武装部队进行战略指导"，当并且如果我们所有的武装部队被移交给联合国；你的儿子将被迫在世界各地的联合国指挥下服务和死亡。如果你不争取让美国离开联合国，这就会发生。

"你是否知道，国会议员詹姆斯?乌特已经提交了一份组建联合国合众国的法案，以及一份阻止我国总统强迫我们支持联合国对罗得西亚禁运的决议？嗯，他做到了，全国各地许多人正在给他们的代表写信，支持该法案和乌特决议。以宾夕法尼亚州的施韦克和莫尔黑德为首的50名国会议员提出了一项法案，要求立即将我们的所有武装力量移交给联合国？你能想象这种无耻的背叛行为吗？你的国会议员是这50个叛徒中的一个吗？找出并立即对他采取行动，帮助乌特议员。

"你现在知道吗，全国教会理事会在旧金山通过了一项决议，指出美国不久将不得不使其意志服从于联合国的意志，所有美国公民必须准备接受这一点。你的教会是全国教会理事会的成员吗？对了，别忘了，《联合国宪章》中从来没有提到过上帝，他们的会议也从来没有以祈祷开始。

"联合国的创建者事先规定，在《联合国宪章》或其总部中不应该提及上帝或耶稣基督。你的牧师同意这一点吗？了解一下!另外，你是否知道绝大多数所谓的联合国国家都是反基督教的，联合国是一个完全没有上帝的组织，是其创造者CFR光照派的授意。你听够了关于光明会联合国的真相吗？你想把你的儿子和我们宝贵的国家置于伊利诺伊州联合国的不道德的怜悯之下吗？如果没有，请写信、发电报或打电话给你的代表和参议员，告诉他们必须支持尤特议员的法案，让美国退出联合国，让联合国退出美国。今天就去做；现在就去做，免得你忘了。这是对你的儿子和我们国家的唯一救赎。

"现在我有另一个重要信息要传递。正如我告诉你的，罗斯柴尔德给雅各布-希夫的四项具体任务之一是在美国创造一个摧毁宗教的运动，以基督教为主要目标。一个非常明显的原因是；"反诽谤联盟"不敢尝试这样做，因为这样的尝试可能会造成世界历史上最可怕的流血事件；不仅对"反诽谤联盟"和阴谋家，而且对数百万无辜的犹太人。希夫给洛克菲勒这份工作还有一个具体原因。基督教的毁灭只能由那些负责维护它的人完成。由牧师、教会人员负责。

"首先，约翰-D-洛克菲勒选择了一位年轻的、所谓的基督教牧师，名叫哈里-F-沃德博士。沃德牧师，如果你愿意的话。当时他在联合神学院教授宗教学。洛克菲勒在这位牧师身上发现了一个非常愿意的"犹大"，并在1907年资助他创建了"卫理公会社会服务基金会"，沃德的工作是教导聪明的年轻人成为所谓的基督的牧师，并安排他们担任教会的牧师。在教他们成为牧师的同时，沃德牧师也在教他们如何巧妙地向会众宣扬整个基督的故事是一个神话，如何质疑基督的神性，如何质疑圣母玛利亚，总之，如何质疑整个基督教。这不是一个直接的攻击，而是一个狡猾的影射，特别是适用于主日学的年轻人。记住列宁的说法："给我一代青年，我就能改造整个世界"。然后，在1908年，"卫理公会社会服务基金会"，顺便说一下，是美国第一个共产主义前沿组织，改名为"联邦教会委员会"。到了1950年，"联邦教会委员会"变得非常可疑，所以在1950年将其名称改为"全国教会委员会"。需要我告诉你更多关于这个机构是如何故意破坏对基督教的信仰的吗？我不这么认为；但我要告诉你这一点。如果你是一个牧师和教会是这个犹大组织成员的会众；你和你的捐款是在帮助光明会的阴谋破坏基督教和你对上帝和耶稣基督的信仰，因此你是在故意把你的孩子送到不相信上帝和教会的灌输中，这很容易把他们变成"无神论者"。立即检查你的教会是否是全国教会委员会的成员，为了上帝和你的孩子，如果是，就立即退出。然而，让我警告你，破坏宗教的同样过程已经渗透到其他教派中。如果你看过"塞尔玛上的黑人"示威和其他此类示威，你就会看到黑人人群是如何被与他们一起游行的牧师（甚至是天主教牧师和修女）所领导和鼓励的。有许多教会和个别牧师是诚实和真诚的。为你自己和你的孩子找一个。

"顺便说一句，这位哈里-F-沃德牧师也是美国公民自由联盟的创始人之一，这是一个臭名昭著的亲共产主义组织。他在1920年至1940年期间担任其主任。他也是 "美国反战争和法西斯联盟 "的创始人之一，该联盟在布劳德的领导下成为 "美国共产党"。简而言之，沃德的整个过去都散发着共产主义的气息，他被认定为共产党员。他死后是一个对教会和国家的恶毒的叛徒，是老约翰-D-洛克菲勒按照罗斯柴尔德家族给希夫的命令，选择并资助了他来摧毁美国的基督宗教。

"最后，我要说的是。你可能知道弗兰肯斯坦博士的故事，他创造了一个怪物来摧毁他所选择的受害者，但最后却背叛了自己的创造者弗兰肯斯坦，并摧毁了他。好吧，光照派/CFR创造了一个叫做 "联合国 "的怪物（这个怪物得到了他们的少数群体、暴乱的黑人、背信弃义的大众媒体和华盛顿特区的叛徒的支持），这个怪物是为了摧毁美国人民而创造的。我们知道关于这个多头水怪的一切，我们知道创造这个怪物的人的名字。我们都知道他们的名字，我预测有一天美国人民会完全觉醒，并使这个同样的怪物摧毁其创造者。这是真的!我们大多数人仍然被我们背信弃义的媒体、电视和广播，以及我们在华盛顿特区的叛徒洗脑、欺骗和滥用；但是，到现在，人们对联合国的了解肯定足以将这个组织像一条致命的有毒响尾蛇一样从我们中间根除。

"我唯一的问题是，'要怎样才能唤醒和唤醒我们的人民，让他们充分证明？也许这个记录（这份成绩单）可以做到这一点。十万份或一百万份这个记录（成绩单）可能会做到这一点。我向上帝祈祷，它将会。我祈祷这个记录（文字记录）将激励你们所有人将这个故事传播给你们社区所有忠诚的美国人。你可以通过向聚集在你家里的学习小组、美国退伍军人协会会议、退伍军人协会会议、DAR会议、所有其他公民团体和妇女俱乐部，特别是那些关系到他们儿子生命的妇女俱乐部播放（阅读）它。通过这段录音（文字记录），我为你们提供了摧毁怪物的武器。为了上帝、我们的国家和你们的孩子，请使用它吧!向美国的每一个家庭发送一份副本。

随着世界各地越来越多的人开始挨饿，由于与华盛顿特区直接相

关的行动，也许更多的美国人将开始理解为什么审判会转向反对
他们。也许更多的美国人将开始理解为什么审判会转向反对他们。
美国（不是美国）是新世界秩序，世界上大多数其他国家都明白
这一点。

B'nai B'rith的反诽谤联盟（ADL）。

众所周知，B'nai B'rith的反犹太主义监督机构和老大哥盖世太保是由军情六处于1913年在美国成立的，是英国情报部门和联邦调查局联合行动的一部分。ADL曾一度由索尔-斯坦伯格领导，他是美国代表和伦敦雅各布-罗斯柴尔德家族的商业伙伴，其目的是孤立和施压政治上不正确的团体及其领导人，并在他们变得过于庞大和有影响力之前将他们赶出企业。

B'nai B'rith是一个希伯来语单词，在英语中的意思是 "圣约的兄弟"。B'nai译为 "兄弟"，B'rith意为 "盟约"。

它的姐妹组织B'nai B'rith独立团是一个同化主义的犹太骄傲俱乐部，于1843年由希望成为美国人的共济会和光照会的犹太移民在纽约市的一家餐馆里成立。其成员包括300人委员会、威尔基、法尔和加拉格尔律师事务所的大卫-比亚尔金（比亚尔金多年来一直领导民主联盟）。埃迪-坎托尔、塔维斯托克的埃里克-特里斯特、列昂-托洛茨基和约翰-格雷厄姆，又名欧文-苏尔。苏尔是英国SIS的成员，即精英特务机构。

约翰-科尔曼博士在他的《300人委员会》一书中建议：*"任何人都不要低估ADL的力量或它的长期影响。*

ADL - 美国最强大的仇恨组织

反诽谤联盟是美国最古老和最强大的仇恨组织，在全国有28个办事处，在国外有3个办事处。它每年带来近6000万美元的资金，用于打击言论自由和少数族裔保护自己免受偏执的权利（包括黑人穆斯林、阿拉伯人和欧洲裔美国人）。[Sabe's note - added the hate lists they prepared for FBI Louis Freeh, who was in cohoot with the KGB in his own department and in Russia].

反诽谤联盟是由被称为B'nai B'rith（意为 "被选中者的血"）的种

族主义秘密社团于1913年成立的。

这个存在于今天的组织以民族血统和宗教为由将人们排除在外。它是专门为那些相信自己的种族比其他民族优越的强大犹太人保留的。

ADL带头对所有希望在文化和种族上表达自己的人进行审查。ADL主任理查德-古斯塔特(Richard Gutstadt)给他能找到的所有期刊写信，要求对《征服一个大陆》一书进行审查。古斯塔特先生厚颜无耻地写道："我们希望扼杀这本书的销售"。ADL还帮助恐吓圣马丁出版社，使其去年取消了与大卫-欧文的合同。

ADL试图通过偶尔颁发 "自由火炬 "奖来掩盖其反自由言论的活动。最著名的接受者是肉体商人和女性抨击者休-海夫纳。淫秽色情作家拉里-弗林特（Larry Flynt）是另一个支持者，他向美国民主联盟捐赠了数十万美元。

ADL的犯罪和间谍活动

1993年，ADL的旧金山和洛杉矶办事处被突击检查，因为有证据表明其在许多方面有犯罪行为。这些搜查发现了ADL参与盗窃加州警察局机密警察档案的证据。

ADL向罗伊-布洛克支付了几十年的薪水，让他监视人们并从警察那里偷取文件。他通过腐败的警察汤姆-杰拉德从旧金山警察局偷取文件。他在圣地亚哥的非法联系人是白人种族主义者警长蒂姆-卡罗尔。

ADL与有组织犯罪密切相关，包括拉斯维加斯黑帮老大梅耶-兰斯基。[兰斯基为击中肯尼迪和肯尼迪的子弹买单，他和卡洛斯-马塞洛斯；拉里-弗林特与ADL的关系 "非常有趣，但你可以看到他欠黑手党的钱。

西奥多-西尔伯特同时为美国民主联盟和斯特林国家银行（由兰斯基集团控制的黑手党行动）工作。

事实上，黑帮老大兰斯基的孙女本身就是ADL的执法联络人，米拉-兰斯基-博兰（多么巧妙的安排！）。她用ADL的钱给蒂姆-卡罗尔和汤姆-杰拉德在以色列的一个全额费用的豪华假期）。

另一个拉斯维加斯的黑帮分子莫-达利茨（Moe Dalitz）在1985年

被美国民主联盟授予荣誉。另一个为ADL至上主义活动提供资金的黑幕是以 "垃圾债券 "闻名的米尔肯家庭基金。ADL利用其运作良好的宣传机器，通过高喊 "反犹太主义！"来保护其在黑手党和色情行业的 "朋友"。！!!"在法律对这些倒行逆施的利益有丝毫动静的时候。

ADL的种族恫吓

ADL是一个恐吓和勒索的高手，与所有与它有联系的强大黑手党不同。ADL在媒体和政界拥有有影响力的联系人，如果一个人或公司不遵循ADL的议程，他们就会毁掉这个人或公司。

我们已经提到了坏警察落入ADL魔咒的案例，比如汤姆-杰拉德和蒂姆-卡罗尔。然而，现在好警察，甚至是新秀警察都被 "调教"成ADL希望我们国家出现的那种反言论自由、反文化多样性的警察国家。

在全国范围内，如果警察部门不为执法官员组织由国家资助的会议和研讨会，并由ADL发言人主讲，ADL就会以各种方式进行报复威胁。ADL为这些会议收集了大量的资金，这使其已经很充实的库房更加膨胀。人们已经看到ADL的人在犯罪现场向警察下达了应该如何进行调查的命令。

也许历史上从未有另一个犯罪组织，如ADL，能够在如此程度上渗透和影响执法部门，而且其触角还在继续增长。圣地亚哥的新警长现在正在接受ADL西南区主任莫里斯-卡苏托的亲自 "培训"，以应对 "犯罪"。

这个可怕的故事中最令人震惊的部分是，ADL是一个非常强大和秘密的种族/宗教至上主义组织，与犯罪和色情世界有重要联系。为了在儿童的头脑中发挥作用，ADL创建了 "差异世界 "计划，旨在向幼儿灌输自我仇恨，说服他们反对自己的民族和遗产。

孩子们被教导说，同性恋和跨种族关系是美德，是有待体验的伟大顿悟。在1995年给其少数但富有的支持者的报告中，ADL吹嘘说，它已经接触了1000多万名学生，而且更多的学生准备接受灌输。ADL希望让孩子们对他们和他们的犯罪同伙为美国准备的犯罪和罪恶世界保持敏感。

ADL罪犯亚伯-福克斯曼的流氓画廊[福克斯曼是接受马克-里奇贿

赂的人，是的，他们保留了那笔超过25万美元的钱]。

ADL的负责人和间谍活动大师

罗伊-布洛克（Roy Bullock）是ADL的付费线人，他为ADL做了几十年的倾销工作，直到他通过汤姆-杰拉德（Tom Gerard）获得了从旧金山警察局偷取警察文件的敏感工作。他的服务报酬为每周550美元。他也是种族主义者警长蒂姆-卡罗尔的同伙。他的存在是在1993年联邦调查局突击检查ADL办公室后被发现的，并导致释放了750页关于ADL间谍行动的信息。

汤姆-杰拉德（Tom Gerard），这位旧金山警官从他的机构中窃取了敏感和机密的文件，并将其交给罗伊-布洛克，以帮助ADL对美国人进行间谍活动。在被盗的文件中，有关于黑人穆斯林、阿拉伯人和以任何方式批评ADL的右翼组织的文件。在ADL的帮助下，他在以色列获得了一个全额费用的豪华假期。

蒂姆-卡罗尔，圣地亚哥警察局的种族主义前侦探。1993年指出，他希望看到 "所有非法移民被枪杀 "和 "所有黑鬼被送回非洲，用香蕉皮做的船"。

罗伊-布洛克和汤姆-杰拉德的同事。在对ADL办公室进行突击检查后，他神秘地从警长办公室退休，时年54岁。他还收到了ADL提供的前往以色列的全额费用的豪华假期。尽管他具有公开的种族主义性质，但他在1997年9月负责ADL全国大会的安保工作，对与会者和来访者采取了强硬手段。考虑到正是他对调查员笨拙的供词导致了对ADL的突击检查，这很有意思。

Mira Lansky Boland

ADL的 "执法联络员"。她为某些重要的警官组织了前往以色列的豪华旅行，这些警官可能会向ADL提供一些回报。其中包括文件窃取者汤姆-杰拉德和种族主义者蒂姆-卡罗尔。她的地位独特，因为她是美国历史上最有权势的黑手党人物之一迈耶-兰斯基的孙女。

休-海夫纳

著名的色情作家，曾被ADL授予可笑的 "自由火炬 "奖。从他那里得到的是对这个国家所有色情制品的保护，这与黑手党和ADL

这样的邪恶分子有关，而且一直如此。

Larry Flynt

这个色情业者是ADL的主要捐款人，金额为10万美元。他曾因 " 淫秽色情 "和在他的《好色客》杂志中对女性的普遍狰狞亵渎而 多次入狱[也是黑手党的幌子--甘比诺家族，兰斯基下令处决这个 卑鄙小人--萨巴注]。

西奥多-西尔伯特

梅耶-兰斯基的助手，ADL和黑手党幌子 "斯特林银行 "的雇员。 同时担任斯特林银行的首席执行官和ADL的国家专员。

Moe Dalitz

拉斯维加斯的黑帮人物和梅耶-兰斯基的亲密伙伴，1985年被美国 民主联盟授予荣誉称号。

米尔肯家族基金

一个10亿美元的基金，给了ADL很多，他们的钱是在垃圾债券丑 闻中赚来的。

莫里斯-卡苏托

西南地区的ADL主任，他亲自培训新的执法人员服从他和他的违 法组织。莫里斯-卡苏托也是种族主义者蒂姆-卡罗尔的亲密朋友。

中情局

中央情报局是在第二次世界大战结束时创建的，以对抗新的秘密冷战。它起源于已经成立的军事情报组织OSS（战略事务办公室），该组织因控制绝密的曼哈顿项目而闻名，该项目开发了第一枚核弹。

中情局的创始人威廉-"狂野的比尔"-多诺万和艾伦-杜勒斯都是著名的罗马天主教徒和 "马耳他骑士团 "的秘密社团成员。

最近解密的文件显示，战后，马耳他骑士团在许多杰出的纳粹分子的逃亡中发挥了作用，包括死亡营的科学家和神秘主义者海因里希-希姆莱的盖世太保内部的许多成员，即纳粹情报部门。其中许多人，包括马耳他骑士莱因哈德-盖伦将军，直接为新成立的中央情报局工作，在多诺万的坚持下，该局现在是一个民间组织。坚定的反纳粹分子德怀特-艾森豪威尔将军和美国军方因此被从最初的方程式中剔除，使中央情报局代表美国工业家和跨国公司的利益超过了美国人民的利益。

马耳他骑士团与纳粹运动的密切联系，其意识形态基础是他们共同的玫瑰十字会信仰体系。根据这个系统，人类的进化被某些低劣的亚族所阻挡，必须将这些亚族淘汰，以使这一进程继续下去。通过中情局，这种封建的信仰体系已经渗透到了美国民主的核心。在冷战机器的掩护下，中情局已经成为生物和化学战、精神控制技术、心理作战、宣传和秘密战争的世界领导者。

中情局在很大程度上隶属于英国情报机构、跨国公司甚至是皇室。

科尔曼解释说，通过军情六处和众多寡头控制的 "智囊团"，美国的宣传工厂--主要的新闻网络和机构--制造了一些犯规的捏造，很少有人能认出是宣传。

中情局的暴行年表

[41] 以下时间线描述的只是中央情报局犯下的数百起暴行和罪行中的一部分。

中情局的行动遵循同样的重复模式。首先，美国的海外商业利益受到了一个受欢迎的或民主选举的领导人的威胁。人民支持他们的领导人，因为他或她打算进行土地改革，加强工会，重新分配财富，将外资产业国有化，并规范企业以保护工人、消费者和环境。因此，中情局代表美国公司，并经常在其帮助下，动员反对派。它首先确定国内的右翼团体（通常是军方），并向他们提出交易："如果你保持对我们有利的商业环境，我们会让你上台"。然后，该机构雇用、培训并与他们合作，推翻当权政府（通常是民主国家）。它使用了一切可能的伎俩：宣传、塞票、收买选举、敲诈、勒索、性阴谋、在当地媒体上对对手进行虚假报道、对反对派政党进行渗透和破坏、绑架、殴打、酷刑、恐吓、经济破坏、行刑队甚至暗杀。这些努力最终导致了军事政变的发生，建立了一个右翼的独裁者。中情局训练独裁者的安全机构，利用审讯、酷刑和谋杀，打击大企业的传统敌人。据说受害者是 "共产主义者"，但他们几乎都是农民、自由主义者、温和派、工会领袖、政治反对派以及言论自由和民主的捍卫者。随之而来的是广泛的侵犯人权行为。

这种情况经常出现，以至于中情局在一所特殊的学校，即所谓的"美洲学校 "中教授这种情况。(批评者称其为 "独裁者的学校 "和 "刺客的学校")。中情局对拉美军官进行政变培训，包括使用审讯、酷刑和谋杀。

负责任的异议协会估计，到1987年，有600万人因中情局的秘密行动而死亡。前国务院官员威廉-布卢姆正确地称这是一场 "美国大屠杀"。

中情局为这些行动辩解，认为这是其反共产主义战争的一部分。但大多数政变并不涉及共产主义威胁。倒霉的国家被当作目标，原因多种多样：不仅是对美国海外商业利益的威胁，还有自由主义甚至温和的社会改革、政治不稳定、领导人不愿意执行华盛顿的指令，以及冷战时期宣布的中立。事实上，没有什么比一个国

---

[41] 见《中央情报局--犯罪组织：该机构如何腐蚀美国和世界》，Le Retour aux Sources，www.leretourauxsources.com，NDÉ。

家希望置身于冷战之外更让中情局局长感到愤怒。

所有这些干预措施的讽刺之处在于，它们往往无法实现美国的目标。通常情况下，新上任的独裁者对中情局为他建立的安全机构感到满意。他成为管理警察国家的专家。而由于独裁者知道自己无法被推翻，所以他变得独立，蔑视华盛顿的意志。中情局随后意识到，它无法推翻他，因为警察和军队都在独裁者的控制之下，他们不敢与美国间谍合作，因为害怕遭受酷刑和处决。在这个阶段，美国唯一的两个选择是无能或战争。这种"回弹效应"的例子包括伊朗国王、诺列加将军和萨达姆-侯赛因。回弹效应也解释了为什么中情局在推翻民主国家方面非常有效，但在推翻独裁国家方面却惨遭失败。下面的时间表应该证实，我们所知道的中情局应该被废除，由一个真正的信息收集和分析组织所取代。中情局不可能被改革--它在体制和文化上都是腐败的。

1929

我们失去的文化--国务卿亨利-史汀生拒绝批准破译密码的行动，他说："绅士们不看对方的邮件"。

1941

海委会的创建--为了迎接第二次世界大战，罗斯福总统创建了信息协调员办公室（COI）。威廉-"狂野比尔"-多诺万将军领导新的情报部门。

1942

创建OSS--罗斯福将国际奥委会改组为更适合秘密行动的机构--战略事务办公室（OSS）。多诺万招募了许多国家的富人和有权势的人，以至于人们最后开玩笑说，"OSS "的意思是 "哦，如此社会！"。"或 "哦，真是势利小人！"。".

1943

意大利--多诺万招募罗马的天主教会，使其成为英美在法西斯意大利的间谍活动中心。这将是美国在冷战期间最持久的情报联盟之一。

1945

OSS被废除了--美国的其他信息机构停止了他们的秘密行动，回到了无害的信息收集和分析。

回形针行动--当美国其他机构追踪纳粹战犯以逮捕他们时，美国情报部门将他们带入美国，不受惩罚，用来对付苏联人。其中最主要的是莱因哈德-盖伦（Reinhard Gehlen），他是希特勒的间谍大师，在苏联建立了一个情报网络。在美国的充分祝福下，他创建了 "盖伦组织"，这是一个由纳粹间谍难民组成的组织，他们重新启动了在俄罗斯的网络。其中有党卫军情报人员阿尔弗雷德-西克斯和埃米尔-奥格斯堡（在大屠杀期间屠杀犹太人）、克劳斯-芭比["里昂屠夫"]、奥托-冯-博尔施温（与艾希曼合作的大屠杀主谋。盖伦组织在接下来的十年里为美国提供了唯一的关于苏联的情报，成为取消OSS和建立CIA之间的桥梁。然而，前纳粹分子提供的许多 "情报 "是虚假的。盖伦在俄罗斯仍在重建其被破坏的社会时夸大了苏联的军事能力，以便在美国人（否则他们可能会惩罚他）眼中夸大自己的重要性。1948年，盖伦几乎说服了美国人，战争迫在眉睫，西方应该进行先发制人的打击。在20世纪50年代，他制作了一个虚构的 "导弹缺口"。更糟糕的是，俄罗斯人用双重间谍小心翼翼地渗透到盖伦组织中，破坏了盖伦本应保护的美国安全。

1947

希腊--杜鲁门总统请求向希腊提供军事援助，以支持右翼部队与共产主义叛军作战。在冷战余下的时间里，华盛顿和中情局将支持那些有着可悲人权记录的臭名昭著的希腊领导人。

中情局的创建--杜鲁门总统签署了1947年国家安全法，创建了中央情报局和国家安全委员会。中情局通过国家安全委员会对总统负责--没有民主或国会的监督。其章程允许中央情报局 "履行国家安全委员会可能不时指示的其他职能和职责"。这个漏洞为秘密行动和肮脏的伎俩打开了方便之门。

1948

创建秘密行动部门--中央情报局重新创建了一个秘密行动部门，无辜地命名为政策协调办公室，由华尔街律师弗兰克-维斯纳领导。根据其秘密章程，其职责包括 "宣传；经济战；预防性直接行动，包括破坏、反破坏、拆除和疏散程序；颠覆敌对国家，包括援助地下抵抗组织；以及支持自由世界受威胁国家的本土反共分子。

意大利--中情局正在腐蚀意大利的民主选举，意大利共产党人威

胁要赢得选举。中情局购买选票，传播宣传，威胁和殴打反对派领导人，并渗透和扰乱他们的组织。它起作用了--共产党人被打败了。

1949

自由欧洲电台--中情局创建了它的第一个主要宣传机构，自由欧洲电台。在接下来的几十年里，它的广播是如此公然的虚假，以至于有一段时间，在美国出版转录本被认为是非法的。

1940年代末

嘲笑鸟行动--中情局开始招募美国新闻机构和记者作为间谍和宣传品传播者。该倡议由弗兰克-维斯纳、艾伦-杜勒斯、理查德-赫尔姆斯和菲利普-格雷厄姆领导。格雷厄姆是《华盛顿邮报》的出版商，该报成为中情局的主要参与者。最终，中情局的媒体资产将包括美国广播公司、全国广播公司、哥伦比亚广播公司、《时代》杂志、《新闻周刊》、美联社、联合国际新闻社、路透社、赫斯特报纸、斯克里普斯-霍华德、科普利新闻等。

服务和更多。据中情局自己承认，至少有25个组织和400名记者将成为中情局的资产。

1953

伊朗--中情局在穆罕默德-摩萨台威胁要将英国石油国有化后，通过军事政变推翻了民选的摩萨台。中情局用伊朗国王这个独裁者取代了他，伊朗国王的秘密警察SAVAK和盖世太保一样残暴。

MK-ULTRA行动[42] - 受朝鲜洗脑计划的启发，中情局开始进行精神控制实验。这个项目最著名的部分是在美国受试者不知情或违背其意愿的情况下给他们注射LSD和其他药物，导致其中几个人自杀。然而，这次行动远远超出了这个范围。部分资金来自洛克菲勒和福特基金会，研究内容包括宣传、洗脑、公共关系、广告、催眠和其他形式的暗示。

1954

---

[42] 见*MK Ultra--仪式性虐待和精神控制*，Alexandre Lebreton，Omnia Veritas Ltd，www.omnia-veritas.com。

危地马拉--中央情报局在一次军事政变中推翻了雅各布-阿本茨的民选政府。阿本斯威胁要将洛克菲勒拥有的联合水果公司收归国有，中央情报局局长艾伦-杜勒斯也在该公司拥有股份。阿本斯被一系列右翼独裁者所取代，他们的嗜血政策将在接下来的40年里杀死超过10万名危地马拉人。

1954-1958

北越--中情局特工爱德华-兰斯代尔花了四年时间试图推翻北越的共产主义政府，使用了所有常见的肮脏手段。中情局还试图使吴廷琰领导的南越暴虐的傀儡政权合法化。这些努力没能赢得南越人的心，因为吴廷琰政府反对真正的民主、土地改革和扶贫措施。中情局的持续失败导致了美国干预的升级，最终导致了越南战争的爆发。

1956

匈牙利 - 自由欧洲电台通过播放赫鲁晓夫谴责斯大林的秘密讲话，煽动匈牙利造反。它还表明，美国的援助将有助于匈牙利人的战斗。这并没有实现，匈牙利人发动了一场注定失败的武装起义，这只会招致苏联的大规模入侵。冲突导致7,000名苏联人和30,000名匈牙利人死亡。

1957-1973

老挝--中央情报局每年大约进行一次政变，试图使老挝的民主选举无效。问题是老挝爱国者，这个左派团体拥有足够的民众支持，可以成为任何联合政府的一部分。20世纪50年代末，中央情报局甚至建立了一支由亚洲雇佣军组成的 "秘密军队"，以攻击老挝爱国者。在中情局军队多次失败后，美国开始轰炸，在老挝投下的炸弹比第二次世界大战期间欧盟所有国家收到的炸弹还要多。四分之一的老挝人最终将成为难民，许多人住在山洞里。

1959

海地--美国军队帮助 "多克老爹 "杜瓦利埃成为海地的独裁者。他创建了自己的私人警察部队--"Tontons Macoutes"，他们用大砍刀恐吓民众。在杜瓦利埃家族的统治期间，他们杀害了10多万人。美国没有抗议他们糟糕的人权记录。

1961

猪湾--中情局派出1500名古巴流亡者入侵卡斯特罗的古巴。但是，

由于计划、安全和支持不足，"Mongoose行动 "失败了。策划者曾设想，入侵将引发反对卡斯特罗的民众起义--这种情况从未发生。承诺的美国空袭也从未发生。这是中情局的第一次公开失败，导致肯尼迪总统解雇了中情局局长艾伦-杜勒斯。

多米尼加共和国--中央情报局暗杀了华盛顿自1930年以来一直支持的凶残的独裁者拉斐尔-特鲁希略。特鲁希略的商业利益变得如此重要（约占经济的60%），以至于他们开始与美国的商业利益竞争。

厄瓜多尔--中央情报局支持的军队迫使民选总统何塞-贝拉斯科辞职。副总统卡洛斯-阿罗塞马纳取代了他；中情局用自己的人填补了现在空缺的副总统职位。

刚果（扎伊尔）--中央情报局暗杀了民选的帕特里斯-卢蒙巴。然而，公众对卢蒙巴政策的支持使中央情报局无法明确地将他的对手安插到政权中。随之而来的是四年的政治动荡。

1963

多米尼加共和国--中央情报局通过军事政变推翻了胡安-博什的民选政府。中情局建立了一个镇压性的右翼军政府。

厄瓜多尔--中央情报局支持的军事政变推翻了阿罗塞马纳总统，他的独立（非社会主义）政策已为华盛顿所不容。军政府掌权，取消了1964年的选举，并开始侵犯人权。

1964

巴西--一场由中央情报局支持的军事政变推翻了若奥-古拉特的民选政府。取代他的军政府在接下来的20年里成为历史上最血腥的政府之一。卡斯特洛-布兰科将军创建了拉丁美洲第一批行刑队，这些秘密警察追捕 "共产主义者"，对他们进行酷刑、审讯和谋杀。这些 "共产主义者 "往往只是布兰科的政治对手。后来发现，中情局训练了这些行刑队。

1965

印度尼西亚--中央情报局通过军事政变推翻了民选总统苏加诺。自1957年以来，中央情报局一直试图消灭苏加诺，利用从暗杀企图到性阴谋的一切手段，无非是为了他宣布冷战中立。他的继任者苏哈托将军将屠杀50万至100万被指控为 "共产主义者 "的平民。

中情局提供了无数嫌疑人的名字。

多米尼加共和国--爆发了一场民众叛乱，承诺恢复胡安-博什作为国家民选领导人的地位。当美国海军陆战队到达时，革命被粉碎，以武力维持军事统治。

中情局在幕后操控一切。*希腊*--在中情局的支持下，国王解除了乔治-帕潘德里欧斯的总理职务。帕潘德里欧斯没能有力地支持美国在希腊的利益。刚果（扎伊尔）--中央情报局支持的军事政变使蒙博托-塞塞-塞科成为独裁者。蒙博托憎恨和镇压，他利用其极度贫穷的国家赚取数十亿美元。

1966

Ramparts 事件--激进的杂志《Ramparts》开始发表一系列前所未有的反中情局文章。他们的爆料包括：中情局向密歇根大学支付了2500万美元，用于聘请 "教授 "对南越学生进行秘密警察方法的培训。麻省理工学院和其他大学也收到了类似的款项。横冲直撞》还披露，全国学生协会是中情局的一个幌子。有时会通过敲诈和贿赂，包括延期征兵来招募学生。

1967

希腊--在选举前两天，中央情报局支持的军事政变推翻了政府。最受欢迎的是自由派候选人乔治-帕潘德里欧斯。在接下来的六年里，中央情报局支持的 "上校统治 "将导致对政治对手广泛使用酷刑和谋杀。当希腊大使就美国对塞浦路斯的计划向约翰逊总统提出异议时，约翰逊回答道。

　　　"去你的议会和你的宪法"。

凤凰行动--中央情报局协助南越特工识别并随后暗杀在南越村庄活动的可疑越共领导人。根据1971年的一份国会报告，这次行动杀死了大约20,000名 "越共"。

1968

CHAOS 行动--自1959年以来，中央情报局一直在非法监视美国公民，但通过CHAOS行动，约翰逊总统大大加快了步伐。中情局特工冒充学生激进分子，对抗议越战的大学组织进行监视和破坏。他们寻找俄罗斯的煽动者，但他们从未找到。CHAOS最终监视了7,000人和1,000个组织。

玻利维亚--中央情报局组织的一次军事行动抓获了传奇游击队员切-格瓦拉。中情局想让他活着接受审问，但玻利维亚政府为了避免全世界要求宽大处理的呼声，将他处决。

1969

乌拉圭--臭名昭著的中情局刑侦人员丹-米特里昂（Dan Mitrione）来到了政治上混乱的乌拉圭。虽然右翼势力以前把酷刑作为最后的手段，但米特里奥内说服他们把它作为一种常规的、普遍的做法。他的座右铭是 "精确的疼痛，在精确的地方，以精确的数量，达到预期的效果"。他向行刑队传授的酷刑技术可与纳粹的酷刑相媲美。最后，他是如此令人恐惧，以至于革命者在一年后绑架并谋杀了他。

1970

柬埔寨--中央情报局推翻了萨胡内克亲王，萨胡内克亲王因使柬埔寨人不参与越南战争而在柬埔寨人中非常受欢迎。他被中央情报局的傀儡朗诺所取代，朗诺立即将柬埔寨军队投入战斗。这一不受欢迎的决定加强了以前的小反对党，如红色高棉，他们在1975年上台并屠杀了数百万同胞。

1971

玻利维亚--在中央情报局煽动的政治动荡的半年之后，一场由中央情报局支持的军事政变推翻了左派总统胡安-托雷斯。在接下来的两年里，独裁者乌戈-班泽未经审判逮捕了2000多名政治反对派，然后对他们进行酷刑、强奸和处决。

海地--"多克老爹 "杜瓦利埃去世，留下他19岁的儿子 "多克宝宝 "杜瓦利埃，成为海地的独裁者。他的儿子在中情局完全知情的情况下继续他的血腥统治。

1972

凯斯-扎布罗基法案》--国会通过一项法律，要求国会审查行政协议。从理论上讲，这应该使中情局的行动更加负责任。事实上，它是非常无效的。

柬埔寨--国会投票决定切断中情局在柬埔寨的秘密战争的资金。

水门事件 - 尼克松总统派出一队窃贼，对水门事件的民主党办公室进行窃听。该小组成员与中央情报局有着悠久的历史，包括詹

姆斯-麦考德、E-霍华德-亨特和五个古巴窃贼。他们为重新选举总统委员会（CREEP）工作，该委员会从事肮脏的工作，如破坏民主党的竞选活动和为尼克松的非法竞选捐款洗钱。CREEP的活动是由中情局的另一个幌子--穆伦公司资助和组织的。

1973

智利--中央情报局推翻并暗杀了拉丁美洲第一位民选社会主义领导人萨尔瓦多-阿连德。当阿连德将美国在智利的公司收归国有时，问题开始出现了。ITT为政变向中情局提供100万美元（据说被拒绝）。中央情报局用奥古斯托-皮诺切特将军取代了阿连德，他在镇压工会领袖和政治左派的过程中折磨和谋杀了成千上万的同胞。

中情局开始内部调查--行动部副主任威廉-科尔比命令所有中情局人员报告他们所知道的任何非法活动。然后向国会报告这些信息。

水门事件丑闻--美国主要的中情局合作报纸《华盛顿邮报》早在其他报纸报道尼克松的罪行之前就报道了这一事件。伍德沃德和伯恩斯坦这两位记者几乎没有提到中情局在这一丑闻中留下的大量指纹。后来发现伍德沃德曾在白宫负责海军情报工作，认识许多情报人员，包括亚历山大-海格将军。他的主要消息来源，"深喉"，可能就是其中之一。

中情局局长赫尔姆斯被解雇--尼克松总统解雇了中情局局长理查德-赫尔姆斯，因为他未能帮助掩盖水门事件的丑闻。赫尔姆斯和尼克松一直互相憎恨。新任中情局局长是威廉-科尔比，他对改革中情局的态度相对更加开放。

1974

CHAOS行动曝光--普利策奖获得者西摩-赫什（Seymour Hersh）发表文章，介绍CHAOS行动，即对美国反战和民权团体的国内监视和渗透。这篇文章激起了全国人民的愤怒。

Angleton被解雇--国会正在举行听证会，调查中央情报局反情报部门负责人詹姆斯-耶稣-Angleton的非法国内间谍活动。他的努力包括拆信活动和对反战抗议者的秘密监视。听证会导致他被中情局开除。

众议院清除了中情局在水门事件中的责任 - 众议院清除了中情局在尼克松水门事件中的任何共犯。

休斯-瑞安法案》--国会通过一项修正案，要求总统及时向国会有关委员会报告中央情报局的非情报行动。

1975

澳大利亚--中情局正在帮助推翻爱德华-惠特拉姆总理的民选左翼政府。为此，中情局向总督约翰-克尔发出最后通牒。克尔是中央情报局的长期合作者，他行使宪法权利，解散了惠特拉姆政府。总督基本上是一个由女王任命的礼仪性职位；总理则由民主选举产生。这一陈旧的、未被使用的法律的使用使国家感到震惊。

安哥拉--亨利-基辛格在越南战败后急于展示美国的军事决心，在安哥拉发动了一场由中央情报局支持的战争。与基辛格的说法相反，安哥拉是一个战略意义不大的国家，没有受到共产主义的严重威胁。中央情报局支持残暴的UNITAS领导人若纳斯-萨文比。这使安哥拉政治两极分化，促使其反对者投入古巴和苏联的怀抱以求得生存。国会在1976年切断了资金，但中情局能够在黑暗中发动战争，直到1984年，资金再次合法化。这场完全不必要的战争使30多万安哥拉人丧生。

"中情局和情报崇拜》--维克多-马切蒂和约翰-马克斯发表了这篇揭露中情局犯罪和滥用职权的文章。马尔凯蒂在中央情报局工作了14年，最终成为情报部副主任的执行助理。马克斯在国务院担任了五年的情报官员。

"公司内部"--菲利普-艾吉发表了他在中央情报局的生活日记。艾吉在20世纪60年代在拉丁美洲从事秘密行动，并详细介绍了他所参与的罪行。

国会调查中情局的不法行为--公众的愤怒迫使国会就中情局的罪行举行听证会。参议员弗兰克-丘奇负责参议院的调查（"丘奇委员会"），众议员奥蒂斯-派克负责众议院的调查。(尽管现任者的连任率为98%，但丘奇和派克在随后的选举中都被击败了）。这些调查导致了一系列改革，旨在加强中央情报局对国会的责任，包括建立一个永久性的参议院情报委员会。然而，这些改革被证明是无效的，正如伊朗/康特拉丑闻所示。事实证明，中情局可以轻易地控制、处理或绕过国会。

洛克菲勒委员会--为了减轻教会委员会造成的损害，福特总统成立了 "洛克菲勒委员会"，以粉饰中央情报局的历史并提出无效的改革。该委员会的命名者，副总统纳尔逊-洛克菲勒本人就是中央

情报局的重要人物。该委员会的八名成员中有五名也是美国中央情报局主导的外交关系委员会的成员。

1979

伊朗--中情局未能预见到其长期傀儡之一的伊朗国王的倒台，以及穆斯林原教旨主义者的崛起，他们因中情局对伊朗国王嗜血的秘密警察SAVAK的支持而愤怒。为了报复，穆斯林在美国驻德黑兰大使馆劫持了52名美国人作为人质。

阿富汗--苏联人进入阿富汗。中情局立即开始向任何愿意与苏联人作战的派别提供武器。这种不分青红皂白的武装意味着，当苏联人离开阿富汗时，内战将爆发。此外，狂热的穆斯林极端分子现在拥有先进的武器。其中之一是谢赫-阿卜杜勒-拉赫曼，他将参与纽约世贸中心爆炸案。

萨尔瓦多--一群理想主义的年轻军官对屠杀穷人的行为感到愤怒，推翻了右翼政府。然而，美国迫使没有经验的官员在其新政府的关键职位上包括许多旧卫队的成员。很快事情就恢复了 "正常"--军政府镇压并杀害了可怜的平民抗议者。许多年轻的军事和文职改革者发现自己无能为力，厌恶地辞职。

尼加拉瓜--中央情报局支持的独裁者阿纳斯塔西奥斯-萨莫萨二世倒台。马克思主义的桑地诺派掌权，最初因其对土地改革和消除贫困的承诺而受到欢迎。萨莫萨有一支杀人不眨眼、令人痛恨的个人军队，称为国民警卫队。警卫队的残余人员成为反政府武装，在整个1980年代对桑地诺政府发动了由中央情报局支持的游击战争。

1980

萨尔瓦多--圣萨尔瓦多大主教奥斯卡-罗梅罗恳求卡特总统 "从基督徒到基督徒"，停止帮助正在屠杀其人民的军政府。卡特拒绝了。此后不久，右翼领导人罗伯托 - 德布瓦松（ Roberto D'Aubuisson）在做弥撒时让罗梅罗被射穿心脏。随着山地农民与军政府的斗争，国家迅速陷入内战。中情局和美国武装力量为政府提供了压倒性的军事和情报优势。中央情报局训练的行刑队在农村游荡，犯下了诸如1982年的El Mazote等暴行，他们在那里屠杀了700至1000名男子、妇女和儿童。1992年，约有63,000名萨尔瓦多人被杀害。

1981

伊朗/康特拉计划开始--中情局开始向伊朗高价出售武器，并将利润用于武装对抗尼加拉瓜桑地诺政府的康特拉党。里根总统承诺，桑地诺主义者将被 "置于压力之下"，直到他们 "说'叔叔'"。中情局分发给反政府武装的《自由战士手册》包括关于经济破坏、宣传、勒索、贿赂、敲诈、审讯、酷刑、谋杀和政治暗杀的说明。

1983

洪都拉斯--中央情报局向洪都拉斯军官提供《人力资源开发培训手册》，该手册教人如何折磨人。洪都拉斯臭名昭著的 "316营 " 随后在中央情报局的众目睽睽之下，对数千名左翼持不同政见者使用了这些手段。其中至少有184人被谋杀。

1984

Boland 修正案--一系列Boland修正案中*的*最后一项被通过。这些修正案减少了中央情报局对反政府武装的援助；最后一项修正案则完全取消了援助。然而，中央情报局局长威廉-凯西（William Casey）已经准备将 "接力棒 "传给奥利弗-诺斯（Oliver North）上校，他通过中央情报局的非正式、秘密、自筹资金的网络继续为反政府武装提供物资。这包括阿道夫-库斯和威廉-西蒙捐赠的 "人道主义援助"，以及由伊朗武器销售资助的军事援助。

1986

尤金-哈森弗斯（Eugene Hasenfus）--尼加拉瓜击落了一架向反政府武装运送军事物资的C-123运输机。唯一的幸存者尤金-哈森弗斯（Eugene Hasenfus）原来是一名中央情报局雇员，两名死去的飞行员也是如此。这架飞机为南方航空运输公司所有，是中情局的一个幌子。这一事件使里根总统关于中情局没有非法武装反政府武装的说法成为一种嘲弄。

伊朗/康特拉丑闻--尽管细节早已为人所知，但伊朗/康特拉丑闻终于在1986年受到媒体关注。国会举行了听证会，几个关键人物（如奥利弗-诺斯）在宣誓后撒谎以保护情报界。中情局局长威廉-凯西在国会对他进行质询前死于脑癌。国会在丑闻发生后采取的所有改革措施都是纯粹的表面文章。

海地--海地越来越多的民众反抗意味着 "小多克 "杜瓦利埃如果有一个短暂的任期，也只能继续当 "终身总统"。美国痛恨傀儡国家

的不稳定，将专制的杜瓦利埃送到法国南部安享晚年。中情局随后操纵了即将举行的选举，以支持另一个右翼军事强人。然而，暴力事件使这个国家在四年内一直处于政治动荡之中。中情局试图通过建立国家情报局（SIN）来加强军队，通过酷刑和暗杀来镇压民众的反抗。

1989

巴拿马--美国入侵巴拿马，推翻了它自己制造的独裁者曼努埃尔-诺列加将军。诺列加自1966年以来一直在中情局的工资单上，自1972年以来一直在中情局的知情下运输毒品。到20世纪80年代末，诺列加日益独立和不妥协的态度激怒了华盛顿......他要离开。

1990

海地--与10名相对富裕的候选人竞争，左翼牧师让-贝特朗-阿里斯蒂德赢得68%的选票。然而，在执政仅8个月后，中情局支持的军队就将其废黜。其他军事独裁者对这个国家进行残害，而成千上万的海地难民则乘坐几乎无法航行的船只逃离动乱。由于公众舆论要求阿里斯蒂德回国，中央情报局发起了一场造谣运动，将这位勇敢的牧师描绘成精神不稳定。

1991

苏联解体--中情局没能预测到冷战中最重要的事件。这表明，它一直忙于破坏政府，而没有做它的主要工作：收集和分析信息。苏联的解体也使中情局失去了其存在的理由：反对共产主义的斗争。这导致一些人指责中情局故意不预测苏联的解体。奇怪的是，共产主义消亡后，情报界的预算并没有明显减少。

1992

经济间谍活动 - 在冷战结束后的几年里，中央情报局越来越多地被用于经济间谍活动。这涉及到从竞争的外国公司窃取技术秘密并将其交给美国公司。由于中情局显然更喜欢使用肮脏的手段而不是简单的信息收集，因此严重犯罪行为的可能性确实非常大。

1993

海地--海地的混乱局面正在恶化，以至于克林顿总统别无选择，只能在美国入侵的威胁下解除海地军事独裁者拉乌尔-塞德拉斯。美国占领者不以反人类罪逮捕海地的军事领导人，而是确保他们的安全和富裕的退休生活。阿里斯蒂德只是在被迫接受有利于国

家统治阶级的方案后才重新上台。

后记

克林顿总统在庆祝中央情报局成立50周年的讲话中说。

"出于需要，美国人民将永远不会知道你的勇气的全部故事。"

克林顿的说法是对中情局的一种常见辩护：美国人民应该停止批评中情局，因为他们不知道中情局到底做了什么。当然，这首先是问题的核心。一个凌驾于批评之上的机构也就凌驾于道德行为和改革之上。它的保密性和缺乏问责制使它的腐败不受约束地发展。

此外，克林顿的说法根本是错误的。该机构的历史正变得痛苦地清晰，特别是随着中情局历史文件的解密。我们可能不知道具体行动的细节，但我们相当清楚地知道中情局的一般行为。这些事实几乎在二十年前就开始出现了，而且速度越来越快。今天，我们有一个非常准确和一致的画面，在许多国家重复出现，并在无数不同的方向得到验证。

中情局对这种不断增长的知识和批评的反应遵循了一个典型的历史模式（事实上，与中世纪教会对科学革命的斗争有显著的相似之处）。)第一批揭露中情局犯罪行为的记者和作家，如果是美国作家，就会受到骚扰和审查，如果是外国人，就会遭到酷刑和谋杀。(见菲利普-艾吉的《在逃》，了解密集骚扰的例子。)然而，在过去20年里，证据的浪潮已经变得铺天盖地，中央情报局发现它没有足够的手指来堵塞所有的堤坝漏洞。这在互联网时代尤其如此，信息在数百万人之间自由流动。由于审查是不可能的，该机构现在必须用借口为自己辩护。克林顿关于 "美国人永远不会知道 "的辩护就是一个最好的例子。

另一个常见的借口是，"世界上充满了不怀好意的人物，如果我们要保护美国的利益，我们就必须与他们打交道"。这种说法有两点错误。首先，它忽略了一个事实，即中情局经常拒绝与民主、言论自由和人权的倡导者结盟，而更愿意与军事独裁者和暴君为伍。中情局有道义上的选择，但却没有采取。

第二，这种说法提出了几个问题。第一个是："什么美国利益？"中情局向右翼独裁者献殷勤，因为他们允许美国富人剥削该国的廉价劳动力和资源。但是，从越南到巴拿马再到海湾战争，每当美国的穷人和中产阶级参加由中央情报局的行动导致的战争时，他们都要付出高昂的代价。提出的第二个问题是："为什么美国的利益要以牺牲其他民族的人权为代价？"

中情局应被废除，其领导人应被免职，其成员应以反人类罪受审。我们的情报界应该从头开始重建，以收集和分析信息。至于秘密行动，有两种道德上的选择。首先是完全消除秘密行动。但这让那些担心世界上的阿道夫-希特勒的人感到寒心。因此，第二个选择是将秘密行动置于广泛和真正的民主控制之下。例如，一个由40名成员组成的两党国会委员会可以审查中央情报局行动的所有方面，并以多数票或超级多数票否决这些行动。这两种选择哪一种更好，还有待商榷，但有一点是明确的：像独裁统治一样，像君主制一样，不受制约的秘密行动必须像恐龙一样死去。

骷髅会

这一切都开始于耶鲁大学。1832年，威廉-亨廷顿-拉塞尔将军和阿方索-塔夫特为英美华尔街银行业精英的子女创建了一个超级秘密社团。威廉-亨廷顿-拉塞尔的同父异母的兄弟塞缪尔-拉塞尔经营着 "拉塞尔公司"，这是当时世界上最大的鸦片走私活动。阿方索-塔夫脱是我国前总统霍华德-塔夫脱的祖父，是联合国前身的创建者。

当今世界上一些最有名、最有权势的人都是 "骨头人"，包括乔治-布什、尼古拉斯-布雷迪和威廉-F-巴克利。其他骨干包括亨利-卢斯（Time-Life）、哈罗德-斯坦利（摩根斯坦利的创始人）、亨利-P-戴维森（摩根担保信托公司的高级合伙人）、阿特穆斯-盖茨（纽约信托公司、联合太平洋公司、*时代周刊*、波音公司的董事长）、参议员约翰-查夫、拉塞尔-W-达文波特（*财富杂志*的编辑）以及其他许多人。所有人都庄严地发誓要保密。

骷髅会是通往比尔德伯格集团、对外关系委员会和三边委员会的垫脚石。

美国的秘密机构》，安东尼-C-萨顿，1986年，第5-6页，指出。

> "内部的人知道它叫 "秩序"。其他人知道它是一个德国秘密社团的第322章，已有150多年了。更为正式的是，出于法律目的，该组织于1856年被注册为罗素信托。它以前也被称为 "死亡兄弟会"。那些嘲笑它的人，或者想嘲笑它的人，称它为 "骷髅头"，或者干脆叫 "骨头"。

这个德国教团的美国分会于1833年在耶鲁大学由威廉-亨廷顿-拉塞尔将军和阿方索-塔夫特创立，后者于1876年成为格兰特政府的战争部长。阿方索-塔夫脱是威廉-霍华德-塔夫脱的父亲，他是唯一一个同时担任过美国总统和首席大法官的人。

该组织不仅仅是另一个拥有大多数校园常见的密码和把手的希腊字母兄弟会。第322章是一个秘密社团，其成员都发誓要保持沉默。它只存在于耶鲁大学校园里（据我们所知）。它有规则。它有礼仪性的仪式。它不欣赏多管闲事的和侵入性的公民，内部人士称他们为 "外来者 "或 "破坏者"。它的成员总是否认他们的成员资格（或应该否认），在检查数百个成员的自传名单时，我们发现只有半打人提到了与骷髅会的关系。其余的人都沉默不语。有意思的是，在为联邦调查局的 "背景调查 "提供的传记资料中，各届政府的许多成员或担任政府职务的人是否声明他们与骷髅会有联系。

最重要的是，这个命令是强大的，难以置信的强大。如果读者坚持下去，研究所提出的证据--这是压倒性的--毫无疑问，他或她的世界观会突然变得更加清晰，几乎是令人恐惧的清晰。

这是一个只存在于耶鲁大学的高级社团。成员在第一年被选中，只在校园里呆一年，也就是最后一年，在骷髅会工作。换句话说，该组织是以毕业生的外部世界为导向的。骑士团每年都会在圣劳伦斯河中的鹿岛举行会议--只有元老级的人物--。

高级社团是耶鲁大学独有的。耶鲁大学有另外两个高级社团，但其他地方没有。据称，Scroll & Key和Wolf's Head是成立于19世纪中期的竞争性社团，。我们相信他们是同一个网络的一部分。罗森鲍姆在他的《Esquire》一文中很正确地评论说，东方自由派中任何不是骷髅会成员的人几乎肯定是Scroll & Key或狼头会的成员。

自1832年以来，挑选新成员的程序没有改变。每年都有15人入选，而且只有15人，绝不会少。作为入会仪式的一部分，他们必须赤身裸体地躺在棺材里，背诵他们的性史。这种方法允许其他成员控制个人，威胁说如果他们不 "跟随"，就会泄露他们内心的秘密。在过去的150年里，大约有2500名耶鲁大学毕业生加入了该组织。在任何特定时间，大约有500至600人活着并在活动。其中约有四分之一的人在推进骑士团的目标方面发挥了积极作用。其余的人失去兴趣或改变主意。他们是沉默的退出者。

最有可能的潜在成员来自骨头家族，他精力充沛，足智多谋，有政治头脑，可能是一个无道德的团队成员。荣誉和经济奖励由骑士团的权力来保证。但这些荣誉和奖励的代价是对共同目标的牺牲，即骑士团的目标。有些人，也许很多人，并不愿意付出这个代价。

参与骷髅会的美国老牌家族及其后代的名字有：惠特尼、珀金斯、史汀生、塔夫脱、沃兹沃斯、吉尔曼、佩恩、戴维森、皮尔斯伯里、斯隆、韦尔豪斯、哈里曼、洛克菲勒、洛德、布朗、邦迪、布什和菲尔普斯。

已经出版

OMNIA VERITAS OMNIA VERITAS LTD 目前：

针对美国的毒品战争

毒品交易无法被根除，因为其管理者不会允许世界上最有利可图的市场被夺走......。

作者：约翰-科尔曼

这种受诅咒的贸易的真正推动者是这个世界的"精英"。

OMNIA VERITAS OMNIA VERITAS LTD 目前：

罗马俱乐部
世界新秩序的智囊团

20世纪的许多悲剧性和爆炸性事件并不是自己发生的，而是按照一个既定的模式计划的。

作者：约翰-科尔曼

谁是这些重大事件的策划者和创造者？

OMNIA VERITAS OMNIA VERITAS LTD 目前：

石油战争

作者：约翰-科尔曼

石油工业的历史记载带我们经历了"外交"的曲折。

垄断所有国家觊觎的资源的斗争

www.ingramcontent.com/pod-product-compliance
Lightning Source LLC
Chambersburg PA
CBHW061721270326
41928CB00011B/2060